司法書士試験

松本の新教科書　5ヶ月合格法

リアリスティック⑪

憲法

辰已専任講師
松本雅典
Masanori Matsumoto

辰已法律研究所

はしがき

　憲法は，多くの受験生の方にとって，とっつきにくい科目となっています。抽象的で小難しい言い回しが多いことが原因です。それは，憲法が，他の法令の上位に位置する法だからです。

　そこで，本書では，「憲法とは何なのか？」というハナシから始め（第1編），憲法について「ニュースとかで聞いたことはあるけど……」という方でも一から学習できるように書きました。また，憲法について考えるときに，①学問的アプローチ，②歴史的アプローチ，③政治的アプローチがあるといわれています。試験科目として学習するので，①の学問的アプローチを基本としていますが，理解に必要な範囲内で，②の歴史的アプローチや③の政治的アプローチも採り入れています。

　司法書士試験の試験科目は非常に多いですが，これが最後の科目です。憲法も攻略し，合格に突き進みましょう。

　『司法書士試験 リアリスティック 民法Ⅰ［総則］』『司法書士試験 リアリスティック 不動産登記法』『司法書士試験 リアリスティック 会社法・商法・商業登記法』『司法書士試験 リアリスティック 民事訴訟法・民事執行法・民事保全法』『司法書士試験 リアリスティック 供託法・司法書士法』『司法書士試験 リアリスティック刑法』のはしがきにも記載しましたが，私が辰已法律研究所で担当しているリアリスティック一発合格松本基礎講座を受講していただいたすべての方に改めて感謝の意を表したいと思います。受講生の方が本気で人生をかけて合格を目指し闘っている姿を見せてくださるおかげで，私はこれまで講師を続けることができましたし，このテキストが完成しました。

令和3年11月
辰已法律研究所 専任講師
松本 雅典

目　次

コラム

索引

本テキストご利用にあたっての注意

1. 略称

- ・刑訴法 → 刑事訴訟法
- ・刑訴規 → 刑事訴訟規則
- ・司書法 → 司法書士法
- ・司書法施行令 → 司法書士法施行令
- ・議院証言法 → 議院における証人の宣誓及び証言等に関する法律
- ・国民投票法 → 日本国憲法の改正手続に関する法律
- ・最判平 20.6.10 → 最高裁判所判決平成 20 年 6 月 10 日

2. 民法, 不動産登記法, 会社法・商法・商業登記法, 民事訴訟法・民事執行法・民事保全法, 供託法・司法書士法, 刑法のテキストの参照箇所

「―― 民法Ⅰのテキスト第2編第2章第1節」などと, 民法, 不動産登記法, 会社法・商法・商業登記法, 民事訴訟法・民事執行法・民事保全法, 供託法・司法書士法, 刑法のテキストの参照箇所を示している場合があります。これらは, 以下のテキストです。

- ・『司法書士試験リアリスティック1 民法Ⅰ［総則］』（辰已法律研究所）
- ・『司法書士試験リアリスティック2 民法Ⅱ［物権］』（辰已法律研究所）
- ・『司法書士試験リアリスティック3 民法Ⅲ［債権・親族・相続］』（辰已法律研究所）
- ・『司法書士試験リアリスティック4 不動産登記法Ⅰ』（辰已法律研究所）
- ・『司法書士試験リアリスティック5 不動産登記法Ⅱ』（辰已法律研究所）
- ・『司法書士試験リアリスティック6 会社法・商法・商業登記法Ⅰ』（辰已法律研究所）
- ・『司法書士試験リアリスティック7 会社法・商法・商業登記法Ⅱ』（辰已法律研究所）
- ・『司法書士試験リアリスティック8 民事訴訟法・民事執行法・民事保全法』（辰已法律研究所）
- ・『司法書士試験リアリスティック9 供託法・司法書士法』（辰已法律研究所）
- ・『司法書士試験リアリスティック10 刑法』（辰已法律研究所）

3. 表

　このテキストのシリーズで一貫した方針ですが，表は，「当たる」「認められる」などその事項に該当するもの（積極事項）は表の左に，「当たらない」「認められない」などその事項に該当しないもの（消極事項）は表の右に配置する方針で作成しています。これは，試験で理由付けから知識を思い出せなかったとしても，「この知識はテキストの表の左に書いてあったな。だから，『当たる』だ。」といったことをできるようにするためです。

　2つの説を示した（＊）学説対立の表は，基本的に，判例があれば判例を表の左に，判例がなければ通説を表の左にといった形で，重要度の高いものを表の左に配置する方針で作成しています。

＊3つの説を示した学説対立の表は，判例や通説を表の中央または右に配置している場合があります。

4. 参照ページ

　このテキストでは，できる限り参照ページをつけています。これは，「記載されているページを必ず参照してください」という意味ではありません。すべてを参照していると，読むペースが遅くなってしまいます。わかっているページは，参照する必要はありません。内容を確認したい場合のみ参照してください。その便宜のために，参照ページを多めにつけています。

　また，ページの余白に表示している参照ページの記号の意味は，以下のとおりです。

　P50＝　　：　　内容が同じ

　P50≒　　：　　内容が似ている

　P50　　┌　　P50　　┐　　：　　内容が異なる
　　└　　P50　　┘　　P50

— 第 **1** 編 —

憲法の世界
The Constitution
of Japan

第 1 章　　　**最高法規性**

　憲法は，今まで学習してきた法令とは少し違った法です。何が今まで学習してきた法令と少し違うのでしょうか。それは，憲法が他の法令の上位に位置する法であるということです。これを憲法の「最高法規性」といい，このことは憲法 98 条 1 項で規定されています。

憲法98条

1　この憲法は，国の最高法規であつて，その条規に反する法律，命令，詔勅及び国務に関するその他の行為の全部又は一部は，その効力を有しない。

　「憲法が他の法令の上位に位置する」とは，どういうことでしょうか。具体例で考えてみましょう。たとえば，国会議員の全員が同意して，「国会議員を批判した者は，死刑に処する」という法律を作ったとします。しかし，この法律は，憲法（憲法 21 条 1 項で規定されている表現の自由）に反するため，効力を有しません。

　憲法以外の法令は，基本的に，国会が制定し，国民の行動を規制するものです。たとえば，刑法 199 条で規定されている殺人罪は，国家が国民に「殺人をするな」といっているわけです。それに対して，憲法は，国家を規制するものです。国家には，権力があります。権力は，暴走することがあります。そこで，国家に歯止めをかけるものが憲法なのです。よって，憲法を守るべきものは，基本的に国民ではなく国家です。憲法 99 条に，憲法を守るべきものとして「国民」は規定されていません。

政令：内閣が制定する命令
省令：各省の大臣が発する命令

憲法99条

　天皇又は摂政及び国務大臣，国会議員，裁判官その他の公務員は，この憲法を尊重し擁護する義務を負ふ。

三大原理

　小学校や中学校の社会の授業で習ったと思いますが，憲法の三大原理は以下の3つです。

①国民主権（憲法前文，1条）

　戦前（太平洋戦争の前。以下同じ）の明治憲法（正式名称は「大日本帝国憲法」）の下では，主権は天皇にありました。天皇は現人神（人の姿をしている神様）と考えられていました。しかし，日本が太平洋戦争に負け，アメリカの占領政策によって，天皇は主権者でなくなり，国民が主権を有することになりました。

②基本的人権の尊重（憲法11条，97条）

　「人権」とは，人間であれば誰もが当然に有する，侵してはならない権利です。家柄が良いとか，男か女かなど関係なく，誰でも国家から侵されない権利を持っているのです。内心の自由や表現の自由など，様々な人権があります。人権は目に見えないものですが，たとえると，私たちの体のようなものです。私たちの体は，国家から与えられたものではなく私たちが当然に有するものであり，侵してはならないものです。

③平和主義（憲法前文，9条）

　戦争放棄（憲法9条1項）や戦力不保持（憲法9条2項前段）のことです。

　これらが三大原理なのですが，試験で最も重要なのは②の基本的人権の尊重です。憲法が条数を割いているのも，基本的人権の尊重です。

― Realistic 1　人権の保障のウラには「歴史」がある ―

　人権の保障のウラには，「歴史」があります。

　たとえば，ある人が政府の政策を批判する書籍を出版したいと思ったとします。このとき，政府が出版前にこれをチェックして内容に問題がある場合に出版を禁止することは許されません。この出版の自由は，憲法21条1項で保障されています。このように現在は出版の自由が保障されていますが，戦前はそうではありませんでした。たとえば，天皇機関説事件（1935年）というものがあります。美濃部達吉という学者が，当時の天皇の位置づけを揺るがす（と思われる）ような考えを示したため，美濃部達吉の著書である『憲法撮要』などが出版禁止になりました。こういったことがあったので，現在は出版の自由が保障されています。

　このように，憲法の背景には"歴史"があり，憲法にはその国が歩んできた途が表れるのです。

第3章　「国家」とは？

1 意義

　憲法は，国家に歯止めをかけるものです。では，「国家」とはなんでしょうか。国家の定義はいくつかありますが，たとえば，以下のように定義することができます。

国家：一定の地域（領土）を基礎として，その地域に定住する人間（国民）が，強制
　　　力をもつ統治権（主権）の下に法的に組織されるようになった社会

　「領土」があり，「国民」がいて，「主権」があるのが国家です。もちろん，今の日本は国家です。この定義に当たるからです。

　この定義に当たるのが国家なのですが，どのような国家なのかを規定しているのが実は憲法なのです。憲法の正式名称は「日本国憲法」ですが，英語にすると「The Constitution of Japan」です。ここでの「Constitution」の意味は，構造です。つまり，日本の構造を規定したのが憲法なのです。以下の図が，憲法が規定している日本の構造です。

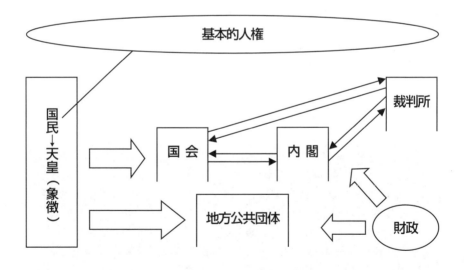

1番上に「基本的人権」とありますとおり，日本の憲法は基本的人権を最も大事にしています。主権者である国民の権利だからです。国民統合の象徴が天皇です（憲法1条）。国家の権力は，立法・行政・司法の三権に分けられ，三権はそれぞれ国会・内閣・裁判所が有し，それぞれが監視し合うことで抑制をはかっています（三権分立）。また，地方には，地方公共団体（現行法では都道府県と市町村）が置かれます。国民は，国会議員，地方公共団体の長，地方議会の議員を選ぶことができます。

2 「主権」とは？

　上記 1 のとおり，国家の要素に主権があるのですが，「主権」とはなんでしょうか。主権は，以下の①〜③の異なる意味で使われます。試験では，以下に表示している ex. と結びつけられるかを問う出題がされることがあります。①〜③について青字のように考えるとイメージできるので，青字から①〜③と ex.を結びつけられるようにしてください。

①統治権（国家権力そのもの）── パワー

ex1.　「国会は，国権の最高機関であつて，国の唯一の立法機関である」（憲法41条）
　　国の権力，パワーのハナシをしています。

ex2.　「日本国ノ主権ハ本州，北海道，九州及四国並ニ吾等ノ決定スル諸小島ニ局限セラルベシ」（ポツダム宣言8項）
　　「ポツダム宣言」とは，太平洋戦争中の 1945 年7月に，アメリカ，イギリス，中国が日本に降伏を迫った宣言です。日本のパワーが及ぶ範囲のハナシをしています。

②最高独立性 ── 他国からの独立

ex.　「自国の主権を維持し，他国と対等関係に立たう」（憲法前文）
　　「主権」の後の「他国と」から，他国からの独立のハナシをしていると判断してください。

③最高決定権 ── 誰にあるか

ex1.　「ここに主権が国民に存することを宣言し」（憲法前文）

ex2.　「天皇は，日本国の象徴であり日本国民統合の象徴であつて，この地位は，主権の存する日本国民の総意に基く」（憲法1条）

　　上記 ex1.と ex2.はいずれも，「主権」の後の「存する」から，主権が誰にあるかのハナシをしていると判断してください。

3 法治主義と法の支配

　国家が権力を行使するには,「法」の根拠が必要です。2020年から日本国内でも新型コロナウイルスの感染が拡大し, 一部に「国は国民の外出を禁止するべきだ!」といった意見もありましたが, それはできないんです。根拠となる法がないからです。

　国家権力の行使の根拠となる「法」について, 以下の2つの対立する考え方があります。

法治主義（形式的法治主義）	法の支配
法治主義（形式的法治主義）とは, 内容は何であっても（人権を侵害するものであっても）,「法」がありさえすれば構わないという考え方です。 戦前の日本や戦前のドイツの考え方です。この考え方だと, 戦前のドイツのヒトラーが行ったユダヤ人迫害も許されることになります。ヒトラーは暴力などで首相になったわけではありません。ヒトラー政権は, 選挙によって誕生しました。そして, 次々に人権を侵害する法を作っていきました。	法の支配とは,「法」の内容が何であってもよいわけではなく（人権を侵害するような「法」は許されません）, 内容が合理的である必要があるとする考え方です。「法」に意味を認め, 国家の専断的な支配（人の支配）から国民を守ろうとする考え方です。 アメリカやイギリスで発展した基本原理であり, 現代国家の基本的な考え方です。今の日本の考え方もこちらです。 立憲主義の憲法 法の支配の基本原理に基づく憲法を「立憲主義の憲法」といいます。立憲主義の憲法とは, 国民の権利・自由を確保するために国家権力を制限し（人権保障）, 権力の分立がはかられている（権力分立）憲法であるということです。

各国に様々な憲法がありますが，憲法を以下の4つの観点から分類することができます。

1 内容による分類

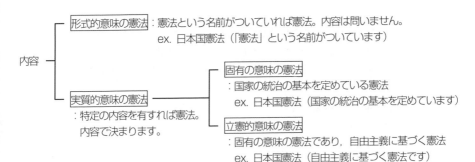

上記の ex.に，いずれも「日本国憲法」とありますとおり，いずれにも当たる憲法も多いです。

2 形式による分類

成文憲法：憲法典の条文の形式による憲法
ex. 日本国憲法（「憲法」の条文があります）

形式

不文憲法：憲法典の条文の形式によらない憲法
ex. イギリス憲法（イギリスは，「憲法」という条文はなく，権利章典，国会法などが憲法を構成しています）

簡単にいうと，六法に「憲法」という法令があるかどうかの分類です。

3 改正のしやすさによる分類

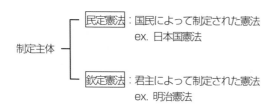

改正のしやすさ ─┬─ 硬性憲法：憲法改正に特別の手続を要する（立法手続より厳しい）憲法
　　　　　　　　　　　　　　ex. 日本国憲法（憲法96条）

　　　　　　　　└─ 軟性憲法：通常の立法手続と同じ要件で改正できる憲法
　　　　　　　　　　　　　　ex. イギリス憲法

　軟性憲法は，通常の立法手続と同じ要件であり，緩い要件ではないので，ご注意ください。緩い要件であるというひっかけが出題される可能性があります。憲法なので，さすがに改正の要件が通常の立法手続よりも緩いことは通常はありません。

4 制定主体による分類

制定主体 ─┬─ 民定憲法：国民によって制定された憲法
　　　　　　　　　　　　ex. 日本国憲法

　　　　　└─ 欽定憲法：君主によって制定された憲法
　　　　　　　　　　　　ex. 明治憲法

─ 第 2 編 ─

人権・総論
Human Rights
General Remarks

第1章　人権の分類

憲法の三大原理のうち，試験で最も重要な基本的人権の尊重について，この第2編と次の第3編でみていきます。人権は，人間であれば誰もが当然に有する，侵してはならない権利です。この第2編（総論）は，基本的にすべての人権にあてはまるハナシです。

人権は，内容に応じて以下の表の3つに分類することができます。
＊他の分類方法もあります。

	意義	具体例
①自由権	国家が個人の領域に権力的に介入することを排除し，個人の自由な意思決定と活動を保障する人権。 「国家からの自由」ともいわれます。 簡単にいうと，「ほっとけ！」という人権です。	ex1. 思想良心の自由 ex2. 学問の自由 ex3. 表現の自由 ex4. 職業選択の自由
②参政権	国民の国政に参加する人権。 「国家への自由」ともいわれます。 簡単にいうと，「私も入れろ！」という人権です。	ex1. 選挙権 ex2. 被選挙権 ex3. 公務就任権
③社会権	社会的・経済的弱者を守るため，国家に富の再配分などの積極的な作為を求める人権。 「国家による自由」ともいわれます。 簡単にいうと，「○○（して）くれ！」という人権です。	ex1. 生存権 ex2. 教育を受ける権利 ex3. 労働基本権

自由権≒参政権＞社会権

社会権の保護の程度は，自由権や参政権の保護の程度と比べて弱くなります。社会権は「○○（して）くれ！」という人権なので，国家の財源やキャパの限界があるからです。参政権は民主主義の根幹となる人権なので，自由権と同程度に保護されます。よって，基本的に「自由権≒参政権＞社会権」というイメージを持ってください。

※分類の相対性

上記の3分類は，絶対的なものではないです。複数の性質を有する人権もあります。
ex1. 知る権利は，自由権・参政権・社会権のすべての性質を有します（P95〜96（2））。
知る権利には，情報の取得を妨げられず（自由権），情報が投票の前提となり（参政権），情報の公開を請求できる（社会権）という性質があります。
ex2. 社会権は，自由権の性質も有します（P137）。生存権などを妨げられない自由です。

人権の享有主体

「享有」とは，生まれながらに持っていることです。よって，「人権の享有主体」とは，人権を生まれながらに持っている者は誰かということです。

1 国民

日本国民が人権の享有主体であることは，明らかです。

人権は，憲法の第3章で列挙されているのですが（そのため憲法の第3章は「人権カタログ」ともいわれます），その第3章の表題が「国民の権利……」となっているからです。

※未成年者

日本国民である未成年者は，もちろん，人権の享有主体です。

しかし，ご存知のとおり，未成年者であることを理由とする制約があります。

ex1. 法律行為をするには，法定代理人の同意または代理が必要です（民法5条など）。

ex2. 選挙権・被選挙権がありません（憲法15条3項など）。

ex3. 飲酒や喫煙が禁止されています。

これらの制約は，パターナリスティックな制約であり，まだ未熟な未成年者が誤った判断によって自らを傷つけるのを防ぐことを目的としています。「パターナリスティック（paternalistic）」とは，親的なといった意味です。簡単にいうと，「あんたのためなのよ！」ということです。みなさんも，一度は親にいわれたことがあるでしょう。

*日本国民が人権の享有主体であることは明らかなのですが，人権の享有主体であるか問題となる者もいます。それは，外国人（下記2）と法人（下記3）です。

2 外国人

1. 享有主体性の有無

憲法の第3章の表題は「国民の権利……」となっていますが，外国人も人権の享有主体です（最大判昭53.10.4【マクリーン事件】）。

憲法は，前国家的な人間の権利を保障する自然権思想に基づいて人権を保障しているからです（憲法11条，97条）。「前国家的」とは国家ができる前から，「自然権思想」とは生まれながらの権利として，という意味です。つまり，人権は，国家ができる前から人間が生まれながらに持っている権利なので，外国人にも保障される，ということです。

― Realistic 2　キーフレーズを押さえる ―

「前国家的」「自然権思想」は，少し難しい言葉ですが，こういったキーフレーズが，憲法の問題の肢の正誤，空欄補充問題の空欄に入る用語や文章を判断するポイントになります。

2．人権の及ぶ範囲

　ただ，外国人については，日本国民と同様にすべての人権保障が及ぶわけではありません。外国人であることを理由として，保障されない，または，保障が制限されてしまう人権があります。どのような人権が外国人に保障されるか保障されないかの判断の仕方として，以下の表の2つの考え方があります。判例は，**性質説**です。

	性質説 （最大判昭 53.10.4【マクリーン事件】）	文言説
人権の及ぶ範囲	権利の性質上日本国民のみをその対象としていると解されるものを除き，日本国内に在留する外国人に対しても等しく及びます。	・「何人も」と規定されている人権 　→　外国人にも適用される ・「国民は」と規定されている人権 　→　外国人には適用されない
理由	外国人にもできる限り人権を保障することが，自然権思想に立脚して厚く人権を保障し，国際協調主義をうたっている（憲法 98 条2項）憲法の精神に合致します。	条文の「何人も」「国民は」という文言から判別できるので，どの規定が外国人にも及ぶか容易に判断できます。
この説への批判		①憲法を制定した者が，「何人も」と「国民は」を使い分けていたとは考え難いです。 ②国籍離脱の自由を保障した憲法 22 条2項は，「何人も」と規定しています。しかし，国籍離脱の自由は，日本国民のみを対象としています。つまり，「何人も」「国民は」の分け方では上手くいかない条文があるのです。

3．具体的な保障の有無・程度

上記2.の性質説を前提に，具体的にどの人権が外国人に保障されるのか，どこまで保障されるのかをみていきましょう。

（1）自由権
（a）精神的自由権
i　保障の有無

精神的自由権については，原則として，外国人にも当然に保障が及びます。

精神的自由は，信教の自由などです。どの宗教を信仰するかしないかといったことは，当たり前ですが自由です。

ii　保障の程度 ―― 政治活動の自由

デモをしたりする政治活動の自由については，日本の政治的意思決定またはその実施に影響を及ぼす活動など，外国人の地位にかんがみ，認めることが相当でないと解されるものを除いて保障が及びます（最大判昭53.10.4【マクリーン事件】）。

しかし，「実際には保障されていないのでは？」という批判もあります。このマクリーン事件は，語学教師のマクリーンさんという方が，日本に在留中にベトナム戦争や日米安全保障条約に反対するデモに参加し，そのことを理由に法務大臣が在留期間の更新を拒絶した事件です。この法務大臣の処分は違法ではないとされました。つまり，「政治活動をしたことによって，日本に居続けられなくなることがあるよ」ということです。外国人に政治活動の自由が保障されているとは，ちょっといい難いですよね。

政治活動・デモはすべて負け

政治活動やデモをする自由はあるのですが，試験で出題される憲法訴訟においては，政治活動やデモを行った者はすべて負けています。日本の裁判所は，保守的なんです。

（b）経済的自由権
i　保障の程度

経済的自由権については，外国人には日本国民と異なる特別の制約があります。

ex1. 職業選択の自由について制限されることがあります。たとえば，外国人の方は，公証人になれません（公証人法12条1項1号）。

ex2. 外国人土地法，外国人土地取引規制などがあり，外国人の土地の取得を制限したりすることができるとされています。領土の争いがある島の土地や自衛隊の基地用地など，外国人に取得されるとマズイ土地がありますよね。

経済的自由権についての規制は，立法府の裁量が広く認められる傾向にあるからです。

ii　出入国の自由

	保障の有無	理由
入国の自由	**保障されない** （最大判昭32.6.19）	外国人の入国の自由を認めるかどうかは，各国の自由です。たとえば，コロナ禍では，多くの国が外国人の入国を制限しましたよね。
在留の権利	**保障されない** （最大判昭53.10.4【マクリーン事件】） 上記（a）iiで説明したマクリーン事件です。政治活動を行ったことを理由に法務大臣が在留期間の更新を拒絶しましたが，この法務大臣の処分は違法ではないとされました。	在留は，入国の継続です。よって，上記のとおり外国人に入国の自由が認められていないので，在留の権利も認められません。
出国の自由	**保障される** （最大判昭32.12.25参照）	日本から出ていくことは，外国人の自由です。
再入国の自由	**保障されない** （最判平4.11.16【森川キャサリーン事件】） 日本人と婚姻した森川キャサリーンさんという方が，指紋押なつを拒否しました。そのため，韓国へ旅行する際の再入国の許可申請を法務大臣が不許可としましたが，この処分は違法ではないとされました。	再入国の自由も，入国の自由と同じく，認めるかどうかは，各国の自由だからです。定住外国人についても，外国へ一時旅行する自由は保障されておらず，再入国を認めるかは法務大臣の自由裁量に委ねられます。

結局自由なのは？

　出入国の自由について，外国人に自由が認められているのは，日本を出ること（出国の自由）のみです。

のみ自由

(2) 参政権

	保障の有無	理由
国政選挙の選挙権被選挙権	**保障されない** （最判平5.2.26） 法律で参政権を与えることも禁止されます。	主権は国民にあります（国民主権。P3①）。また，国政には外交や国防もあります。よって，国政に参加する権利は，日本国民にしか認められません。
地方選挙の選挙権被選挙権	**保障されない** （最判平7.2.28） 地方選挙についても外国人に参政権は保障されていないので，外国人に選挙権・被選挙権を認めていない法律も問題ありません。 ただ，国政選挙と異なるのは，法律で外国人に選挙権を付与することはできます（最判平7.2.28）。	地方公共団体の政治・行政には，基本的に外交や国防はありません。国政とは，国民主権の原理との関わりの程度が異なります。よって，国政よりも緩和され，法律で外国人に選挙権を付与することができるのです。
公務就任権（公務員になる資格）	**保障されない** （最大判平17.1.26【東京都管理職選考試験事件】） 韓国籍の在日2世の保健婦（現在は保健師）の方が，外国籍を理由に管理職選考試験を受験できなかったため，受験資格の確認などを求めましたが，認められませんでした。	公権力を行使したりする公務員（＊）は，その職務が住民の生活に重大な関わりを有するので，国民主権の原理から，日本国籍を有する者が就任することが想定されています。 ＊左記の判例は公権力を行使したりする公務員についてのものですので，外国人がすべての公務員になれないとされたわけではありません。

(3) 社会権 —— 生存権

　生存権については，外国人には保障が及びません（最判平元.3.2【塩見訴訟】）。
ex. 生活保護法が不法残留者を保護の対象としていないことは，憲法に違反しません
　　（＊）。不法残留者が緊急に治療を要する場合でも，同じです（最判平13.9.25）。
＊外国人の4～5万世帯が生活保護の支給を受けていますが，これは地方自治体の措置にすぎません。憲法上保障されている権利ではないんです。
　財源は無限にあるわけではありません。限られた財源の中で，自国民を在留外国人より優先的に扱うことは許されます。

3 法人

1. 享有主体性の有無

憲法の人権規定は，法人にも性質上可能な限り適用されます（最大判昭45.6.24【八幡製鉄事件】）。「性質上可能な限り」とされているのは，性質上自然人にしか認められない人権もあるからです。たとえば，人身の自由（奴隷的拘束を受けないなど），選挙権・被選挙権，生存権などは，自然人にしか認めることができないですよね。

2. 保障の程度

法人にも憲法の人権規定が適用されますが，自然人にはない特別の制約がされることがあります。

法人は，自然人の集まりです。よって，法人を保護しすぎると，自然人の人権が抑圧される場合があります。そのため，特別の制約がされることがあるんです。

以下，「法人と法人の外にある個人との関係」（下記（1））と「法人と法人の内にある個人との関係」（下記（2））に分けてみていきます。

（1）法人と法人の外にある個人との関係

法人（株式会社）と法人の外にある個人（株主）との関係が問題となった，以下のような事件があります。

— Realistic 3　判例の学習方法 —

憲法は，他の科目以上に判例が重要です。そこで，このテキストでは，重要判例について，以下のようなボックスを設け，どのような「事案」か，「主な争点」は何か，「判旨」のポイントをまとめています。

＊判例のボックスにおいて，「　」にしている箇所は，判例の原文をそのまま引用しているものです。そのため"「であ」り"など，一見すると違和感のあるところに「　」があることがあります。また，「　」は判例の原文をそのまま引用しているため，少し難しい言い回しもあります。最初は少し大変ですが，試験では判例の原文がそのまま出ることが多いので，判例の原文を示さないテキストでは試験対策ができません。徐々に判例の言い回しに慣れていきましょう。「……」は，省略した部分です。

判例　最大判昭45.6.24【八幡製鉄事件】

■事案

八幡製鉄（現日本製鉄）の代表取締役であったYらは，同社を代表して，自民党に政治資金の寄附をしました。これに対して，株主Xが，株式会社の政治資金の寄附は，自然人である国民にのみ参政権を認めた憲法に反して民法90条に違反する行為であるとして，Yらに対して，政治資金額とその遅延損害金を会社へ支払うよう株主代表訴訟を提起しました。

■主な争点

・株式会社に政党への政治資金の寄附をする自由はあるか

■判旨

・「会社は，自然人たる国民と同様，国や政党の特定の政策を支持，推進しまたは反対するなどの政治的行為をなす自由を有するのである。政治資金の寄附もまさにその自由の一環であ」り，法人に対する特別の制約は認められない。

　株式会社は，任意加入の団体です。よって，株主は，株式会社が特定の政党に寄附をしたことが気に入らないのであれば，株式を手放して出ていけばよいのです。

（2）法人と法人の内にある個人との関係

　法人（税理士会・司法書士会）と法人の内にある個人（税理士・司法書士）との関係が問題となった，以下のような事件があります。

判例 　最判平8.3.19【南九州税理士会事件】

■事案

　強制加入の公益法人である南九州税理士会が，税理士法改正運動のための政治献金目的で，特別会費の徴収の決議をしました。これに反対の税理士Xは，南九州税理士会を相手方として，この会費の納入義務がないことの確認と損害賠償を請求する訴えを提起しました。

■主な争点

1. 政治団体に金員を寄付することは，税理士会の目的の範囲内の行為か
2. 政治団体に金員を寄付するために特別会費を徴収する旨の決議の効力

■判旨

1. 「税理士会が政党など規正法〔政治資金規正法〕上の政治団体に金員の寄付をすることは，たとい税理士に係る法令の制定改廃に関する政治的要求を実現するためのものであっても，……税理士会の目的の範囲外の行為であ」る。
2. 「寄付をするために会員から特別会費を徴収する旨の決議は無効である」。

　税理士会は，税理士として業務を行うには入会する必要がある強制加入の団体です。これが，上記（1）の【八幡製鉄事件】の株式会社との違いです。よって，会員に要請される協力義務にも限界があります。政治団体に金員を寄付することは，会員それぞれが市民としての個人的な政治的思想などに基づいて自主的に決定すべき事柄であり，会員に協力を義務づけることはできません。

☞人権侵害を認めた判例①

— Realistic 4　人権侵害を認めた判例の結論は意識的に記憶 —

人権は侵してはならない権利なのですが,最高裁判所が人権侵害を認めることはあまりありません。よって,人権侵害を認めた判例の結論は意識的に記憶してください。人権侵害を認めた判例は,判例ボックスの最後に「☞人権侵害を認めた判例」のマークをつけています。

判例　最判平14.4.25【群馬司法書士会事件】

■事案

　群馬司法書士会は,阪神・淡路大震災により被災した兵庫県の司法書士会・司法書士の復興を支援するための復興支援拠出金を送る旨の決議をしました。この決議に基づき,特別負担金の納付を要求された司法書士Xは,この決議に基づく債務の不存在を求めて訴えを提起しました。

■主な争点

1. 被災した司法書士会・司法書士の復興を支援するための復興支援拠出金を送ることは,司法書士会の目的の範囲内の行為か
2. 被災した司法書士会・司法書士の復興を支援するための復興支援拠出金を送る旨の決議の効力

■判旨

1. 「兵庫県司法書士会に本件拠出金を寄付することは」,群馬司法書士会の「権利能力の範囲内にある」。
2. 「本件決議の効力は」,群馬司法書士会の「会員である上告人らに対して及ぶ」。

　たしかに,司法書士会も,司法書士として業務を行うには入会する必要がある強制加入の団体です。── **供託法・司法書士法のテキスト第2編第3章2**　しかし,【南九州税理士会事件】の寄付の目的は,法令の制定改廃に関する政治的要求のためでした。それに対して,この事件の寄付の目的は,司法書士の業務の円滑な遂行による震災の損害からの公的機能の回復です。よって,特別負担金を会員である司法書士から徴収しても,司法書士の政治的または宗教的立場や思想信条の自由を害するものではありません。

人権保障の限界

　人権の保障も，無制限ではありません。公共の福祉によって制限されたり（下記1），特別な法律関係にある者は制限されたり（下記2）することがあります。

1 公共の福祉

1．公共の福祉とは？

　人権は，人間であれば誰もが当然に有する，侵してはならない権利です。しかし，人間は１人で生きているわけではないので，人権同士がぶつかることがあります。たとえば，「表現の自由」というものがありますが，私が夜中の３時にみなさんの家の前で，拡声器を使って「増税反対！！」と叫んでいたら，迷惑ですよね。他にも，たとえば，以下のような場合に人権同士がぶつかります。

ex1. タバコを吸う自由と受動喫煙の被害防止

ex2. 飲食店の営業の自由と新型コロナウイルスの感染拡大防止

　人権同士がぶつかった場合に，人権が制限されることがあるのが「公共の福祉による制約」です。

人権　他の人権

ぶつかる
↓
公共の福祉による制約

2．「公共の福祉」が登場する条文

　この「公共の福祉」の文言は，以下の４つの条文にあります。

総則的部分	**憲法12条** 　この憲法が国民に保障する自由及び権利は，国民の不断の努力によつて，これを保持しなければならない。又，国民は，これを濫用してはならないのであつて，常に公共の福祉のためにこれを利用する責任を負ふ。 **憲法13条** 　すべて国民は，個人として尊重される。生命，自由及び幸福追求に対する国民の権利については，公共の福祉に反しない限り，立法その他の国政の上で，最大の尊重を必要とする。
各則部分	**憲法22条** 1　何人も，公共の福祉に反しない限り，居住，移転及び職業選択の自由を有する。 **憲法29条** 2　財産権の内容は，公共の福祉に適合するやうに，法律でこれを定める。

憲法 12 条と憲法 13 条は，人権規定の総則的部分です。

憲法 22 条 1 項と憲法 29 条 2 項は，人権規定の各則部分（いずれも経済的自由権に関する条文）です。

3．公共の福祉の意味

上記 2．でみたとおり，「公共の福祉」は憲法の 4 つの条文に規定されているのですが，これらは，法的にどのような意味があり，どのように人権を制約するのかについて，以下の表の 3 つの学説があります。

以下の表の学説名となっている「外在」「内在」は，以下の意味です。まず，ここから押さえましょう。

・外在：人権の外から制約がされ，制約が大きい

・内在：人権の内にある制約にすぎず，制約が小さい

	一元的外在制約説	内在・外在二元的制約説	一元的内在制約説（通説）
内容	憲法 12 条，憲法 13 条の「公共の福祉」は，人権の外にあって，人権を制約できる一般的な原理です。憲法 13 条は，「公共の福祉に反しない限り」と人権にも限界があることを示しているので，憲法 13 条に法的意味を認めることができるからです。憲法 22 条 1 項，憲法 29 条 2 項に「公共の福祉」と規定されていることに，特別の意味はありません。	「公共の福祉」による人権制約が認められる人権は，以下の 2 つのみです。・経済的自由権　憲法 22 条 1 項と憲法 29 条 2 項で，明文で規定されているからです。・社会権　社会権は，保護の程度が弱いからです（P10 の「自由権≒参政権＞社会権」）。この 2 つ以外の人権は，内在的制約に服するにとどまります。内在的制約とは，「権利があるからといって濫用してはいけないよ」ということです。憲法 12 条，憲法 13 条は訓示的・倫理的規定（意味のない規定）であり，人権の制約の根拠とはなりません。	「公共の福祉」は，人権同士の衝突を調整するための実質的公平の原理であり，すべての人権に論理必然的に内在しています。よって，すべての人権を制約する原理となります。ただ，以下のように，人権によって制約の程度が異なります。・自由権　→必要最小限度の規制・社会権　→必要な限度の規制

	一元的外在制約説	内在・外在二元的制約説	一元的内在制約説（通説）
	憲法12条 　憲法13条 公共の福祉　公共の福祉 すべての人権	公共の福祉　公共の福祉 経済的自由権　社会権 内在的制約 その他の人権	公共の福祉 すべての人権
この説への批判	この考え方だと, 法律をもって人権を制約することが容易に肯定されかねず, 明治憲法下の法律の留保付きの人権保障と同じになってしまいます。実は, 明治憲法も, 人権を保障していました。しかし, 明治憲法には, 法律の根拠があれば人権を制限できる規定がありました。そのため, 治安維持法が制定されて拷問や虐殺が行われるなどということがありました。	①自由権と社会権の区別は相対的です。P10※で説明したとおり, 複数の性質を有する人権があったりと, 自由権と社会権をすぱっと分けられるわけではないんです。 ②憲法13条を意味のない規定とすると, 憲法13条を新たな人権の根拠とできなくなります。P42～43 2 で説明しますが, プライバシー権など憲法に規定されていない新しい人権があります。新しい人権の根拠となるのが, 憲法13条なのです。	「必要最小限度」「必要な限度」というのは, 抽象的すぎます。解釈の仕方によっては, 一元的外在制約説とほとんど変わらない結果となりかねません。

一元的外在制約説から考える

　この学説対立の問題が出た場合は, **一元的外在制約説の肢から考えてください。**一元的外在制約説が最もわかりやすいからです。少し雑な言い方ですが, 人権の外からガンガン制約できるというのが, 一元的外在制約説です。

2 特別な法律関係にある者

　公務員（下記1.）や刑事収容施設の被収容者（下記2.）などは，特別な法律関係にあるため，一部の人権が制限されます。

1. 公務員

　公務員は，政治活動の自由が制限されています。たとえば，国家公務員法102条1項で，選挙権の行使を除き，人事院規則で定める政治的行為が禁止されています。公務員は，政治的に中立性が求められる立場にあるからです。

　公務員の政治活動の自由が問題となった，以下のような事件があります。

判例 **最大判昭49.11.6【猿払事件】**

■事案

　北海道の猿払村の郵便局員Xは（郵便局の民営化前），勤務時間外に，衆議院議員選挙の社会党の選挙用ポスターを公営掲示場に掲示したほか，他の人に依頼して配布しました。これらの行為が，選挙権の行使を除き，人事院規則で定める政治的行為を禁止している国家公務員法102条1項の規定に違反するとして起訴されました。

■主な争点

・公務員の政治活動の禁止は，表現の自由を保障した憲法21条に違反しないか

■判旨

・国家公務員法102条の合憲性は，以下の3点から検討すべきである。

①禁止の目的が正当か

　→　公務員の政治活動の禁止の目的は，行政の中立的運営を確保し，これに対する国民の信頼を維持するためのものであり，正当である。

②禁止の目的と禁止の手段との間に合理的関連性があるか

　→　合理的関連性がある。

③禁止により得られる利益と失われる利益が均衡を失していないか

　→　たしかに，公務員の表現の自由は制約される。しかし，公務員の政治活動の禁止は，公務員の意見表明そのものの制約を狙いとしているものではなく，その行動のもたらす弊害（公務員に対する国民の信頼を損なうこと）の防止を狙いとするものである。その結果として公務員の表現の自由が制約されるのは，単に行動の禁止に伴う限度での間接的，付随的な制約にすぎない。

　最高裁判所は，上記①～③の違憲審査基準（＊）を立て，国家公務員法102条を合憲としました。

＊違憲審査基準については，P38～39の2.で説明します。

| 判例 | **最大決平10.12.1【寺西判事補戒告事件】** |

■**事案**

　仙台地方裁判所の寺西判事補（＊）が，組織的犯罪対策法案に反対する集会に参加し，「仮に反対の立場で発言しても，裁判所法に定める積極的な政治運動に当たるとは考えないが，パネリストとしての発言は辞退する」と発言しました。仙台高等裁判所は，こうした寺西判事補の言動が裁判所法52条1号で禁止された「積極的に政治運動をすること」に当たるとし，寺西判事補を戒告処分に付す旨の決定をしました。それに対して，寺西判事補が即時抗告をしました。

＊判事補：裁判官に任官してから10年未満の者。原則として1人で裁判をすることができないといった制約があります（裁判所法27条1項）。

■**主な争点**

・裁判官の積極的な政治運動の禁止は，表現の自由を保障した憲法21条に違反しないか

■**判旨**

・裁判所法52条1号の合憲性は，以下の3点から検討すべきである。

①禁止の目的が正当か

→　裁判官の積極的な政治運動の禁止の目的は，裁判官の独立及び中立・公正を確保し，裁判に対する国民の信頼を維持するためのものであり，正当である。

②禁止の目的と禁止の手段との間に合理的関連性があるか

→　合理的関連性がある。

③禁止により得られる利益と失われる利益が均衡を失していないか

→　たしかに，裁判官の表現の自由は制約される。しかし，裁判官の積極的な政治運動の禁止は，裁判官の意見表明そのものの制約を狙いとしているものではなく，その行動のもたらす弊害（裁判に対する国民の信頼を損なうこと）の防止を狙いとするものである。その結果として裁判官の表現の自由が制約されるのは，単に行動の禁止に伴う限度での間接的，付随的な制約にすぎない。

最高裁判所は，上記①〜③の違憲審査基準を立て，裁判所法52条1号を合憲としました。

2．刑事収容施設の被収容者

　刑事収容施設の被収容者は，人権が制限されています。罪を犯した者に苦役を科すこと，刑罰を科すことは，憲法で認められているからです（憲法18条後段，31条）。

　しかし，未決拘禁者（被疑者と被告人）については，有罪判決が確定しているわけではなく，無罪推定を受けます。よって，刑事収容施設に収容する目的も，逃亡・罪証隠滅の防止などに限られます。

☞「被疑者」「被告人」とは？

　被疑者：犯罪の嫌疑を受けて捜査の対象になっているが，公訴を提起されていない者

　被告人：公訴を提起されている者

　未決拘禁者の人権が問題となった，以下のような事件があります。

（1）喫煙の権利

| 判例 | **最大判昭45.9.16【喫煙禁止訴訟】** |

■事案

　逮捕されたXは，監獄内で勾留中の8日間喫煙を禁止されたため，精神的・肉体的苦痛を受けたとして，国を相手方として国家賠償請求訴訟（＊）を提起しました。

＊公務員の故意または過失によって損害を受けた者は，「国家賠償法」という法律に基づき，国または地方公共団体に対して賠償を請求する国家賠償請求訴訟を提起できます。

■主な争点

・未決勾留により拘禁された者に対し喫煙を禁止する規定は，憲法13条に違反しないか

■判旨

・「喫煙の自由は，憲法13条の保障する基本的人権の一に含まれるとしても，あらゆる時，所において保障されなければならないものではない。」

　タバコを吸う権利は，憲法13条で保障される可能性があるとしている点にご注意ください。「タバコを吸う権利が保障されない」と出題されたら，それは誤りです。ただ，どんな時でもどんな場所でも保障されるわけではありません。

・「未決勾留は，……逃走または罪証隠滅の防止を目的とし」，その「目的に照らし，必要な限度において，被拘禁者のその他の自由に対し，合理的制限を加えることもやむをえない」。

　タバコを吸うことを許すと，証拠隠滅や火災発生による被拘禁者の逃亡のおそれがあり，拘禁の目的を達成することができません。また，タバコは生活必需品ではありません。

　よって，未決勾留により拘禁された者に対し喫煙を禁止する規定は，憲法13条に違反しないとされました。

（2）知る権利

最大判昭58.6.22【よど号ハイジャック記事抹消事件】

■事案

　反戦デモに参加し，凶器準備集合罪，公務執行妨害罪で逮捕され，未決勾留されていたXは，拘置所内で読売新聞を定期購読していました。ところが，拘置所の所長が，読売新聞のよど号ハイジャック事件（1970年に共産主義化を目指す赤軍が起こした日本初のハイジャック事件）の記事を見せたくなかったため，この記事を墨で全面的に塗りつぶしてからXに配付しました。そこで，Xは，この抹消処分は知る権利を侵害しているとして，国を相手方として国家賠償請求訴訟を提起しました。

■主な争点

1．新聞などの閲読の自由は，憲法上保障されるか
2．未決拘禁者の新聞などの閲読の自由は，どのような場合に制限できるか

■判旨

1．「新聞紙，図書等の閲読の自由が憲法上保障され」，その保障は未決拘禁者にも及ぶ。
　　新聞などの閲読の自由は，未決拘禁者にも保障されると言っている点にご注意ください。「新聞などの閲読の自由が未決拘禁者に保障されない」と出題されたら，それは誤りです。ただ，まったく制限できないわけではありません。

2．しかし，「一定の合理的制限を受けることがある」。未決拘禁者の新聞紙，図書等の閲読の自由の制限が許されるには，「その閲読を許すことにより監獄内の規律及び秩序の維持上放置することのできない程度の障害が生ずる相当の蓋然性〔確実性の度合い〕があると認められることが必要であ」る。
　　1960～70年代は，学生運動に端を発した過激な思想の人が多かった時代です。人質を取り，逮捕された仲間の釈放を要求するといったこともありました。判例がいう監獄内の規律および秩序を侵害する事件も多かったんです。そういったこともあり，本件の抹消処分は合理的な根拠があるとして，適法とされました。

| 第4章 | 私人間適用 |

1 憲法を守るのは国家だけ？

　最初に，「憲法を守るべきものは，基本的に国民ではなく国家です」と説明しました（P2）。それは，国家権力という非常に強大な力によって不当に国民の人権が侵害されることを防ぐためです。しかし，現代社会においては，国家以外のものも強力な力を持ち，国民の人権を侵害することがあります。たとえば，大企業とその企業の従業員との関係を考えてみると，たしかに，どちらも私人ではありますが，明らかに力関係が異なります。そこで，「私人間においても憲法を適用すべきではないか？」という考えが出てきます。それが，この第4章で扱う問題です。

2 私人間への直接適用があらかじめ予定されている条文

　憲法には，私人間への直接適用があらかじめ予定されている条文もあります。

ex1. 奴隷的拘束と苦役からの自由を定めた憲法18条は，私人間に直接適用されます。たとえば，企業の従業員に対する奴隷的拘束が，許されるはずはありませんよね。

ex2. 労働者の団結権・団体交渉権・団体行動権を定めた憲法28条は，私人間に直接適用されます。これらは労働者の権利ですから，従業員が企業に対して主張できます。

＊問題となるのは，私人間への直接適用があらかじめ予定されているとはいえない条文です。それを下記3でみていきます。

3 私人間への直接適用があらかじめ予定されていない条文

1. 適用の有無

　私人間への直接適用があらかじめ予定されていない条文が私人間に適用されるか，適用されるとしてどのように適用されるかについて，以下の表の3つの説があります。

— Realistic 5　3説あるときは両端の説から —

　民法のテキストでも説明しましたが，以下のように，学説が3つ出てきた場合は，まずは両端の説の内容を確認し，最後に真ん中の説の内容を確認してください。3説ある場合は，通常は両端の説が対立する説で，真ん中の説がその2説の間を採った説（折衷説）だからです。

	直接適用説	間接適用説（判例）	非適用説（無適用説）
結論	憲法の人権規定は，私人間にも直接適用されます。	憲法の人権規定は，私人間には直接適用されません。ただし，私法の一般条項（ex. 民法90条）や不確定概念（ex. 民法709条），少し雑にいうと，抽象的な規定の解釈適用の中に憲法の趣旨を取り込んで，間接的に私人間の行為を規律します。 大企業 → 憲法 → 従業員 / 民90等	憲法の人権規定は，私人間には適用されません。私人間の人権対立の調整は，専ら立法に委ねられ，裁判所による介入は否定されます。 大企業 → 憲法 → 従業員
理由	人権の価値は法秩序の中で最高の価値であるため，すべての法領域に妥当すべきものだからです。	私的自治の原則（民法Ⅰのテキスト第1編第3章2 1.）を尊重しつつも，限度を超える侵害に対しては対応が可能となるからです。	憲法は，あくまで国家と国民の関係を規律するものだからです。P2で説明した考え方を貫くわけです。
この説への批判	①直接適用を広く認めると，私的自治が害されてしまいます。 ②基本的人権の本質である「国家からの自由」と真っ向から対立してしまいます。	①憲法の趣旨の取り込み方次第で，実質的に直接適用説にも非適用説（無適用説）にもなり得ます。 ②純然たる事実行為による人権侵害への救済が不十分です。「純然たる事実行為」とは，外国人だから無視するといった行為です。これは法律行為ではないので，民法などを適用しにくいです。	大企業による従業員に対する人権侵害行為などに対応できなくなってしまいます。

2．判例

　判例は，一般的には（＊）間接適用説に立っていると解されています。では，間接適用説に立ったと解される判例を3つほどみてみましょう。

＊近年は，「判例は非適用説（無適用説）なのではないか」ともいわれています（近時の有力説）。

> **判例**　最大判昭48.12.12【三菱樹脂事件】
>
> **■事案**
>
> 　三菱樹脂（現三菱ケミカル）に試用期間を設けて雇用されたXは，入社試験の際に在学中の学生運動歴について虚偽申告したという理由で，3か月の試用期間終了時に本採用を拒否されました。そこで，Xは，応募者に政治的思想・信条に関係ある事項を申告させることは許されないとして，労働者の地位の確認などを求めて訴えを提起しました。
>
> **■主な争点**
>
> 1．特定の思想，信条を有することを理由とする雇入れの拒否は許されるか
>
> 2．企業が労働者の雇入れにあたり労働者の思想，信条を調査することは許されるか
>
> **■判旨**
>
> 1．「企業者が特定の思想，信条を有する者をそのゆえをもつて雇い入れることを拒んでも，それを当然に違法とすることはできない」。
>
> 2．「企業者が，労働者の採否決定にあたり，労働者の思想，信条を調査し，そのためその者からこれに関連する事項についての申告を求めることも，これを法律上禁止された違法行為とすべき理由はない。」
>
> 　企業者も私人ですので，契約締結の自由があるからです。事業のためにどのような者を雇うかは，原則として企業の自由です。

> **判例**　最判昭49.7.19【昭和女子大事件】
>
> **■事案**
>
> 　昭和女子大学の学生X_1とX_2は，無許可で学外の政治団体に加入したことなどにより「生活要録」規定違反で自宅謹慎を申し渡されましたが，マスコミに大学の取調べの実情を公表したりしたため，退学処分を受けました。そこで，X_1とX_2は，学生たる地位の確認の訴えを提起しました。
>
> **■主な争点**
>
> 1．大学は法律の規定がなくても学生を規律することができるか
>
> 2．退学処分の効力

1. 大学は、「法律に格別の規定がない場合でも、……在学する学生を規律する包括的権能を有する」が、「無制限なものではありえず、在学関係設定の目的と関連し、かつ、その内容が社会通念に照らして合理的と認められる範囲においてのみ是認される」。

　学生はその大学の伝統、校風、教育方針のもとで教育を受けることを希望してその大学に入学したと考えられるので、大学は、無制限ではありませんが、法律の規定がなくても学生を規律することができるのです。

2. 「本件退学処分は、懲戒権者〔学長〕に認められた裁量権の範囲内にあるものとして、その効力を是認すべきである。」

　昭和女子大学は、学生の思想の穏健中正を標榜する保守的傾向の大学です。いわゆる、お嬢様学校といわれる大学でもあります。よって、政治活動をしたり、自宅謹慎の処分に反発してマスコミに大学の取調べの実情を公表したりする学生は、そぐわないのです。

判例 最判昭56.3.24【日産自動車女子若年定年制事件】

■事案

　かつては、日産自動車において、定年年齢を男子55歳、女子50歳と定める就業規則がありました。この就業規則に基づいて退職を命じる予告をされた女性従業員Xが、従業員の地位保全の仮処分を申し立てました。

■主な争点

・性別によって定年年齢に違いを設ける就業規則の効力

■判旨

・「就業規則中女子の定年年齢を男子より低く定めた部分は、専ら女子であることのみを理由として差別したことに帰着するものであり、性別のみによる不合理な差別を定めたものとして民法90条の規定により無効である」。

　憲法の規定を直接適用したのではなく、民法90条の規定の解釈に憲法の趣旨を取り込んで無効としました。

☞人権侵害を認めた判例②

第5章　憲法訴訟

　判例がいくつか出てきたので，ここで「憲法訴訟」について説明します。この第5章は，憲法の判例を読む 礎 になる章です。

1　違憲審査制

> **憲法81条**
> 　最高裁判所は，一切の法律，命令，規則又は処分が憲法に適合するかしないかを決定する権限を有する終審裁判所である。

1．違憲審査権

　法令や処分が憲法に違反しているかが問題となった場合，憲法に違反している（違憲）か違反していない（合憲）かを判断するのは，裁判所です（憲法81条）。裁判所が有している合憲か違憲かを判断できる権限のことを「違憲審査権」といいます。「法令や処分が憲法に違反している！」と認定してもらいたい場合は，訴訟で主張しないといけないわけです。憲法81条には，合憲か違憲かの判断ができるのが「最高裁判所」であると規定されていますが，判例で，下級裁判所（高等裁判所・地方裁判所・家庭裁判所・簡易裁判所）にも違憲審査権があるとされています（最大判昭25.2.1）。

2．違憲審査権の根拠

　裁判所に違憲審査権が認められる根拠として，以下の①～③があります。

①憲法の最高法規性（憲法98条1項）

　P2で説明しましたとおり，憲法はこの国の最高法規です。憲法に反する法令や処分は，効力を有しません。この憲法の最高法規性を実現するために，法令や処分が憲法に違反しているかしていないかの判断をする機関が必要です。

②基本的人権の尊重（憲法第3章）

　法令や処分がおかしいことがあります。仮に99%の賛成（民意）によって作られた法律があっても，それが間違っているのであれば，違憲であると判断し，1%の人を救う必要があります。人権を守る最後の砦となるのが，裁判所なのです。そのため，裁判官は選挙で選ばれず，国家の三権の中で国民から最も遠い位置にいるのです。P4の図をみてください。「裁判所」が「国民」から最も遠い位置にあります。

③権力分立（憲法41条，65条，76条1項）

　国会が作った法律や内閣が行った処分の違憲審査権を認めることにより，裁判所に国会と内閣の権力行使を監視させ，権力相互の抑制と均衡を図っています。三権（立法・行政・司法）は分立しているのですが，権力が暴走しないよう相互に抑制を図ってもいるのです。P150 $\boxed{2}$ にこのハナシの図があるので，ご覧ください。

3. 方式

　違憲審査制には，大きく分けると以下の2つの方式があります。

付随的審査制（アメリカ型）	抽象的審査制（ドイツ型）
「付随的審査制」とは，通常裁判所が，具体的な訴訟（民事訴訟，刑事訴訟，行政訴訟）の裁判をする際に，その前提として事件の解決に必要な限りで違憲審査を行う方式です。つまり，具体的な事件が必要なわけです。 日本の憲法に明記されているわけではありませんが，最高裁判所は，日本の憲法は付随的審査制を採用しているとしました（最大判昭27.10.8【警察予備隊違憲訴訟】）。なので，これまで出てきた判例は，株主代表訴訟（P16〜17の【八幡製鉄事件】），国家賠償請求訴訟（P24の【喫煙禁止訴訟】）など，具体的な事件なのです。その中で，裁判所が憲法の問題について判断をしています。	「抽象的審査制」とは，憲法訴訟を扱うために特別に設けられた憲法裁判所が，具体的な事件と関係なく，抽象的に違憲審査を行う方式です。 ドイツはこの方式なので，ドイツには憲法裁判所があります。たとえば，アメリカで2001年に同時多発テロ事件（いわゆる9.11）が起きた後，ドイツで「ハイジャックされた飛行機を撃ち落としてよい」という法律改正がされました。しかし，この規定は，ハイジャック事件が起きる前に，憲法裁判所で違憲とされました。

☞「行政訴訟」とは？

　行政訴訟：行政庁の行った違法な処分の取消しや変更などを求める訴訟

　「行政庁」とは，行政主体の意思を決定し，これを外部に表示する権限を有する行政機関です。各省の大臣，都道府県知事，市町村長などが当たります。

ex. 飲食店がした営業許可申請に対して，都道府県知事が営業不許可処分を行った場合，飲食店は都道府県知事の営業不許可処分の取消しを求めて行政訴訟を提起することができます。

> ― Realistic 6　集団的自衛権が合憲か違憲かはまだわからない ―
>
> 　2015 年に, (限定的な) 集団的自衛権を認めた自衛隊法などの改正がされました。「違憲だ！」という見解もありましたが, 裁判所はまだ合憲か違憲かの判断をしていません。日本が付随的審査制だからです。実際に集団的自衛権が行使され, 自衛隊の方が負傷したり死亡したりして, 国家賠償請求訴訟などが提起されないと, 裁判所は合憲か違憲かの判断をしないのです。もし日本が抽象的審査制であったのなら, 憲法訴訟になっているでしょう。野党は強硬に反対していましたので。

4．対象

　国会が制定した法律や内閣が行った処分は, もちろん, 違憲審査の対象になります。それら以外に何が違憲審査の対象になるかをみていきましょう。

（1）国内の法規範

　憲法 81 条 (P30) には, 違憲審査の対象として「一切の法律, 命令, 規則又は処分」が規定されています。では, 条文に明記されていない条例や判決は, 違憲審査の対象にはならないのでしょうか。

　なります (最大判昭 23.7.7 〔判決について〕)。条例は,「法律」に含まれると解されています。また, 判決は,「処分」の一種であると解されています。

（2）条約

　条約も, 憲法 81 条には規定されていません。そのため, 条約が違憲審査の対象になるか, 以下の表のとおり争いがあります。

	憲法優位説　→←　条約優位説	
	憲法優位説 （最大判昭34.12.16【砂川事件】）	条約優位説
結論	憲法は，条約に優位します。よって，条約は違憲審査の対象になります。※ 条約について違憲判決がされたときは，条約の国内法としての効力だけが失われ，国際法としての効力は失われません。	条約は，憲法に優位します。よって，条約は違憲審査の対象になりません。
理由	①条約締結権は，憲法で規定されています（憲法73条3号。P168）。よって，条約は，憲法の枠内でのみ許容されるのです。 ②条約は，法律よりも成立手続が簡易です（憲法59条2項，61条，60条2項）。条約が憲法に優位すると解すると，憲法に反する内容の条約の締結によって，容易に憲法が改正されることになり，国民主権（P3①）・硬性憲法（P8③）に反してしまいます。	①憲法81条（P30）と憲法98条1項（下記）は，条約を除外しています。 単に「明文規定がない」という理由は，否定説の根拠となります。——民法Ⅲのテキスト第5編第4章第5節4 3.（2）（d）※「テクニック」 ②憲法98条2項（下記）は，条約の誠実な遵守を要求しています。

※憲法優位説の中にも，以下の①②のような理由から，条約を違憲審査の対象とすべきでないとする有力説もあります。

①条約には，国家間の合意という特殊性があります。

②条約は，極めて政治的な内容を含むことが多いです（統治行為論。P204（1））。

憲法98条

1　この憲法は，国の最高法規であつて，その条規に反する法律，命令，詔勅及び国務に関するその他の行為の全部又は一部は，その効力を有しない。

2　日本国が締結した条約及び確立された国際法規は，これを誠実に遵守することを必要とする。

（3）立法不作為

立法不作為：憲法上，立法措置が要求されていると解されるにもかかわらず，立法
　　　　　　がなされないこと

　現在，生活保護法がありますが，仮になかった場合，憲法が規定している生存権（憲法25条。P137の1.）の保障がされておらず，立法不作為となります。

　では，立法不作為が違憲となるかですが，一般的には，以下の①②を充たす場合に違憲となると解されています。

①憲法の明文上または解釈上，法律を制定すべき義務が立法府に認められる
②立法の準備のための合理的期間を過ぎても立法がなされない

　国会が，法律を制定すべきなのに，ずっと放置していると違憲となるということです。

　ただ，上記①②に該当したからといって，最高裁判所がすぐに違憲判決を出すわけではありません。立法不作為が問題となった，以下のような事件があります。

判例　**最判昭60.11.21【在宅投票事件】**

■事案

　身体障がい者などの在宅投票制度は，1952年に廃止されました。そのため，寝たきり生活で身体障がい者として認定されたXは，合計8回の選挙において投票することができませんでした。そこで，Xは，選挙権を行使できず精神的苦痛を被ったとして，国を相手方として国家賠償請求訴訟を提起しました。

■主な争点

・在宅投票制度を復活しないことは，憲法に違反しないか

■判旨

・「国会議員の立法行為は，立法の内容が憲法の一義的な文言に違反しているにもかかわらず国会があえて当該立法を行うというごとき，容易に想定し難いような例外的な場合でない限り，国家賠償法1条1項の規定の適用上，違法の評価を受けない」。よって，国家賠償請求は認められない。

　「一義的」とは，1つの意味にしか取れないということです。憲法の規定が複数の意味に取れれば該当しませんので，この基準だと違憲判決は出にくいです。

　なお，立法不作為を理由に違憲判決が出たこともあります。P136で説明する【在外邦人選挙権訴訟】です。

---

2 憲法判断

1．司法消極主義と司法積極主義

　裁判所の憲法判断に対する立場（態度）には，以下の表の２つがあります。

司法消極主義	司法積極主義
「司法消極主義」とは，裁判所が違憲審査権を控えめに行使すべきとする立場（態度）です。 裁判所は，国民から選ばれたわけではない非民主的機関です。よって，裁判所は，国民から選ばれた民主的機関である国会と，その国会が指名した内閣総理大臣を長とする内閣の意思を最大限尊重する必要があります。	「司法積極主義」とは，裁判所が違憲審査権を積極的に行使すべきとする立場（態度）です。 人権を守る最後の砦となるのが裁判所なので（P30②），違憲である法令や処分はドンドン是正すべきだからです。

　　　　　　　　　日本の裁判所は，戦後（太平洋戦争の後。以下同じ）はずっと司法消極主義であったといわれています。「最高裁判所は眠っているのか！」と揶揄されることもありました。しかし，2000 年代以降は違憲判決も増えてきて，司法積極主義になりつつあるといわれています。

2．憲法判断の回避の準則

　司法消極主義には，以下の２つの意味があります。

①憲法判断そのものをすることについての消極性（憲法判断そのものの回避。下記（1））

②違憲判断をすることについての消極性（合憲限定解釈。下記（2））

　このような考え方を「憲法判断の回避の準則」といいます。付随的審査制（P31 の3．）においては，訴訟の目的は具体的な事件の解決であり，具体的な事件の解決に必要な限りで違憲審査を行います。法令や処分が違憲かどうかについて，判断をしなくてもその事件を解決できるのであれば，憲法判断をすべきではないのです。ある弁護士さんが，「○○の法令は違憲である論拠を記載した準備書面を徹夜で作成したが，判決では完全に無視された……」と言っていたのを聞いたことがあります。

（1）憲法判断そのものの回避（上記①）

　これは，「違憲」「合憲」の判断の前に，そもそも憲法判断をしないということです。憲法判断そのものが回避された裁判例をみてみましょう。

> **裁判例**　東京高判昭56.7.7【百里基地訴訟控訴審判決】
>
> ■事案
>
> 　自衛隊基地用地を所有しているXは，この土地を基地反対派のYに売却しましたが，Yの債務不履行を理由にその売買契約を解除し，国にこの土地を売却しました。そこで，Xと国は，Yなどを相手方として，この土地の所有権の確認などを請求する訴えを提起しました。この訴訟で，Yなどは自衛隊が憲法9条に違反すると主張しました。
>
>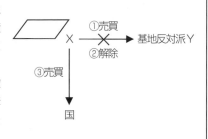
>
> ■主な争点
>
> ・自衛隊が憲法9条に違反するかについての判断の要否
>
> ■判旨
>
> ・自衛隊が憲法9条に違反するかについて判断する必要はない。
>
> 　本件の国が土地を取得した行為は，私法形式（売買）によるものです。よって，本件売買契約が民法90条（公序良俗）に違反しているかさえ判断すればよいとされました。

（2）合憲限定解釈（上記②）

　これは，「合憲」の判断をするということです。条文を文言どおり解釈すれば違憲となるが，条文の意味を限定的に解釈すれば合憲となる場合に，限定的な解釈を行うことによって，違憲判断を回避することを「合憲限定解釈」といいます。

　合憲限定解釈がされた判例をみてみましょう。

■事案

東京都の教組(教職員組合)の役員であったXは,組合員に一斉に有給休暇の請求をさせて組合の集会に参加させました。Xらは,地方公務員法61条4号(あおり行為等の禁止)に違反するとして起訴されました。

■主な争点

・争議行為のあおり行為等を無限定に処罰の対象にしているように読める地方公務員法61条4号は,憲法に違反しないか

■判旨

・地方公務員法61条4号は,争議行為のあおり行為等を無限定に処罰の対象にしているように読めるが,「争議行為自体が違法性の強いものであることを前提とし,そのような違法な争議行為等のあおり行為等であつてはじめて,刑事罰をもつてのぞむ違法性を認めようとする趣旨」である。

地方公務員法61条4号は,特に限定せずにあおり行為等を禁止しています。しかし,違法性の強いものであって初めて処罰の対象とするものであるため,地方公務員法61条4号は違憲であるとはされませんでした。つまり,地方公務員法61条4号を,「合憲」になるように「限定」して「解釈」したわけです。

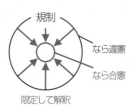

この合憲限定解釈に対しては,「条文の文言どおりに解釈すれば違憲となり得るのだから,素直に違憲判決を出せ!」といった批判があります。

3 違憲判断の方法

1. 法令違憲と適用違憲

裁判所が違憲と判断する場合を大きく分けると,法令違憲(下記(1))と適用違憲(下記(2))があります。

(1)法令違憲

法令違憲:争いになった法令の規定そのものを違憲と判断すること

法令違憲の審査は,以下の2段階に分かれます。まず①の審査が行われ,その後で②の審査が行われます。

①法令の文言の審査

ex. 精神的自由を規制する立法は明確でなければならず，法文の不明確な法令は無効
　　とされます（明確性の原則。P87～88（1））。

②法令の立法「目的」とその「手段」の審査

　法令には，目的と，目的を実現するための手段があります。たとえば，殺人罪（刑法199条）の目的は，殺人が起きないようにすることであり，この目的を実現するための手段は，死刑または無期もしくは5年以上の懲役を科すことです。

　法令違憲とされると，影響は大きくなります。P40 4 で説明しますが，法令が違憲とされると，通常は，行政はその法令を適用しなくなり，国会はその法令を改正または廃止する事態になります。

（2）適用違憲

　適用違憲：その法令の規定自体は違憲とはせず，その事件における具体的な適用だ
　　　　　　けを違憲と判断すること

　適用違憲とされても，影響は法令違憲よりは小さいです。その事件における適用が違憲とされただけなので，法令自体は違憲とされておらず，基本的にその法令を他の事件に適用することはできるからです。

2．違憲審査基準
（1）意義

　裁判所が法令や処分が憲法に違反しているかを判断する際に立てる基準を「違憲審査基準」といいます。憲法の条文には規定はないのですが，裁判所が基準を立て，その基準にその事件を当てはめて憲法に違反しているかしていないかの判断をするのです。

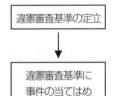

違憲審査基準はメガネ

　違憲審査基準は，たとえるなら裁判官がかけるメガネです。裁判所は，人権・事件によって違憲審査基準を使い分けます。かけるメガネを使い分けるわけです。厳しいメガネをかければ違憲判決が出やすくなり，緩いメガネをかければ違憲判決が出にくくなります。

（2）二重の基準論

　どのような違憲審査基準を採用するか（どのようなメガネをかけるか）について，「二重の基準論」という考え方があります。

二重の基準論
：精神的自由を制約する規制　→　厳格な違憲審査基準（厳格審査基準など）を採用する

　経済的自由を制約する規制　→　緩やかな違憲審査基準（合理性の基準など）を採用する

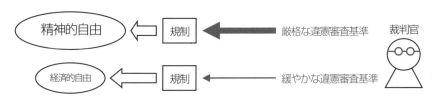

　精神的自由は思想・良心の自由や表現の自由など人間の根幹に関わる自由であるのに対して，経済的自由は主に経済的な（金の）問題だからです。

　しかし，この二重の基準論は，主に学者に広く支持されてきた考え方です。最高裁判所は，下記（3）の比較衡量を採用することが多いです。

（3）比較衡量

　違憲審査基準はいくつもあり，人権・事件によって使い分けがされます。よって，基本的には各判例でみていきますが，裁判所がよく使う違憲審査基準をここで説明します。それが「比較衡量」です。

比較衡量：①規制することによって得られる利益と②規制することによって失われる利益とを比較して，①の価値が高いと判断される場合には，人権を制限することができるという違憲審査基準

　この比較衡量は，学者からは批判されることが多いです。以下のような問題点があるからです。
・比較衡量は，比較の基準が明確でないため，裁判官の恣意が入りやすい
・上記①は公益，上記②は私益なので，公益が優先され，人権が制限されてしまうことが多い

4 違憲判決の効力

　最高裁判所は法令などが憲法に適合するかしないかを決定する権限を有する終審
裁判所なので（憲法81条），最高裁判所が法令違憲の判決を出すと，その法令はすぐ
に効力を失うと思いますよね。しかし，実はこれには争いがあるのです。法令違憲の
判決の効力について，主に以下の表の2つの考え方があります。

	個別的効力説　──▶◀── 一般的効力説	
結論	最高裁判所の法令違憲の判決の効力は，その事件どまりです。違憲と判断された法律は，その事件についてだけその適用を排除されるにとどまります。	最高裁判所によって違憲と判断された法令は，その事件についてだけでなく，一般的に効力を失います。
影響	個別的効力説は，影響するのはその事件だけですので，影響は小さいです。 一般的効力説は，法令が一般的に効力を失うので，影響が大きいです。	一般的効力説 個別的効力説
理由	①日本は付随的審査制なので（P31の3.），その事件の解決に必要な限りで審査が行われます。よって，違憲判決の効力も，その事件に限られると考えるのが自然です。 ②一般的効力を認めると，それは一種の消極的立法となります。国会が国の唯一の立法機関であるという規定があるのですが（憲法41条），一般的効力を認めると，この規定に反してしまうことになります。	①1つの法令が事件によって無効・有効と分かれることは，法的安定性・予見性を害します。また，不平等でもあります。 ②最高裁判所が最終的な違憲審査権を持つとされているので（憲法81条。P30），違憲と判断された法律は無効と解すべきです（憲法98条1項。P2）。

　判例がどちらの説かを明言しているわけではありませんが，違憲判決が出た場合，
通常はその法令はすぐに国会で改正または廃止されます。
ex. 非嫡出子の相続分を嫡出子の2分の1としていた旧民法900条4号ただし書は，
　　平成25年9月に最高裁判所の違憲の判断がされ，平成25年12月に国会で改正さ
　　れました。　── 民法Ⅲのテキスト第10編第3章第2節③1.

人権・各論
Human Rights
Each Argument

第1章　包括的基本権と法の下の平等

　この第3編（人権・各論）では，具体的な1つ1つの人権をみていきます。ただ，この第1章の包括的基本権（幸福追求権。第1節）と法の下の平等（平等権。第2節）は，人権の中では総則的な権利といわれています。

第1節　包括的基本権（幸福追求権）

> **憲法13条**
> すべて国民は，個人として尊重される。生命，自由及び幸福追求に対する国民の権利については，公共の福祉に反しない限り，立法その他の国政の上で，最大の尊重を必要とする。

　憲法13条前段の「すべて国民は，個人として尊重される。」という規定が，日本の憲法の精神であり，憲法の中で最も重要であるといわれています。しかし，これは試験では出題しにくいので，この第1節では憲法13条後段についてみていきます。憲法13条後段が規定しているのが，幸福追求権です。

1　幸福追求権とは？

　幸福追求権：生命，自由および幸福追求に対する国民の権利（憲法13条後段）

　幸福追求権の規定は，抽象的であり，かつては，個別の人権を総称したものにすぎないと解されていました。しかし，今では，憲法に規定されていない新しい人権の根拠となると解されており，判例も具体的権利性を認めています。「新しい人権」とは，たとえば，プライバシー権です。

2　新しい人権の根拠となる理由

　憲法の第3章に，表現の自由などいくつもの人権が規定されています。憲法の第3章のことを「人権カタログ」といったりします。しかし，憲法で保障される人権が，この人権カタログにある人権に限られるわけではありません。人権カタログにある人権は，歴史的に重要性のあるものを列挙しただけだからです。

　また，今の憲法が制定されたのは，1946年です。その後の時代の変化によって保障が必要となる人権も出てきました。たとえば，プライバシー権です。かつては，プライバシーという考えがあまりありませんでした。昭和の時代には，プロ野球選手の住

所が『プロ野球選手名鑑』という書籍に載っていたこともあるくらいです……。しかし，現代ではプライバシーは非常に重要です。

3　幸福追求権から導き出される人権の範囲

では，この幸福追求権によって，何でもかんでも人権として認められるかというと，そうではありません。たとえば，散歩をする権利も人権として認めるべきだという考えもありますが（一般的行為自由説），そのように無限定に広げると，人権のインフレ化を招き，人権の価値が下がってしまいます。

そこで，幸福追求権から導き出される人権は，個人の人格的生存に不可欠な利益に限られると考えられています（人格的利益説〔通説〕）。

4　幸福追求権の具体的内容

環境権，日照権，眺望権，嫌煙権など，多くの新しい人権が主張されてきました。このうち，判例で明確に認められたのは，プライバシー権（下記1.）くらいです。なお，肖像権も実質的に判例が認めたといえます（下記2.）。

1．プライバシー権

プライバシー権：私生活をみだりに公開されない法的保障・権利（東京地判昭 39.
9.28【『宴のあと』事件】）

現在では，「みだりに公開されない」という消極的な権利であるだけでなく，自分に関する情報をコントロールする積極的な権利（情報プライバシー権）でもあると解されています。みなさんの個人情報もそうだと思いますが，現在は，私たちの個人情報がいろんな所に記録されています。そこで，自分の個人情報の訂正を要求したり，場合によっては削除を要求したりもできるのがプライバシー権であると解する考え方です。

以下，プライバシー権が問題となった判例をみていきます。

| 裁判例 | 東京地判昭39.9.28【『宴のあと』事件】 |

■事案

　東京都知事選に立候補して落選したX（や離婚した妻）をモデルとする小説が，Xのプライバシーを侵害するとして（性生活まで描写されていました），Xが著者（三島由紀夫）および出版社を相手方として謝罪広告と損害賠償を請求する訴えを提起しました。

■主な争点

・プライバシー権は，法的権利として認められるか

■判旨

・公開された内容が，以下の①～③の要件を充たす場合にはプライバシー侵害に当たる。

①公開された内容が私生活上の事実又は私生活上の事実らしく受け取られるおそれがある

②一般人の感受性を基準にしてその私人の立場に立った場合，公開を欲しないであろうと認められる事柄である

③一般の人々にいまだ知られていない事柄である

　本件は，これに当てはまる。

　プライバシー権を法的権利として認めたわけです。①～③は，少し抽象的で記憶しづらいかもしれません。簡単にいうと，対象（①）・気持ち（②）・状態（③）からプライバシー侵害に当たるかを判断するということです。

☞人権侵害を認めた裁判例③

| 判例 | 最判昭56.4.14【前科照会事件】 |

■事案

　弁護士が，ある会社から依頼を受け，この会社に対して従業員の地位保全を主張しているXについて，弁護士会を通じて前科および犯罪経歴を京都市の区役所に照会したところ，区長がこれに応じてXの前科を回答しました。そこで，Xは，プライバシー権の侵害に当たるとして，京都市を相手方として損害賠償と謝罪文の交付を請求する訴えを提起しました。

■主な争点

・前科および犯罪経歴を公表されないことは，法的に保護されるか

■判旨

・「前科及び犯罪経歴（以下『前科等』という。）は，人の名誉，信用に直接にかかわる事項であり，前科等のある者もこれをみだりに公開されないという法律上の保護に値する利益を有する」。「市区町村長が漫然と弁護士会の照会に応じ，……前科等のすべてを報告することは，公権力の違法な行使にあたる」。

　前科等は，特に他人に知られたくないことだからです。

☞人権侵害を認めた判例④

判例　**最判平7.12.15【指紋押なつ拒否事件】**

■事案

　旧外国人登録法は，新規の外国人登録の際に指紋押なつを義務づけるとともに，3年ごとの確認申請時にも指紋押なつを義務づけていました。これを拒否した外国人宣教師Xが，外国人登録法違反で起訴されました。

■主な争点

1. 指紋の押なつを強制されない自由はあるか
2. 指紋押なつ制度を定めた外国人登録法の規定は，憲法に違反しないか

■判旨

1. 憲法13条により，「何人もみだりに指紋の押なつを強制されない自由を有するものというべきであり，国家機関が正当な理由もなく指紋の押なつを強制することは，同条の趣旨に反して許されず，また，右の自由の保障は我が国に在留する外国人にも等しく及ぶ」。

　　外国人にもみだりに指紋の押なつを強制されない自由はあるので，「指紋の押なつの強制がまったく問題ない」という肢が出題されたら，それは誤りです。

2. しかし，指紋の押なつを強制されない自由は，「無制限に保護されるものではなく，公共の福祉のため必要がある場合には相当の制限を受ける」。指紋押なつ制度を定めた外国人登録法の規定は，憲法に違反しない。

　　外国人については戸籍制度がなく，日本国民とは違いがあります。よって，外国人と日本国民の取扱いの差異には合理的根拠があり，指紋押なつ制度は憲法に違反しないとされたのです。

※なお，現在は，この事件で問題になった指紋押なつ制度は廃止されています。しかし，出入国管理及び難民認定法6条3項で，16歳以上の外国人を対象とした，入国審査の際の指紋採取と顔写真の提供の義務が規定されています。

判例　**最判平9.11.17【外国人登録法違反事件】**

■事案

　旧外国人登録法は，外国人登録原票に登録した事項の確認の申請を義務づけていました。これを怠った外国人Xが，外国人登録法違反で起訴されました。

＊現在では，外国人登録制度は廃止され，日本在住の外国人も住民票に登録されています。

■主な争点

・外国人登録原票に登録した事項の確認の申請を義務づける外国人登録法の規定は，憲法に違反しないか

■判旨

・外国人に対し，外国人登録原票に登録した事項の確認の申請を義務づける制度を定めた旧外国人登録法の「規定は，憲法13条に違反しない。」

　この規定は，日本に在留する外国人の公正な管理のためにありました。この立法目的には十分な合理性があり，必要性もあります。また，確認を求められる事項は，職業，勤務先などの情報であり，思想，信条などの情報ではありません。よって，憲法13条に違反しないとされました。

判例　最判平15.9.12【早稲田大学江沢民講演会事件】

■事案

　早稲田大学は，中国の江沢民国家主席（当時）の講演会を開催するにあたって，参加を希望する学生の学籍番号，氏名，住所および電話番号を警視庁に提出しました。講演会中に座席から立ち上がって「中国の核軍拡反対！」と大声で叫ぶなどしたXらが逮捕され，早稲田大学から処分を受けました。そこで，Xらは，早稲田大学の処分の無効確認等とプライバシー侵害による損害賠償を請求する訴えを提起しました。

■主な争点

1．学籍番号，氏名，住所および電話番号は，プライバシーにかかる情報として法的保護の対象となるか

2．大学が警察に上記1.の情報を無断で開示した行為は，不法行為となるか

■判旨

1．「本件個人情報は，プライバシーに係る情報として法的保護の対象となる」。

　たしかに，氏名，住所などは，思想や政治的信条に関わる情報ではありません。しかし，氏名，住所などは，他の個人情報を検索する情報となります（氏名，住所などがわかれば特定できます）。よって，これらの情報もプライバシーにかかる情報といえます。

2．「無断で本件個人情報を警察に開示した同大学の行為は，……プライバシーを侵害するものとして不法行為を構成する」。※

　大学が本件個人情報を警察に開示することをあらかじめ明示したうえで参加希望者に承諾を求めることは，容易でした。にもかかわらず，それをしなかったので，不法行為になるとされました。

☞人権侵害を認めた判例⑤

※ただ，個人情報を収集する行為が常に違法とされるわけではありません。住民基本台帳ネットワークシステム（住基ネット）により行政機関が住民の本人確認情報を収集，管理または利用する行為は，住民が同意していなくてもプライバシー権を侵害するものではないとされました（最判平20.3.6【住基ネット事件】）。

判例 最判平15.3.14【長良川事件報道訴訟】

■事案

18歳のXは，殺人罪などで起訴されました。出版社Yは，「『少年犯』残虐」「法廷メモ独占公開」といったタイトルで，実名類似の仮名を用いてXの法廷での様子，経歴などを雑誌に掲載しました。そこで，Xは，プライバシー権の侵害に当たるとして，Yを相手方として損害賠償を請求する訴えを提起しました。

■主な争点

・本件の報道が少年法61条（＊）が禁止している，いわゆる推知報道に当たるか

＊少年法61条では，家庭裁判所の審判に付された少年などについて，本人であることを推知することができるような記事や写真を報道してはいけないとされています。

■判旨

・「少年法61条に違反する推知報道かどうかは，その記事等により，不特定多数の一般人がその者を当該事件の本人であると推知することができるかどうかを基準にして判断すべきところ，本件記事は，……少年法61条の規定に違反するものではない。」

たしかに，本件記事では，Xについて当時の実名と類似する仮名が用いられ，経歴なども記載されていました。しかし，Xと特定するに足りる事項の記載はなかったので，Xと面識などがない不特定多数の一般人がXをこの事件の本人であると推知することはできないとされました。

2．肖像権

肖像権：以下の2つの側面がある権利

① プライバシー権：承諾なしにみだりに容貌などを撮影されない自由
② パブリシティ権：有名人などが有する顧客を商品などに引きつける力・経済的価値を排他的に支配する権利

芸能人の写真を勝手に使ったりしてはいけないのは，このパブリシティ権からきています。

肖像権は，実質的に判例が認めたといえます。その判例をみてみましょう。

判例　最大判昭 44.12.24【京都府学連事件】

■事案

　立命館大学の法学部の学生 X は，違法なデモ行進をしたため警察官に写真を撮影されたところ，この警察官に傷害を負わせ，傷害罪・公務執行妨害罪で起訴されました。

■主な争点

1. 容貌などを無断で撮影されない自由は，憲法で保障されているか

2. 犯罪捜査のため容貌などの写真撮影が許されるのは，どのような場合か

■判旨

1. 「個人の私生活上の自由の 1 つとして，何人も，その承諾なしに，みだりにその容ぼう・姿態……を撮影されない自由を有する」。「警察官が，正当な理由もないのに，個人の容ぼう等を撮影することは，憲法 13 条の趣旨に反し，許されない」。

　　「警察官は，正当な理由がなくても容ぼうなどを撮影できる」と出題されたら，それは誤りです。

2. しかし，個人の有するこの自由も無制限ではない。以下の①〜③の要件を充たす場合には，撮影される本人の同意がなく，裁判官の令状がなくても，警察官による容貌等の撮影が許される。

①現に犯罪が行われ，又は，行われたのち間がないと認められること

②証拠保全の必要性・緊急性があること

③撮影が一般的に許容される限度を超えない相当な方法をもって行われること

　　本件写真撮影は，以下のとおり，この①〜③を充たすため，憲法に違反しない。

①現に犯罪が行われていると認められる場合になされたものである

②集団行動は，多数の者が参加し刻々と状況が変化するため，証拠保全の必要性・緊急性が認められる

③道路中央を歩行している被告人を通りの歩道上から撮影したものである

　　デモ行進をした者なので，違憲とはされませんでした（P13 の「政治活動・デモはすべて負け」）。

3. 自己決定権

　自己決定権：個人が治療拒否，安楽死，自殺など自己に関する事柄について，公権
　　　　　　　力による干渉を受けずに自ら決定する権利

　自己決定権が憲法上の人権であると真正面から認めた判例はありません。

　以下の判例の事案は，意思決定をする権利の侵害を理由に損害賠償責任を認めたも
のですが，最高裁判所は自己決定権には言及しませんでした。

判例　最判平 12.2.29【エホバの証人輸血拒否事件】

■事案

　エホバの証人（＊）の信者Ｘは，宗教上の信念から，いかなる場合にも輸血を拒否すると
いう固い意思がありました。病院にもそのことを伝えていました。しかし，医師Ｙらは「輸血
以外に救命手段がない場合には輸血する」という方針を説明せずに手術を開始し，手術中に輸
血をしない限りＸを救えないとの判断のもと輸血をしました。そこで，Ｘは，自己決定権の侵
害を理由にＹらを相手方として損害賠償を請求する訴えを提起しました。

＊「エホバの証人」とは，キリスト教系の宗教です。

■主な争点

・患者の輸血拒否の意思は尊重されるべきか

■判旨

・患者の輸血拒否の「意思決定をする権利は，人格権の一内容として尊重されなければな
　らない。」Ｙらは，輸血以外に救命手段がない場合には輸血する方針を採っていることを
　患者に説明すべきであった。その「説明を怠ったことにより，……意思決定をする権利
　を奪ったものといわざるを得ず，……人格権を侵害したものとして……精神的苦痛を慰
　謝すべき責任を負う」とし，不法行為責任を認めた。

☞人権侵害を認めた判例⑥

第2節　法の下の平等（平等権）

> **憲法14条**
> 1　すべて国民は，法の下に平等であつて，人種，信条，性別，社会的身分又は門地により，政治的，経済的又は社会的関係において，差別されない。

　すべて国民は，法の下に平等であるとされています（憲法14条1項）。これを「平等権」または「平等原則」といいます。

1　「法の下」とは？

　「法の下」の意味について，法の内容の平等まで要求されているか，以下の表のとおり争いがあります。どういうことかというと，「法の下」に平等と規定されているため，法の内容は平等である必要はなく，法の適用さえ平等にすればよいという考えもあるのです。

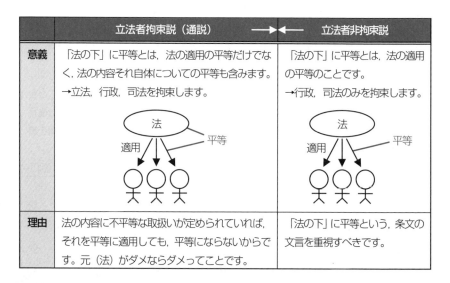

	立法者拘束説（通説）　　➡　◀	立法者非拘束説
意義	「法の下」に平等とは，法の適用の平等だけでなく，法の内容それ自体についての平等も含みます。 →立法，行政，司法を拘束します。	「法の下」に平等とは，法の適用の平等のことです。 →行政，司法のみを拘束します。
理由	法の内容に不平等な取扱いが定められていれば，それを平等に適用しても，平等にならないからです。元（法）がダメならダメってことです。	「法の下」に平等という，条文の文言を重視すべきです。

2　「平等」とは？

　「平等」といっても，様々な意味があります。憲法14条1項の「平等」とは，どのような意味の平等でしょうか。

1．形式的平等・実質的平等

「平等」は，形式的平等なのか実質的平等なのか，争いがあります。

	形式的平等 →←実質的平等	
意義	個々人の現実の違いは基本的に無視して均等に取り扱うことで，個人の自由な活動の機会を保障します。 　「機会の平等」を保障するわけです。江戸時代のように，農民が武士になれないといったことはあってはなりません。アメリカの考え方です。	個々人の現実の違いに着目して，社会的・経済的弱者により厚い保護を与え，他の国民と同等の自由と生存を保障します。 　「結果の平等」を保障するわけです。農民も武士も給与を同じにしよう，といった方向になります。 旧ソ連の考え方です。
理由	機会の平等を保障することが，憲法の自由の理念と調和します。	資本主義の進展によって，富の偏りが生じました。それを是正する必要があります。

　日本の憲法は，基本的には形式的平等を保障したものですが，実質的平等の要請も含まれていると解されています。

2．相対的平等・絶対的平等

　基本的には形式的平等を保障したものだとしても，取扱いを相対的平等とするのか，絶対的平等とするのかで争いがあります。

	相対的平等 →←絶対的平等	
意義	性別，年齢などの違いを考慮に入れて，同じ事情・条件の下では均等に取り扱います。よって，性別，年齢などの違いによって異なった取扱いがされても，合理的な理由がある場合には違憲とはなりません。「合理的差別はOK」ということです。 ex. 女性にだけ産休を認めることは，違憲とはなりません。育休ではありません。子どもを産むのは女性なので，性別による合理的差別はOKなのです。	性別，年齢などの違いを考慮に入れず，機械的に均一に取り扱います。よって，差別を絶対的に禁止します。「合理的差別であってもダメ」ということです。 ex. 男性にも産休を認めないと違憲となります。性別による合理的差別であってもダメだからです。

	相対的平等　　　→←　　　絶対的平等	
理由	人間には，性別，年齢などの違いがあります。それらを完全に無視して平等に取り扱っても，かえって不合理な結果となってしまいます。	人間の価値は対等なので，性別，年齢などの違いを無視して均一に取り扱うべきです。

3　憲法14条1項の列挙事項

憲法14条1項（P50）には，差別が禁止される事項として「人種」「信条」「性別」「社会的身分」「門地」が規定されています。人種と性別はわかると思いますので，わかりにくい信条，社会的身分および門地について説明します。

- 信条　　　　：宗教上の信仰を意味するにとどまらず，広く，思想上，政治上の主義を含む（最判昭30.11.22）
- 社会的身分：人が社会においてある程度継続的に占める地位（広義説。最大判昭39.5.27）

高齢であることは，社会的身分には含まれません。町の職員のうち55歳以上の者にした退職勧告は，憲法14条1項に違反しないとされました（最大判昭39.5.27）。

- 門地　　　　：家系，血統などの家柄

この5つの事項は，歴史的に長い間差別がされていた（今もされている）ものなので，憲法14条1項で挙げられています。しかし，挙げられていない事項の差別，たとえば，住んでいる地域による差別が許されるわけではありません。では，この5つの事項には特別な意味があるのか，以下の表のとおり争いがあります。

	例示説（最大判昭48.4.4など）	列挙事項に何らかの意味を認める説
意義	5つの事項に特別な意味はありません。5つの事項は，差別が禁止される事項の単なる例示にすぎません。よって，5つの事項についても，合理的差別は認められます。	5つの事項に特別な意味があります。5つの事項については，原則として差別が禁止されます。

＊ここからは，法の下の平等（平等権）についての判例をみていきます。

4　尊属殺人

　かつて，刑法は，親などを殺害する尊属殺人を通常の殺人罪（刑法199条）よりも重い犯罪として規定していました（旧刑法200条）。この規定が，法の下の平等に反して違憲なのではないかが争われました。

判例　**最大判昭48.4.4【尊属殺重罰規定訴訟】**

■事案

　実父に，子どもを5人産まされるなど夫婦同様の関係を強いられてきた被告人Xが，虐待にたまりかねて実父を殺害し自首しました。旧刑法200条は，尊属殺人を通常の殺人罪（刑法199条）よりも重く規定しており，法定刑が死刑または無期懲役刑のみで，減軽しても執行猶予を付けられませんでした。そのため，控訴審判決では，心神耗弱による減軽と酌量減軽によって懲役3年6か月とされました。懲役は3年以下でないと執行猶予を付けられないので（刑法25条1項柱書），実刑判決がされたということです。── 刑法のテキスト第2編第7章42.(2)(a)②

■主な争点

・尊属殺重罰規定は，憲法に違反しないか

■判旨

・尊属殺人について定めた旧刑法200条の立法の目的と手段（P38②）について，以下のように判示した。

（目的）

　刑法200条の「尊属に対する尊重報恩」の保護という立法目的は，「ただちに合理的な根拠を欠くものと断ずることはでき」ない。

　目的は違憲とはしなかったのです。

（手段）

　しかし，法定刑が死刑または無期懲役刑しかないのは，「立法目的達成のため必要な限度を遥かに超え」，「著しく不合理な差別的取扱いをするものと認められ，憲法14条1項に違反して無効である」とし，刑法199条の普通殺人罪の規定を適用したうえで執行を猶予した。

　手段を違憲としたのです。

＊刑法200条は，平成7年の刑法改正により削除されました。

☞人権侵害を認めた判例⑦

5　家族法などの規定

　国籍法や民法の家族法の規定について，法の下の平等に反して違憲なのではないか
が争われた判例をみてみましょう。

判例　**最大判平20.6.4【国籍法規定訴訟】**

■事案

　日本人の父と外国人（フィリピン人）の母との間に生まれた婚外子Xについて，父は，認
知をしましたが，母と婚姻をしませんでした。旧国籍法3条1項は，日本国籍の取得の要件を
「父母の婚姻及びその認知により嫡出子たる身分を取得した子」（準正 ── **民法Ⅲのテキスト第9
編第4章第1節2 3.**）としていたため，Xは日本国籍を取得できませんでした。父母の婚姻も日
本国籍取得の要件であったのは，日本との密接な結びつきを示す必要があるという理由でし
た。そこで，当時10歳のXは，日本国籍を有することの確認を請求する訴えを提起しまし
た。

■主な争点

・父母の婚姻を日本国籍取得の要件としている国籍法の規定は，憲法に違反しないか

■判旨

・「本件区別〔父母が婚姻した子は日本国籍を取得できるのに対して，父母が婚姻していない子
　は日本国籍を取得できない区別〕は合理的な理由のない差別となっていたといわざるを得ず，
　国籍法3条1項の規定が本件区別を生じさせていることは，憲法14条1項に違反する」。
　これは，以下の①～③の理由によります。

①嫡出子かどうかは，子が自らの意思や努力によっては変えることができません。

②日本でも家族形態は多様化してきています。

③諸外国の立法例でも，父母の婚姻がなくても国籍取得を認めているものがあります。

　この違憲判決が最高裁判所の大法廷で読み上げられたとき，傍聴席に同じ境遇の多くの子ど
もが座っていたのですが，法廷に子どもの歓声が響きました。

☞人権侵害を認めた判例⑧

判例 **最大決平25.9.4【非嫡出子相続分訴訟】**

■事案

　旧民法900条4号ただし書は，非嫡出子の法定相続分を嫡出子の2分の1と定めていました。嫡出子Xなどと非嫡出子Yなどが相続人となった相続において，XなどがYなどを相手方として遺産分割の審判を申し立てました。

■主な争点

・非嫡出子の法定相続分を嫡出子の2分の1と定めている民法の規定は，憲法に違反しないか

■判旨

・非嫡出子の法定相続分を嫡出子の2分の1と定めている民法の規定は，「憲法14条1項に違反していた」。

　これも，以下の①〜③の理由によります。

①嫡出子か非嫡出子かは，子が自ら選択・修正する余地のない事柄です。

②日本でも家族形態は多様化してきています。

③諸外国の立法のすう勢をみても，嫡出子と非嫡出子の相続分を分けない国が増えてきています。

＊この最高裁判所の決定を受けて，平成25年の民法改正により，旧民法900条4号ただし書の非嫡出子の相続分を嫡出子の相続分の2分の1と定めていた部分は削除され，嫡出子と非嫡出子の相続分は同等となりました。 ── **民法Ⅲのテキスト**第10編第3章第2節[3]1.

☞人権侵害を認めた判例⑨

判例 **最大判平27.12.16【女性再婚禁止期間訴訟】**

■事案

　旧民法733条1項は，女性のみについて前婚解消後6か月の再婚禁止期間を定めていました。Xは，国会議員がこの規定を改正しなかったために婚姻が遅れ，精神的苦痛を被ったとして，国を相手方として国家賠償請求訴訟を提起しました。

■主な争点

1．女性のみについて前婚解消後6か月の再婚禁止期間を定めている民法の規定は，憲法に違反しないか

2．国会が民法733条1項を改正しなかった立法不作為は，国家賠償法上違法の評価を受けるか

■判旨

1．女性のみについて前婚解消後6か月の再婚禁止期間を定めていた旧民法733条1項について，以下のように判示した。

（目的）

「本件規定の立法目的は，女性の再婚後に生まれた子につき父性の推定の重複を回避し，もって父子関係をめぐる紛争の発生を未然に防ぐことにあると解するのが相当であり……，合理性を認めることができる。」

女性の再婚禁止期間は，再婚直後に生まれた子が，前夫と後夫のどっちの子かわからなくなってしまわないようにするためにあります。── 民法Ⅲのテキスト第9編第3章第2節2 2.（3）（a）この目的は違憲とはされませんでした。

（手段）

しかし，6か月の再婚禁止期間「のうち100日超過部分が……憲法14条1項に違反するとともに，憲法24条2項〔両性の本質的平等〕にも違反するに至っていた」。

再婚禁止期間は100日で十分であり，6か月も禁止するのはやりすぎであるということです。手段を違憲としたのです。なぜ100日で十分かというと，100日経過すれば，前夫と後夫の嫡出推定がかぶらないからです。詳細は，民法Ⅲのテキスト第9編第3章第2節2 2.（3）（a）※をご覧ください。

2.「本件立法不作為は，国家賠償法1条1項の適用上違法の評価を受けるものではない」。

「立法不作為」とは，国会に立法や法律の改正をする義務があるにもかかわらず，合理的期間を過ぎても改正をしないことです。この事件の当時，再婚禁止期間の100日超過部分が憲法に違反するものとなっていたことが，国会にとって明白であったということは困難です。

※この最高裁判所の判決を受けて，平成28年の民法改正により，旧民法733条，746条が改正され，女性の再婚禁止期間が100日となりました。── 民法Ⅲのテキスト第9編第3章第2節2 2.（3），第3節2 1.（3）②

👉人権侵害を認めた判例⑩

6　議員定数不均衡

1. 議員定数不均衡とは？

ニュースなどで聞いたことがありますでしょうか。衆議院議員選挙と参議院議員選挙は，参議院の比例代表を除き，選挙区に分けられています。選挙区に割り振られた議員の定数は，選挙区の有権者数に対して，選挙区ごとに不均衡があり，1票の重みに不平等が生じています。

ex. 選挙区の有権者数が多い（千葉など）　　→　　1票の価値が低い

　　選挙区の有権者数が少ない（鳥取など）　→　　1票の価値が高い

極端な例で考えると，わかりやすいです。仮に，選挙区に自分しか有権者がいなければ，自分が国会議員を選出できます。ものすごい1票の価値が高いですよね。このように，選挙区の有権者数が少なければ少ないほど，1票の価値は高くなるんです。

― Realistic 7　考え方を押さえる ―

　議員定数不均衡訴訟については，多くの最高裁判所の判例が出ています。近年も出ています。その中には，1票の価値の差が「3.94：1は違憲状態だ」とか「2.3：1は合憲だ」など様々な判決があります。しかし，その1つ1つを追っていく必要はありません。こういった数字は出しにくいです。それよりも，最高裁判所の"考え方"を押さえてください。

2．合理的期間論

　合理的期間論：立法または法改正が憲法上必要とされている場合に，一定の期間を
　　　　　　　　国会に与えた猶予期間とし，立法または法改正の遅れがあっても，
　　　　　　　　その期間内では違憲とはならないとする理論

　すごく簡単にいうと，国会に対して，「ちょっと待ってあげるよ」という理論です。選挙区の人口は，毎日変化しています。それに対応して，選挙区や議員定数を数か月に1回変えるといったことをするのは，非現実的です。つまり，「選挙区の人口は毎日変わるんだから，少しくらい不均衡が生じるのは仕方ないよね」ということです。

　議員定数不均衡訴訟では，最高裁判所はこの合理的期間論を採用しており，以下の①②を充たす場合に違憲になるとしています（最大判昭 51.4.14，最大判昭 60.7.17 など）。

①投票価値の不平等が，国会において通常考慮し得る諸般の要素を考慮してもなお，
　一般に合理性を有するとは到底考えられない程度に達している
②人口の変動の状態を考慮して，合理的期間内における是正が憲法上要求されている
　と考えられるのに，それが行われない

3．事情判決の法理

　事情判決：行政処分が違法であっても，それを取り消すことが公共の福祉に適合し
　　　　　　ないと認められるときに，違法を宣言して請求を棄却する判決（行政事
　　　　　　件訴訟法 31 条）

　事情判決は，行政事件訴訟法の規定です。「行政事件訴訟法」とは，国や地方公共団体などの許可，不許可などの処分の取消しなどを請求する行政訴訟について規定した法律です。たとえば，国の認可をうけて始まった新幹線の事業が，新幹線の線路がほとんど完成した段階で国の認可に不備があったことが判明した場合，認可を取り消すとあまりに影響が大きいです。そこで，「違法なんだけど，取消しはしない（原告からすると勝ちなはずなのに負け）」という判決がされることがあります。これが「事情判決」です。

　選挙について規定した公職選挙法は，事情判決の規定である行政事件訴訟法 31 条を準用しないとしています（公職選挙法 219 条 1 項）。しかし，最高裁判所は，議員定数不均衡訴訟において，事情判決の法理に基づいて選挙を無効とせずに違法の宣言にとどめる判決をしています（最大判昭 51.4.14）。無効としてしまうと，国会議員の地位が失われることになり，あまりに影響が大きいからです。たとえば，すでに成立し社会で使われている法律が存在していなかったことになってしまったりします。

— Realistic 8　事情判決は宿題から生まれた —

　ある時，当時の最高裁判所の長官は，最高裁判所のとある調査官（＊）に，「議員定数不均衡訴訟において違憲判決を出すと，選挙の効力がどうなるかなど，やっかいな問題が生じるので，研究しておくように」と言って宿題を出しました。この調査官が調べる中で，「いいの見つけました！」と発見したのが，実は行政事件訴訟法 31 条の事情判決なのです。最高裁判所は議員定数不均衡訴訟において事情判決の法理を使うことがあるのですが，これは，最高裁判所の長官が調査官に出した宿題から生まれたものなのです。

＊調査官：最高裁判所の裁判官を補佐する者で，通常は裁判官がなる

判例	最大判昭51.4.14【衆議院議員定数不均衡訴訟】

■事案

　昭和 47 年の衆議院議員選挙で，千葉県第 1 区の選挙人 X が，1 票の重みが最小区と最大区で最大 4.99：1 に及んでいることが投票価値の平等に反するとして，公職選挙法に基づいて選挙無効の訴えを提起しました。

■主な争点

1. 選挙権の平等は，投票価値の平等も含むか
2. 1 票の重みが最小区と最大区で最大 4.99：1 に及んでいることは，立法府の裁量を超えないか
3. 違憲状態を直ちに違憲と断じてよいか
4. 本件選挙を無効とできるか

■判旨

1. 「各選挙人の投票の価値の平等もまた，憲法の要求するところである」。
2. 1 票の重みが最小区と最大区で「約 5 対 1 の割合に達していた」のは，「一般的に合理性を有するものとはとうてい考えられない程度に達して」おり，「憲法の選挙権の平等の要求に反する程度になっていた」。
3. 「選挙権の平等の要求に反する程度となったとしても，これによって直ちに当該議員定数配分規定を憲法違反とすべきものではなく，人口の変動の状態をも考慮して合理的期間内に

おける是正が憲法上要求されていると考えられるのにそれが行われない場合に始めて憲法違反と断ぜられるべき……である。」しかし，本件選挙は，「憲法上要求される合理的期間内における是正がされなかつたものと認めざるをえない。」

P57の2.で説明した，合理的期間論です。本件は，8年以上改正がされていなかったので，違憲とされました。

4.　本件選挙は，「憲法に違反する議員定数配分規定に基づいて行われたものである」が，「違法である旨を判示するにとどめ，選挙自体はこれを無効としないこととするのが，……相当である。」

P57〜58の3.で説明した，事情判決の法理です。選挙自体は無効とはしませんでした。これまで，最高裁判所が選挙を無効としたことはありません（高等裁判所が無効としたことはありますが，最高裁判所の判断ではないため，実際には無効にはなりません）。

〔人権侵害を認めた判例⑪

4.　参議院の特殊性

　参議院は，人口比の基準が衆議院の場合よりも緩やかでよいとされています。

　参議院は，国民の多くの意見をくみ取るため，衆議院とは異なる原理に基づいて組織されているからです（最大判平21.9.30参照）。

　また，参議院は，以下の①②の理由により，人口比に応じた調整がしづらいことも理由の1つです。

①参議院は3年ごとに半数が改選されるため，原則として，人口が少ない都道府県（ex. 九州の福岡県以外の県）でもその都道府県で最低2人は参議院議員が選ばれます。
②参議院は，衆議院（465人）と比べて議員数が少ないです（245人）。

7　所得税の不平等

　会社員の給与所得税は，自営業者や法人と比べて不公平であるといわれています。たとえば，以下のような点が不公平であるといわれています。

①給与所得は，事業所得等と異なり，一律に定額の控除（給与所得控除）しか認められていませんでした（基本的に経費控除が認められていませんでした）
　現在は，一定程度は経費控除ができるのですが，自営業者や法人のように経費を計上できるわけではありません。
②源泉徴収制度により，給与所得の捕捉率は他の事業所得よりも高い
　「捕捉率」とは，簡単にいうと，税務署が所得をどの程度把握できているかという

ことです。会社員は100％に近いのに対して，自営業者は40％くらいではないかといわれています（政治家は10％くらいではないかといわれることもあります……）。

こういった点が，法の下の平等に反して違憲なのではないかが争われました。

判例　**最大判昭60.3.27【サラリーマン税金訴訟】**

■事案

　私立大学の教授Xは，雑所得があるのに確定申告をしなかったため，税務署長Yから課税処分を受けました。Xは，給与所得税の徴収における給与所得控除や源泉徴収制度などは，事業所得税その他の税と比べて給与所得者を不平等に扱うものであるとして，税務署長Yを相手方として，この課税処分の取消しを求めて訴えを提起しました。

■主な争点

・租税法上の所得の性質の違いなどを理由とする取扱いの区別や給与所得の金額の計算につき必要経費の実額控除を認めない所得税法の規定は，憲法に違反しないか

■判旨

・「租税法の分野における所得の性質の違い等を理由とする取扱いの区別は，その立法目的が正当なものであり，かつ，当該立法において具体的に採用された区別の態様が右目的との関連で著しく不合理であることが明らかでない限り，その合理性を否定することができず，これを憲法14条1項の規定に違反するものということはできない」。よって，租税法上の所得の性質の違いなどを理由とする取扱いの区別，給与所得の金額の計算につき必要経費の実額控除を認めない所得税法の規定，捕捉率の違いは，いずれも憲法に違反しない。

　立法の目的は正当であれば OK であり，手段は著しく不合理であることが明らかでなければ OK なので，かなり緩い違憲審査基準です。この基準では，ほとんど違憲になりません。本件も，違憲とはされませんでした。

財政→違憲判決はない

　財政（税金制度も財政の一種です）に関する事件は，試験的には**違憲判決はない**と考えてください。財政とは，国家のお金の集め方や使い方のことですが，"お金"のハナシなので，人権そのものとはいい切れません。よって，立法府・行政府の裁量が広く認められる傾向にあります。つまり，裁判所が違憲判決を出すことがほとんどないのです。

8　地域的取扱いの不平等

　地方公共団体が定める条例により，地域によって，犯罪になったりならなかったりと，取扱いの不平等が生じることがあります。このような取扱いの不平等が，法の下の平等に反して違憲なのではないかが争われました。

判例　**最大判昭33.10.15【東京都売春等取締条例事件】**

■事案

　現在は，売春防止法があり，日本のどこでも売春は禁止されています。しかし，売春防止法の制定以前は，条例で売春を取り締まる自治体とそうでない自治体がありました。東京都には売春等取締条例があり，東京都で料亭を経営しているＸが，管理売春を行ったとして起訴されました。

■主な争点

・条例で売春を取り締まる自治体とそうでない自治体があるのは，憲法に違反しないか

■判旨

・「地方公共団体が売春の取締について各別に条例を制定する結果，その取扱に差別を生ずることがあつても，……違憲ということはできない。」

　憲法で，地方公共団体に条例を制定する権限が認められています（憲法94条）。ということは，地域によって差が生じることは当然に予定されているわけです。

条例はけっこうスゴイ

　「条例で○○を定めることは憲法に違反しないか？」という判例がいくつかあります。結論は，試験的にはすべて憲法に違反しないと押さえてください。条例はけっこうスゴイからです。「条例はけっこうスゴイ」というイメージをもってください。条例は，選挙で選ばれた地方議員で構成される議会が作ったものだからです。日本の主権者は国民です。選挙で選ばれたということは，その後ろには主権者である国民がいるということです。よって，けっこうスゴイのです。

この第2章では，精神的自由権をみていきます。「精神的自由権」とは，思想・良心の自由，信教の自由，出版の自由などです。精神的自由権は，私たちの人格の根幹部分であるとともに，人格形成に重要な役割を果たすので，重要な人権です。

第1節　内心の自由

1 思想・良心の自由

> **憲法19条**
> 思想及び良心の自由は，これを侵してはならない。

1.「思想」「良心」とは？

「思想及び良心の自由」と規定されていますが，判例は「思想」と「良心」を区別する必要はないと解しているため，思想と良心は同じだと考えてください。

思想・良心とは，世界観，人生観，主義などのことです。

2.保障

思想・良心の自由は，内心にとどまる限りは絶対的に保障されます。たとえば，仮に民主主義の破壊をたくらむ思想であっても，内心にとどまる限りは保障されます。

内心にとどまる限りは，他の利益と抵触することはなく，誰にも迷惑をかけないからです。

憲法で「絶対」は珍しい

憲法で「絶対」という言い方は，非常に珍しいです。たとえば，憲法の判例は，「特段の事情のない限り」などと"余地"を残すことが多いからです。

よって，「絶対」とあったら必ず記憶してください。そして，記憶していない事項について「絶対」という記載のある肢があったら，誤りにしたほうが当たりやすいです。

どのような思想を抱いているかを強制的に開示させられることのない「沈黙の自由」も保障されます。江戸時代に行われた，キリストやマリアの絵（踏絵）を踏ませてキリスト教を信仰していないかを確認する絵踏のようなことは許されないのです。

3. 限界

（1）謝罪広告の強制

　名誉毀損訴訟などで，相手方に謝罪広告を命じる判決があります（最近だと，Web
サイトや Twitter に謝罪文の掲載を命じる判決がされることもあります）。この謝罪
広告は，「○年○月○日，○○について事実誤認に基づくことを述べてしまいました。
関係者の方に深くお詫びするとともに，再発防止に努めます。」といった定型的な文
章なので，これで思想・良心の自由を害するのかが問題となります。思想・良心をど
う捉えるかによります。以下の表の2つの説が対立しています。

	限定説（信条説）　→　←　広義説（内心説）	
意義	思想・良心は，世界観・人生観・政治的意見な どのように，人格形成に役立つ内心の活動に限 定されます。 →謝罪広告の強制は，思想・良心の自由を害し ません。	思想・良心は，特に限定されず， ものの見方や考え方一般を意味し ます。 →謝罪広告の強制は，思想・良心 の自由を害します。
	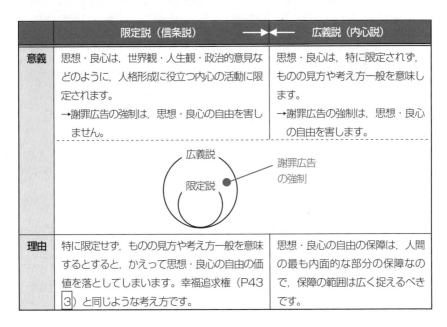	
理由	特に限定せず，ものの見方や考え方一般を意味 するとすると，かえって思想・良心の自由の価 値を落としてしまいます。幸福追求権（P43 ③）と同じような考え方です。	思想・良心の自由の保障は，人間 の最も内面的な部分の保障なの で，保障の範囲は広く捉えるべき です。

　判例は，どちらの説を採るかを明言していないのですが，謝罪広告の強制について
以下のように判断しました。

| 判例 | 最大判昭31.7.4【謝罪広告強制事件】 |

■事案

　衆議院議員選挙に立候補したYは，対立候補者Xの名誉を毀損したとして，Xから謝罪広告などを求める訴訟を提起されました。

■主な争点

・謝罪広告を強制することは，憲法に違反しないか

■判旨

・「単に事態の真相を告白し陳謝の意を表明するに止まる程度」の「謝罪広告を新聞紙に掲載すべきことを命ずる原判決は，……屈辱的若くは苦役的労苦を科し，又は……倫理的な意思，良心の自由を侵害することを要求するものとは解せられない」。よって，謝罪広告を強制することは，憲法に違反しない。

　「単に事態の真相を告白し陳謝の意を表明するに止まる程度」がよく出題されるフレーズなのですが，これは「○年○月○日，○○について事実誤認に基づくことを述べてしまいました。関係者の方に深くお詫びするとともに，再発防止に努めます。」といった内容になります。

（2）特定の思想を理由として不利益が課される場合

　公権力が特定の思想を有することを理由として不利益を課すことは，禁止されています。これに当たらないかが問題となった，以下のような事件があります。

| 判例 | 最判昭63.7.15【麹町中学内申書事件】 |

■事案

　東京の都立高校などを受験しながらすべて不合格となってしまった中学校の卒業生Xが，内申書に，校内で麹町中全共闘を名乗り，機関紙を発行し，文化祭の際に「文化祭粉砕！」を叫んで校内に乱入したことなどの記述があったことを知り，千代田区と東京都を相手方として慰謝料の支払を求める国家賠償請求訴訟を提起しました。

■主な争点

・本件の内申書の記載は，Xの思想・良心の自由を侵害し，憲法に違反しないか

■判旨

・内申書は「Xの思想，信条そのものを記載したものでないことは明らかであり，右の記載に係る外部的行為によつてはXの思想，信条を了知し得るものではないし，また，Xの思想，信条自体を高等学校の入学者選抜の資料に供したものとは到底解することができない」。よって，憲法に違反しない。

　たしかに，本件の内申書の記載は，生徒の思想・信条そのものを記載したものではありません。しかし，内申書の記載から，どのような思想・信条を持つかを容易に推測できますよね。よって，批判の強い判決です。最高裁判所も，「明らか」「到底解することができない」と強い言葉を使っていますが，これは苦しさの現れだと思います。人間，苦しいときは強く言ってしまいます。ですが，憲法訴訟において，政治活動・デモをした者はすべて負けているんです（P13の「政治活動・デモはすべて負け」）。

（3）思想に反する行為の強制

　公権力が，思想に反する行為を強制できるかが問題となった，以下のような事件があります。

判例　最判平19.2.27【「君が代」ピアノ伴奏拒否事件】

■事案

　東京都の市立小学校の音楽専科の教諭Xは，入学式の国歌斉唱の際に，「君が代」のピアノ伴奏を命じる校長の職務命令に従わなかったことを理由に戒告処分を受けました。そこで，Xは，この処分の取消しを求めて訴えを提起しました。

■主な争点

・本件職務命令は，Xの思想・良心の自由を侵害し，憲法に違反しないか

■判旨

・本件職務命令は，「特定の思想を持つことを強制したり，あるいはこれを禁止したりするものではなく，特定の思想の有無について告白することを強要するものでもなく，児童に対して一方的な思想や理念を教え込むことを強制するものとみることもできない。」よって，憲法に違反しない。

　校長は，Xに，「君が代」を賛美しろと命じたわけではなく，単に楽譜どおりピアノの伴奏をすることを命じただけです。

　「君が代」は，天皇を讃える歌であるといった考えがあるため，批判的な人もおり，本件のような問題がよく起こります。他によくあるのは，「君が代」の斉唱の際，教員に起立して斉唱することを求める起立斉唱命令です。起立斉唱命令についても，最高裁判所は憲法に違反しないと判断しています（最判平23.5.30，最判平23.6.6【「君が代」斉唱不起立事件】）。

2　信教の自由

> **憲法20条**
> 1　信教の自由は，何人に対してもこれを保障する。いかなる宗教団体も，国から特権を受け，又は政治上の権力を行使してはならない。
> 2　何人も，宗教上の行為，祝典，儀式又は行事に参加することを強制されない。
> 3　国及びその機関は，宗教教育その他いかなる宗教的活動もしてはならない。

1．信教の自由とは？

宗教は人間の精神の根幹に関する問題であるため，容易に制限することはできません。宗教は，歴史的に弾圧されることが多かったことも保障の背景にあります。たとえば，江戸時代のキリスト教弾圧などをイメージしてください。

しかし，だからといって，宗教ということを理由にすべてのことが許されるわけではありません。

そこで，どこまで保障されるか，どの程度の制約が許されるかが問題となります。

2．保障

「信教の自由」が保障されると規定されていますが（憲法20条1項前段），この信教の自由には，以下の①〜③の自由が含まれます。

①信仰の自由

信仰の自由とは，内心における宗教上の信仰の自由です。信仰の自由は，内心にとどまる限りは絶対的に保障されます。たとえば，オウム真理教であっても，信仰するのは自由なのです。憲法で「絶対」とあったら意識して記憶しましょう（P62の「憲法で『絶対』は珍しい」）。

②宗教的行為の自由

宗教的行為の自由とは，礼拝，祈祷，儀式などを行う，または，行わない自由です。

③宗教的結社の自由

宗教的結社の自由とは，信仰を同じくする者が，特定の宗教を宣伝しまたは共同で宗教的行為を行うことを目的とする宗教団体を結成する自由です。

3．制約

　上記2.の②宗教的行為の自由と③宗教的結社の自由は，行為を伴うものです。よって，他の人権とぶつかることがあり，制約を受けることがあります。信教の自由に対する制約が許されるか問題となった，以下のような事件があります。

判例　**最大判昭38.5.15【加持祈祷事件】**

■事案

　真言宗の僧侶Xは，被害者Yの近親者から平癒祈願の依頼を受けて，線香護摩（護摩木を燃やしながら祈ること）による加持祈祷を行い，線香の熱気のため身をもがくYを殴打したりした結果，死に至らしめたため，傷害致死罪で起訴されました。

■主な争点

・加持祈祷の結果として人を死亡させた行為に傷害致死罪を適用することは，憲法に違反しないか

■判旨

・宗教的行為として加持祈祷がなされた場合でも，加持祈祷の結果として人を死亡させた行為は，「憲法20条1項の信教の自由の保障の限界を逸脱したもの」であり，傷害致死罪による処罰は憲法に反するものではない。

　行為の宗教的価値の判断には立ち入らずに，傷害致死罪が成立するとしました。当たり前ですが，宗教的行為でも，人を死亡させたのであれば傷害致死罪となります。

| 判例 | 最判平8.3.8【エホバの証人剣道実技拒否事件】 |

■事案

　市立高等専門学校（＊）の学生Xは，信仰するエホバの証人の教義に基づいて，必修科目の体育の剣道実技を拒否したため，原級留置（いわゆる留年）処分を受け，原級留置処分が2年続いたため退学処分を受けました。そこで，Xは，これらの処分の取消しを求めて訴えを提起しました。

＊高等専門学校：中学校卒業後に入学できる，技術者を育てる5年制の学校。「高専」といわれることが多いです。

■主な争点

1．本件原級留置処分・退学処分は，裁量権の逸脱・濫用に当たるか
2．学校が代替措置を採ることは，特定の宗教（エホバの証人）のみを優遇したことになり，政教分離の原則に違反しないか

■判旨

1．「本件各処分は，社会観念上著しく妥当を欠き，裁量権の範囲を超えた違法なものといわざるを得ない。」

　技術者を育てる高専において，剣道実技の履修が必須のものとまではいい難いです。体育科目による教育目的の達成があるとしても，それは他の体育種目の履修などの代替的方法によっても可能です。たとえば，私が通っていた高校では，剣道とダンスを選べました。それにもかかわらず，原級留置処分・退学処分を課すことは，あまりにバランスを欠いています。

2．学校が代替措置を採ることが，「その目的において宗教的意義を有し，特定の宗教を援助，助長，促進する効果を有するものということはできず，他の宗教者又は無宗教者に圧迫，干渉を加える効果があるともいえない」（※）。よって，「代替措置を採ることが……憲法20条3項に違反するということができない」。また，「公立学校において，学生の信仰を調査せん索し，宗教を序列化して別段の取扱いをすることは許されないものであるが，学生が信仰を理由に剣道実技の履修を拒否する場合に，学校が，その理由の当否を判断するため，単なる怠学のための口実であるか，当事者の説明する宗教上の信条と履修拒否との合理的関連性が認められるかどうかを確認する程度の調査をすることが公教育の宗教的中立性に反するとはいえない」。

※これは，政教分離の原則の訴訟において，最高裁判所が立てることが多い違憲審査基準です。この基準については，P70〜71（a）で説明します。

☞人権侵害を認めた判例⑫

┌─ **判例** ── 最決平8.1.30【オウム真理教解散命令事件】──────┐

■事案

　検察官と東京都知事は，裁判所に対し，毒ガスによるサリン事件など，判明しているだけで29人が死亡，約6,000人が負傷した数々の事件を起こした宗教法人であるオウム真理教に対する，宗教法人法に基づく宗教法人の解散命令の請求を行いました。

■主な争点

・本件解散命令は，オウム真理教の信者の宗教的行為の自由および宗教的結社の自由を侵害するものではないか

■判旨

・「宗教法人の解散命令の制度は，……専ら宗教法人の世俗的側面を対象とし，かつ，専ら世俗的目的によるものであって，宗教団体や信者の精神的・宗教的側面に容かいする意図によるものではなく」，「解散命令によって宗教団体であるオウム真理教やその信者らが行う宗教上の行為に何らかの支障を生ずることが避けられないとしても，その支障は，解散命令に伴う間接的で事実上のものであるにとどまる。」よって，本件解散命令は，憲法20条1項に違反しない。

　「世俗的」とは，世間一般にあるという意味です。宗教法人の解散命令の制度は，法令に違反したことなどを理由とするものです（宗教法人法81条1項）。その宗教が悪いといっているわけではありません。そして，宗教法人が解散しても，信仰や宗教的行為はできます。実際に，オウム真理教の後継団体は，今でも存在しています。

└──────────────────────────────────┘

4．政教分離の原則

（1）意義

　　政教分離の原則：国家は宗教的に無色でいかなる宗教にも中立でなければならない
　　　　　　　　　　ということ

　政教分離の原則は，憲法20条1項後段，3項（P66）で保障されています。また，政教分離の原則を財政面から保障した規定が憲法89条（P225）にあります。

　国家権力が宗教，特に特定の宗教と結びつくと，信教の自由への大きな脅威となります。江戸時代には，徳川幕府は，儒教を推進し（儒教が宗教かは難しいところですが），キリスト教を弾圧しました。

（2）保障

　政教分離の原則はどのような保障なのか，以下の表のとおり争いがあります。制度を保障しているのか，政教分離自体が人権なのかという争いです。判例は，制度的保障説です。

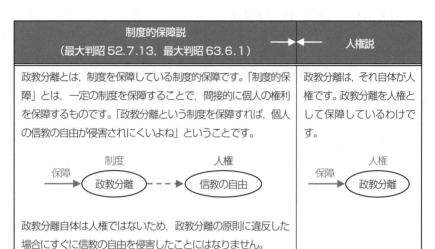

（3）限界

　政教分離の原則は，国家と宗教との関わり合いを一切排除する趣旨ではありません。多少の関わり合いは，許されることがあります（最大判昭52.7.13【津地鎮祭事件】）。

　政教分離を機械的に厳格に貫くと，常識に反する非現実的な結果を招いたり，かえって個人の信教の自由を損なう結果となったりしてしまうからです。

（a）目的効果基準

　では，どの程度の関わり合いになると，政教分離の原則に反するものとなるのでしょうか。その判断基準として最高裁判所が長らく採用していたのが，「目的効果基準」です。目的効果基準とは，以下の①②のいずれにも該当する行為が，憲法20条3項で国とその機関がすることを禁止される「宗教的活動」に当たるという基準です（最大判昭52.7.13【津地鎮祭事件】）。

①その行為の目的が宗教的意義をもつ

目的が宗教的意義をもつかどうかの判断基準

・社会的儀礼である　→　宗教的意義をもたない（OK）
・社会的儀礼でない　→　宗教的意義をもつ（ダメ）

②その効果が宗教に対する援助，助長，促進または圧迫，干渉などになるような行為
　である

　江戸時代には，徳川幕府は，儒教を援助，助長，促進し（儒教が宗教かは難しいと
ころですが），キリスト教を圧迫，干渉しました。こういった行為が当たります。

　目的効果基準で宗教的活動に当たるかを判断した判例を，4つほどみてみましょう。

― Realistic 9　神道とは？ ―

　以下，政教分離の原則の判例の事案では，「神道」「神社」がよく出てきます。神道は，日本
の宗教です。お寺は仏教，神社は神道の施設です。戦前の日本は，神道に基づき天皇を神とし
て，戦争に突入してしまったという見方があります。よって，神社などへの公金の支出は，問
題となることが多いのです。

判例　最大判昭52.7.13【津地鎮祭事件】

■事案

　三重県の津市は，市体育館の建設に当たって，工事の安全を祈願するため神道の儀式にの
っとった地鎮祭（＊）を挙行し，それに市の公金を支出しました。そこで，市議会議員Xは，
市長が市に対して支出金額を賠償することを求めて住民訴訟を提起しました。
＊地鎮祭は，工事の開始前にすることがあります。見たことがある人も多いと思います。お供え物などを置き，その前で神主
　さんがおはらいの棒を振って工事の安全を祈願する儀式です。

■主な争点

・地鎮祭に市の公金を支出することは，政教分離の原則に違反しないか

■判旨

・目的効果基準を採用し，以下のように判示した。

（目的）

「本件起工式は，宗教とかかわり合いをもつものであることを否定しえないが，その目的は建
　築着工に際し土地の平安堅固，工事の無事安全を願い，社会の一般的慣習に従つた儀礼を行
　うという専ら世俗的なものと認められ」る。

　地鎮祭の「目的」は，土地の平安堅固，工事の無事安全なので，社会的儀礼であり宗教的意
義をもたないとされました（P70の「目的が宗教的意義をもつかどうかの判断基準」）。

（効果）

「その効果は神道を援助，助長，促進し又は他の宗教に圧迫，干渉を加えるものとは認められ
　ないのであるから，憲法20条3項により禁止される宗教的活動にはあたらない」。

　よって，地鎮祭に市の公金を支出することは，政教分離の原則に違反しない。

判例　最判平5.2.16【箕面忠魂碑訴訟】

■事案

　大阪府の箕面市は，小学校の増改築のため，敷地内にあった戦没者の遺族会所有の忠魂碑を別の市有地に移転する際，移転先の土地を購入して遺族会に無償で貸与しました。そこで，住民Xらは，市の被った損害の賠償などを求める住民訴訟を提起しました。

■主な争点

1．遺族会は，宗教上の組織・団体か
2．忠魂碑のために市が移転先の土地を購入して無償で貸与することは，政教分離の原則に違反しないか

■判旨

1．「憲法20条1項後段にいう『宗教団体』，憲法89条にいう『宗教上の組織若しくは団体』とは，宗教と何らかのかかわり合いのある行為を行っている組織ないし団体のすべてを意味するものではなく」，「特定の宗教の信仰，礼拝又は普及等の宗教的活動を行うことを本来の目的とする組織ないし団体を指すものと解するのが相当である。」「遺族会は，……憲法20条1項後段にいう『宗教団体』，憲法89条にいう『宗教上の組織若しくは団体』に該当しない」。

　宗教と何らかの関わり合いのある行為を行っていれば，すべて宗教上の組織・団体となるわけではありません。遺族会は，戦没者の慰霊を目的としているため，宗教上の組織・団体には当たらないとされました。

2．目的効果基準を採用し，以下のように判示した。

（目的）

「箕面市が旧忠魂碑ないし本件忠魂碑に関してした……各行為……は，いずれも，その目的は，……専ら世俗的なものと認められ」る。

　市が移転先の土地を購入して無償で貸与した「目的」は，小学校の増改築のためであり，専ら世俗的な（世間一般にある）ものです。

（効果）

「その効果も，特定の宗教を援助，助長，促進し又は他の宗教に圧迫，干渉を加えるものとは認められない。」

　よって，「憲法20条3項により禁止される宗教的活動には当たらない」。

| 判例 | 最大判昭63.6.1【自衛官合祀拒否訴訟】 |

■事案

　殉職した自衛官の妻Xは熱心なキリスト教徒でしたが，信仰に反して夫を山口県護国神社に合祀されました。そこで，Xは，合祀を申請した隊友会山口県支部連合会と自衛隊山口地方連絡部を相手方として，精神的損害の賠償，合祀申請手続の取消しを求めて訴えを提起しました。

■主な争点

1. 国の合祀申請は，政教分離の原則に違反しないか
2. 宗教上の人格権は，法的利益か

■判旨

1. 目的効果基準を採用し，以下のように判示した。

「合祀は神社の自主的な判断に基づいて決められる事柄」であるから，合祀申請行為は単に合祀の希望を表明したにすぎず，「合祀のための必要な前提をなすものではなく」，「宗教とのかかわり合いは間接的であり，その意図，目的も，合祀実現により自衛隊員の社会的地位の向上と士気の高揚を図ることにあつた」といえ，行為の態様も，特定の宗教を「援助，助長，促進し，又は他の宗教に圧迫，干渉を加えるような効果」を有しない。よって，国が合祀申請に協力する行為は，政教分離の原則に違反しない。

　目的効果基準を採用したことだけでなく，「合祀申請」と「合祀」を分けたこともポイントです。「国は合祀の申請に協力しただけであって，合祀をしたのは神社だ」という理屈です。合憲とするためのちょっと無理がある理屈ではないかという批判があります。

2. 「静謐な宗教的環境の下で信仰生活を送るべき利益なるもの〔宗教上の人格権〕は，これを直ちに法的利益として認めることができない」。

　Xが主張したこの利益（宗教上の人格権）は，「私はキリスト教だから放っておいて！」というものですが，これが法的利益であるとは認められませんでした。

| 判例 | 最大判平9.4.2【愛媛玉串料(たまぐしりょう)訴訟】 |

■事案

　愛媛県は，靖国神社と県護国神社に対して，玉串料などを県の公金から支出しました。そこで，住民Xは，知事などが県の被った損害の賠償をすることを求めて住民訴訟を提起しました。

■主な争点

・県が玉串料などを支出することは，政教分離の原則に違反しないか

■判旨

・目的効果基準を採用し，以下のように判示した。

（目的）

「一般人が……玉串料等の奉納を社会的儀礼の一つにすぎないと評価しているとは考え難いところである。そうであれば，玉串料等の奉納者においても，それが宗教的意義を有するものであるという意識を大なり小なり持たざる得ない」。

　玉串料などの支出は，社会的儀礼ではないとしました（P70の「目的が宗教的意義をもつかどうかの判断基準」）。なぜ社会的儀礼ではないかというと，玉串は，神道で象徴的なものであり，重要なものだからです。キリスト教でいえば，十字架のようなものです。つまり，国家が，キリスト教に十字架を作る費用を与えたようなものなのです（これは宗教的評価の問題なので，正解はなく，あくまでたとえです）。玉串とは，枝に木綿(ゆう)や紙をつけたもので，神前に供えるものです。

玉串

（効果）

「地方公共団体が特定の宗教団体に対してのみ本件のような形で特別のかかわり合いを持つことは，一般人に対して，県が当該特定の宗教団体を特別に支援しており，それらの宗教団体が他の宗教団体とは異なる特別のものであるとの印象を与え，特定の宗教への関心を呼び起こすものといわざるを得ない。」

　よって，憲法20条3項，89条に違反する。

☞人権侵害を認めた判例⑬

（b）総合判断方式（総合衡量型）

　最高裁判所は，政教分離の原則が問題となった事件については，長らく目的効果基準を採用してきました。しかし，近年は，目的効果基準を用いず，「総合判断方式（総合衡量型）」という方式で判断をするようになりました。総合判断方式（総合衡量型）とは，簡単にいうと，様々な要素を総合的に判断する方式です。この方式について，「結局，裁判所のどんぶり勘定になるじゃないか！」という批判はあるんですけどね。

　この最高裁判所の判断方法の変化（変化したこと）は，出題される可能性があります。経済的自由権について，最高裁判所の判断方法の変化が問われたことがあるからです（平成29年度第1問）。

判例　最大判平22.1.20【空知太神社訴訟（そらちぶと）】

■事案

　北海道の砂川市が町内会に対して市所有地を無償で提供しましたが，その土地に鳥居（とりい）などが設置され，土地上の建物内には祠（ほこら）が設置され，建物の外壁には「神社」の表示がされていました。そこで，クリスチャンである住民Xは，市所有地の無償提供の違法確認の住民訴訟を提起しました。

■主な争点

・市所有地を宗教的施設の敷地として無償で提供する行為は，政教分離の原則に違反しないか

■判旨

・市所有地を宗教的施設の敷地として無償で提供する行為は，「当該宗教的施設の性格，当該土地が無償で当該施設の敷地としての用に供されるに至った経緯，当該無償提供の態様，これらに対する一般人の評価等，諸般の事情を考慮し，社会通念に照らして総合的に判断すべき」である（総合判断方式）。総合的に判断した結果，憲法20条1項後段，89条に違反する。

☞人権侵害を認めた判例⑭

---

3 学問の自由

> **憲法23条**
> 学問の自由は，これを保障する。

1．学問の自由とは？
　学問の自由とは，以下の3つの自由です。

①学問研究の自由
②研究成果発表の自由
③教授の自由

　学問を研究し（①），その成果を発表し（②），教える（③）自由ということです。

　学問の自由が保障されているのは，学問は国家権力から弾圧を受けやすいからです。国家権力から弾圧を受けやすいのは，学問は，現状を批判し，真理を追求するものだからです。「今の政治は完璧！」では，学問になりませんよね。

2．享有主体
（1）大学
　大学は，学問の自由の享有主体です。歴史的に，大学の学問の自由が侵害されることが多かったというのがあるからです。たとえば，（P3でも説明しましたが）1935年，美濃部達吉という学者が，当時の天皇の位置づけを揺るがす（と思われる）ような考えを示したため，美濃部達吉の著書である『憲法撮要』などが出版禁止になりました（天皇機関説事件）。美濃部達吉は，東京帝国大学（今の東京大学）の名誉教授です。

（2）初等・中等教育機関
　では，初等・中等教育においても，教授の自由（教育の自由）は保障されるでしょうか。「初等教育」とは小学校における教育，「中等教育」とは中学校・高校における教育のことです。これが問題となった事件をみてみましょう。

判例　最大判昭51.5.21【旭川学テ事件】

■事案

全国中学校学力調査（全国学力テスト）が，1956年度から10年間，当時の文部省の指示に基づいて行われました（その後は行われなくなりましたが，2007年度から復活し現在も行われています）。「教育を均一化させる国家統制だ！」などと全国学力テストに反対の日本教職員組合の役員であるＸらが，テストを阻止するため北海道の旭川市の中学校に侵入し，校長に暴行を加えたりしたため，建造物侵入罪と公務執行妨害罪で起訴されました。

■主な争点

・普通教育（小学校，中学校，高校における教育）においても，学問の自由は保障されるか

■判旨

・普通教育の教師にも「一定の範囲における教授の自由が保障されるべきことを肯定できないではない。」しかし，「普通教育における教師に完全な教授の自由を認めることは，とうてい許されない」。

普通教育の教師にも一定の範囲の教授の自由は保障されるので，「普通教育の教師に教授の自由がまったく認められない」といった肢は誤りとなります。しかし，大学の教授と同じような教授の自由は保障されません。それは，次の理由によります。

・普通教育を受けるのは子どもである	→	教授内容を批判する能力がなく，おかしな教えであっても洗脳されてしまう恐れが強い
・大学教育を受けるのは大学生（大人）である	→	教授内容を批判する能力があり，簡単には洗脳されないと考えられる

3. 大学の自治

（1）保障

大学の自治も，学問の自由の1つとして保障されています。制度的保障（P70）であると解されています。

（2）内容

保障される大学の自治は，具体的には以下の①〜③などです（最大判昭38.5.22【ポポロ事件】参照）。

①人事の自治
②大学の施設管理の自治
③学生管理の自治

（3）学生の位置づけ

　上記（2）のとおり，大学の自治は，"大学当局が"大学を自ら治めることができるというものです。では，学生には学問の自由はないのでしょうか。

　まず，学生も，国民ですから，国民として学問の自由を享有します（最大判昭 38. 5.22【ポポロ事件】）。

　次に，学生の大学における学問の自由ですが，大学における学問の自由は大学の教授その他の研究者の自由を保障したものです。学生が，自治権のある大学を利用できるのは，教授などに保障された自由の反射的効果です（営造物利用者説。最大判昭 38. 5.22【ポポロ事件】参照）。要は，「大学における学問の自由は，教授などの自由を保障したものだよ。その結果として，大学で学ぶ学生は自治権のある大学を利用できるんだよ。」ということです。よって，「学生に教授などと同じ自由が保障されている」といった肢は誤りとなります。

（4）警察権との関係

　1960～70 年代は，学生運動が盛んでした。思想が過激化した一部の学生は，山岳ベース事件，あさま山荘事件など，数々の凶悪事件を起こしました。そういった時代背景もあり，警察が大学の監視を強めていました。しかし，警察による大学の監視は，大学の自治とぶつかります。警察が大学の中に立ち入ることができるかは，以下のように考えられています。

・令状がある場合

　犯罪捜査の令状がある場合，大学は警察の立入りを拒否できません。大学といえども，治外法権ではないからです。

　しかし，捜査は大学関係者の立会いの下で行われるべきであると解されています。捜査に名を借りた警備公安活動（危ない思想の学生がいないかなどを調べる活動）が行われるおそれがあるからです。

・令状がない場合

　大学構内で予想外の不法行為が発生した場合に，警察を学内に出動させるかどうかは，大学側の判断によるべきです。警察が独自の判断で大学構内へ立ち入ることはできないと解されています。1969 年に起きた東大安田講堂事件（学生運動をしていた学生が東京大学の安田講堂を占拠し最終的には 457 人の逮捕者が出た事件）でも，機動隊の突入は東京大学からの依頼を受けてのものでした。

・警備公安活動のため

　警備公安活動のために警察官が大学構内へ立ち入ることは，原則として許されません。治安維持の名目で学問の自由が害されるからです。

　警備公安活動が大学の学問の自由と自治を犯したのではないか問題となった，以下のような事件があります。

判例　**最大判昭38.5.22【ポポロ事件】**

■事案

　東京大学の教室で，学内団体「劇団ポポロ」（「ポポロ」は劇団名です）が，松川事件（＊）を素材とする演劇発表会を行いました。学生Xらは，観客の中に警備情報収集のために立ち入っていた私服警官を発見し，暴行を加え，取り押さえました。この行為によって，学生Xらが起訴されました。

＊松川事件：1949年に起きた国鉄三大ミステリー事件の1つで（他の2つは下山事件・三鷹事件），福島県内の東北本線松川
　　　　　駅付近で起こった列車の転覆事件。20人の労働組合員が起訴され，5人が死刑，5人が無期懲役の判決を受けま
　　　　　したが，差戻審で無罪となった冤罪事件です。戦後直後は，日本が資本主義国になるのか共産主義国になるのか
　　　　　わからなかった時代です。この事件は，「日本の共産主義化を防ぎたいGHQが，労働組合の弾圧のために仕組ん
　　　　　だのではないか？」といわれています。

■主な争点

・本件集会は，学問の自由と大学の自治を享有するか

■判旨

・「本件集会は，真に学問的な研究と発表のためのものでなく，実社会の政治的社会的活動であり，かつ公開の集会またはこれに準じるものであつて，大学の学問の自由と自治は，これを享有しないといわなければならない。したがつて，本件の集会に警察官が立ち入つたことは，大学の学問の自由と自治を犯すものではない。」

　学生の集会が，真に学問的な研究またはその結果の発表のためのものであれば，大学の学問の自由と自治を享有します。しかし，実社会の政治的活動や社会的活動に当たる行為であれば，大学の学問の自由と自治を享有しません。本件集会は，松川事件が素材でした。松川事件は，上記＊のとおり，政治色の強い事件ですので，実社会の政治的活動や社会的活動に当たる行為とされたのです。

第2節　表現の自由

> **憲法21条**
> 1　集会，結社及び言論，出版その他一切の表現の自由は，これを保障する。
> 2　検閲は，これをしてはならない。通信の秘密は，これを侵してはならない。

1　優越的地位

　表現の自由は，人権の中で優越的地位を有するといわれています。

　それは，表現の自由に以下の2つの価値があるからです。

①自己実現の価値：個人が表現活動を通じて人格を発展させる個人的な価値

　簡単にいうと，自分のためです。表現活動をする中で，自分の考えが整理されたり変わったりして，人格が発展します。

②自己統治の価値：国民が表現活動を通じて政治的意思決定に関与する民主政に資する社会的な価値

　簡単にいうと，民主主義のためです。民主主義が機能するには，権力者に批判的な意見でも制限されることなく発信できる表現の自由が保障されていることが不可欠です。

2　保障範囲

1．性表現・名誉毀損的表現・プライバシーを害する表現

　政治的言論などが表現の自由で保障されるのは，明らかです。では，性表現，名誉毀損的表現，プライバシーを害する表現など，政治的言論などと比べて価値が落ちる表現も，表現の自由で保障されるでしょうか。

　これらの表現も，表現の自由で保障されます。

　これらの表現を価値がない表現として表現の自由で保障されないとしてしまうと，これらの表現の定義を拡大することによって，本来は表現の自由で保障された表現が保障されなくなってしまうからです。

　しかし，これらの表現に対する一定の制約は許されます。

　これらの表現の自由と制約が問題となった事件をみてみましょう。

判例　最大判昭32.3.13【チャタレイ事件】

■事案

　英文学者X₁と出版社の社長X₂は，ロレンスの小説『チャタレイ夫人の恋人』に露骨な性的描写のあることを知りながら，翻訳，出版，販売したとして，わいせつ物頒布等罪で起訴されました。

■主な争点

・わいせつ物頒布等罪（刑法175条）は，憲法に違反しないか

■判旨

・刑法175条は，「性的秩序を守り，最少限度の性道徳を維持する……公共の福祉」のための制限であり，憲法に違反しない。

現存制度→違憲判決なし

　原則として，**現在存在する**制度については，**違憲判決は出ていません**。違憲判決が出た場合，通常はその法令はすぐに国会で改正または廃止されます（P40）。刑法175条のわいせつ物頒布等罪は，刑法で学習しました。—— **刑法のテキスト第3編第2章第3節③**　違憲判決が出ていたら，刑法のテキストにはないはずなのです。

　しかし，**現在存在する制度**が，**憲法上保障されているとは限りません**。憲法訴訟になっていない制度も，数多くあります。

判例　最判平6.2.8【ノンフィクション『逆転』事件】

■事案

　Yは，傷害罪の実刑判決を受けたが現在は結婚してバス運転手として生活していたXについて，ノンフィクション作品である『逆転』という書籍に実名を用いて前科を記載し，出版社から出版しました。Xは，前科を公表されプライバシーが侵害されたとして，Yを相手方として慰謝料を請求する訴訟を提起しました。

■主な争点

・前科などにかかわる事実が著作物で実名を使用して公表された場合における，損害賠償請求の可否

■判旨

・「みだりに……前科等にかかわる事実を公表されない……法的保護に値する利益」がある。
↓
・しかし，「ある者の前科等にかかわる事実は，……事件それ自体を公表することに歴史的又は社会的な意義が認められるような場合には，事件の当事者についても，その実名を明らかにすることが許されないとはいえない。」

↓

・「前科等にかかわる事実を実名を使用して著作物で公表したことが不法行為を構成するか否かは，その者のその後の生活状況のみならず，事件それ自体の歴史的又は社会的な意義，その当事者の重要性，その者の社会的活動及びその影響力について，その著作物の目的，性格等に照らした実名使用の意義及び必要性をも併せて判断すべきもので」ある。本件では，XのYに対する慰謝料請求が認められる。

簡単にいうと，いろんな事情を個別的に比較衡量（P39（3））して判断するということです。本件では，Xは，現在は結婚してバス運転手として生活しており，公人でもないため，Xの利益に軍配が上がったのです。

☞人権侵害を認めた判例⑮

判例 東京高判平13.2.15，最判平14.9.24【『石に泳ぐ魚』事件】

■事案

Y₁の小説『石に泳ぐ魚』は，Y₁の友人の大学院生である女性Xをモデルとしたものですが，顔面の腫瘍の詳細な描写や，父親の逮捕歴などまで書かれていました。そこで，Xは，Y₁と出版社Y₂を相手方として，損害賠償請求と小説の単行本の出版の差止めを請求する訴えを提起しました。

■主な争点

・プライバシーを侵害する表現がされた場合における，損害賠償請求と事前差止めの可否

■判旨

・「どのような場合に侵害行為の差止めが認められるかは，侵害行為の対象となった人物の社会的地位や侵害行為の性質に留意しつつ，予想される侵害行為によって受ける被害者側の不利益と侵害行為を差し止めることによって受ける侵害者側の不利益とを比較衡量して決すべきである。そして，侵害行為が明らかに予想され，その侵害行為によって被害者が重大な損失を受けるおそれがあり，かつ，その回復を事後に図るのが不可能ないし著しく困難になると認められるときは侵害行為の差止めを肯認すべきである。」

違憲審査基準として，比較衡量（P39（3））を使いました。比較衡量した結果，事前差止めを認めたのです（損害賠償請求も認めました）。Xは，大学院生にすぎず，公的立場にある者ではありません。問題とされている表現内容は，公共の利害に関する事項でもありません。この小説が出版されれば，Xの精神的苦痛は倍増し，Xは平穏な日常生活や社会生活を送ることが困難となるおそれがあります。よって，事前差止めが認められました。

☞人権侵害を認めた判例⑯

2．選挙運動

　選挙運動も，表現の自由で保障されるでしょうか。

　表現の自由で保障されます。

　「私の政治的主張を聞け！」というのも，表現の一種だからです。また，選挙権は議会制民主主義の根幹をなす権利であり，選挙運動は議会制民主主義の不可欠な前提です。私たちは，候補者が政治的主張を発信してくれないと，誰に投票してよいのか判断できないですよね。

　しかし，選挙運動に対する制約は多いです。原則として投票日の当日の選挙運動は認められない，家庭への戸別訪問は認められないなど，公職選挙法で様々な制約がされています。かつては，ネット上での選挙運動も，原則として認められませんでした。

　戸別訪問の禁止について，違憲ではないか争いになったことがあります。

　判例は，合憲であるとしました（最判昭56.7.21）。

　以下の①～③のような理由によります。

①戸別訪問の禁止は，意見表明をするなと言っているのではなく，意見表明の手段の
　1つを禁止しているにすぎません。
②戸別訪問は，密室で候補者と有権者が接触するため，買収や利益誘導の温床になり
　やすい（不正行為が起きやすい）です。
③有権者の生活の平穏が害されます。
　家に候補者が来たら迷惑ですよね。

　しかし，学説の中には，ＬＲＡの基準で判断するべきであるという説もあります。

ＬＲＡ（Less Restrictive Alternatives）の基準
：より制限的でない他の選び得る手段の基準（Less は「より～でない」，Restrictive
　は「制限的」，Alternatives は「他の選び得る手段（選択肢）」の意味）。立法の目
　的は正当（十分に重要）であるが，規制手段に問題のある法令について，それが定
　めている規制方法（現在の立法）よりも，より制限的でない規制の方法が存在する
　かどうかを事案ごとに具体的・実質的に審査し，それによって同じ目的を達成する
　ことができる場合には，その規制を違憲とする基準です。簡単にいうと，「他にも
　っと軽い規制方法でもOKな選択肢があったらダメだよ」という違憲審査基準です。

　このLRAの基準だと，以下のように考えられるので，戸別訪問の禁止は違憲となります。
・上記②　→　不正行為に対しては，事後処罰をもって抑制することができます。
・上記③　→　有権者の生活の平穏は，人数・時・場所・退去義務などを規制することで保つことができます。
　ただ，このLRAの基準は，下級裁判所では採用されたことがありますが，最高裁判所は基本的に採用していません。

3 制約

　表現の自由は，人権の中で優越的地位を有するといわれていますが，実際には様々な制約があります。以下，制約の種類に分けてみていきます。

1．事前抑制
（1）意義
　「事前抑制」とは，たとえば，書籍の発売前に国家が内容をチェックし，政府に都合の悪いことが書かれていれば出版を禁止するといったことです。表現が世に出る前に葬られますので，強力な禁圧方法です。

（2）検閲

憲法21条
2　検閲は，これをしてはならない。通信の秘密は，これを侵してはならない。

（a）禁止の程度
　最高裁判所は，検閲は，例外なく絶対的に禁止されるとしました（最大判昭59.12.12【税関検査事件】）。表現が世に出る前に葬られるため，表現の自由に対する最も厳しい制約だからです。憲法で「絶対」とあったら意識して記憶しましょう（P62の「憲法で『絶対』は珍しい」）。

（b）検閲とは？
　最高裁判所が「検閲を絶対的に禁止する！」と言っていると聞くと，最高裁判所が手厚く表現の自由を保障したように思えます。しかし，実はそうではないんです。「検閲」をものすごく狭く定義し，国家が行う事前抑制のほとんどが検閲に当たらないとしたのです。その判例をみてみましょう。

判例　最大判昭59.12.12【税関検査事件】

■事案

　Xが外国から輸入した映画フィルム・雑誌などを税関が検査したところ，男女の裸体が撮影・掲載されている輸入禁制品だったので，税関長はその旨をXに通知しました。Xは，異議を申し立てましたが棄却されたため，通知と異議棄却決定の取消しを求めて訴えを提起しました。

■主な争点

・「検閲」とは何か

■判旨

・「検閲」とは，以下の①～⑤のすべてを充たすものである。

①行政権が主体となって

②思想内容等の表現物を対象とし

③その全部又は一部の発表の禁止を目的として

④対象とされる一定の表現物につき網羅的一般的に

⑤発表前にその内容を審査した上，不適当と認めるものの発表を禁止すること

　税関検査は，②から⑤までの要件を充たさないため，検閲に当たらない。

　Xは，「発表を禁止されたのでは？」と思われたかもしれませんが，国外においてすでに発表済みの表現物なので，発表を禁止されていないとされたのです。「う～ん……」と思う理屈ですけどね。

（c）検閲に当たるか？

　上記（b）の検閲の定義を前提に，検閲に当たるか問題となった事件をみてみましょう。

検閲→該当例なし

　最高裁判所は，【税関検査事件】で検閲をものすごく狭く定義したため，これまで検閲に当たるとしたことはありません。最高裁判所が手厚く表現の自由を保障したとは，まったくいえないわけです。

判例　最大判昭61.6.11【『北方ジャーナル』事件】

■事案

　北海道の知事選に出馬する予定の旭川市長だったYは，自分のことを誹謗中傷する記事（「嘘と，ハッタリと，……」「汚職で逮捕間近……」など）を載せた雑誌『北方ジャーナル』が発刊されようとしているのを知り，札幌地方裁判所に対してその出版禁止の仮処分を申請し，これが認められました。そこで，株式会社北方ジャーナルの代表取締役Xは，Yなどを相手方として損害賠償を請求する訴えを提起しました。

■主な争点

1．裁判所の出版禁止の仮処分は，検閲に当たらないか

2．本件において，出版禁止の仮処分は，許されるか

　出版禁止の仮処分は，検閲に当たらないとされたとしても，表現の自由に対する規制となるため，許されるのかが問題となります。

■判旨

1．「『検閲』には当たらない」。

　仮処分の主体は裁判所（司法権）ですので，裁判所の出版禁止の仮処分はP85①の要件（行政権が主体となる）を充たさないからです（P85の「検閲→該当例なし」）。

2．「表現行為に対する事前抑制は，表現の自由を保障し検閲を禁止する憲法21条の趣旨に照らし，厳格かつ明確な要件のもとにおいてのみ許容されうる」。差止め「の対象が公務員又は公職選挙の候補者に対する評価，批判等の表現行為に関するものである場合には，そのこと自体から，一般にそれが公共の利害に関する事項であるということができ……事前差止めは，原則として許されない」。ただし，以下の①②の双方の要件を充たす場合には，「例外的に事前差止めが許される」。

①「その表現内容が真実でな」い，または，「それが専ら公益を図る目的のものでないことが明白であ」る

②「被害者が重大にして著しく回復困難な損害を被る虞がある」

　しかし，この判決に対しては，例外的に事前差止めが許される場合が広すぎるという批判があります。「①の『または』を『かつ』にすべきだ」と批判されています。

| 判例 | 最判平5.3.16【第1次家永教科書事件上告審】 |

■事案

　文部大臣から教科書検定（＊）の不合格の処分を受けた教科書を執筆した家永教授が，国を相手方として国家賠償請求訴訟を提起しました。

＊小学校，中学校，高校においては，検定を受けた教科書を使用しなければならないとされています（学校教育法34条1項，49条，62条）。

■主な争点

・教科書検定は，検閲に当たらないか

■判旨

・「検閲に当たら」ない。

　すでに市販書籍として出版している図書を教科書として検定申請できますし，まだ出版していない書籍でも，検定不合格後に市販図書として出版できます。要は「普通の本として売れるだろ！」ということです。よって，教科書検定は，P85③⑤の要件（発表の禁止を目的とする，発表を禁止する）を充たしません。

　また，教科書は，各学年の生徒の理解能力に合わせ，教育の機会均等を確保する必要があるので，一定の内容規制は必要です。

2．明確性の原則

（1）意義

　明確性の原則：精神的自由を規制する立法は明確でなければならないとする原則

　規制が不明確だと，何が許されるのか許されないのかがわからなくなってしまうからです。

　具体的には，以下の①または②の規制は，憲法に違反し無効となります。

①漠然性ゆえに無効

ex. 「悪いことをした者は，5年以下の懲役に処する」という規定は，無効となると解されます。── 刑法のテキスト第1編第2章[2]3.⑤　「悪いことをした」では，抽象的すぎて，何が許されるのか許されないのかわからないですよね。

②過度の広汎性ゆえに無効

　これは，明確な規定ではあるが，規制がその必要性を超えて過度に広汎である場合です。

ex. わいせつ物頒布等罪（刑法175条）の「わいせつ」は，過度に広汎でないかといわれることがあります。本来は許されるはずの性表現も含んでしまっているので

はないかという指摘です。なお，最高裁判所は，わいせつ物頒布等罪の「わいせつ」を過度に広汎であるとは判断していません。

（2）明確性の原則に反するのではないかが問題になった事件

明確性の原則に反するのではないかが問題になった事件をみていきます。

明確性の原則に反する→該当例なし

「明確性の原則に反する」ということを理由に違憲判決が出たことはありません。

判例　最大判昭50.9.10【徳島市公安条例事件】

■事案

Xは，デモ活動で蛇行進（＊）を指揮・実行しました。そのため，道路交通法と徳島市公安条例の「交通秩序を維持すること」に違反するとして起訴されました。

＊蛇行進とは，ジグザグに行進することです。交通秩序を乱したりする危険な行為です。

■主な争点

・徳島市公安条例の「交通秩序を維持すること」は，明確か

■判旨

・「ある刑罰法規があいまい不明確のゆえに憲法31条〔罪刑法定主義の根拠条文〕に違反するものと認めるべきかどうかは，通常の判断能力を有する一般人の理解において，具体的場合に当該行為がその適用を受けるものかどうかの判断を可能ならしめるような基準が読みとれるかどうかによってこれを決定すべきである。」本件条例は，「基準を読みとることが可能であり」，明確性を欠くものではない。

要は，フツーの人がどういうことをしちゃいけないかわかるか，ということです。私には，「交通秩序を維持すること」だけでは，明確にはわからないように思えますが……。「明確性の原則に反する」ということを理由に違憲判決が出たことはありませんので，上記の「明確性の原則に反する→該当例なし」から記憶してしまってください。

判例　最判平元.9.19【岐阜県青少年保護育成条例事件】

■事案

　自販機により図書を販売することを業とする株式会社の代表取締役Xは，同社が設置した自販機が岐阜県青少年保護育成条例に基づいて指定された「有害図書」を収納しているとして，本条例違反で起訴されました。

■主な争点

1．岐阜県青少年保護育成条例の「有害図書」は，明確か

2．成人も入手が制限されることは，憲法に違反しないか

■判旨

1．「本条例の有害図書の定義が……不明確であるということはできない」。

　理由は示されませんでした。これも，上記の「明確性の原則に反する→該当例なし」から記憶してしまってください。

2．「成人に対する関係においても，有害図書の流通を幾分制約することにはなるものの，……憲法21条1項に違反するものではない。」

　青少年の健全な育成のためには，青少年が有害図書を入手できる環境を生じさせないようにする必要があります。そのせいで成人も入手が制限されるのは，必要やむをえない制約です。

判例　最大判昭59.12.12【税関検査事件】

■事案

　P85で説明した税関検査事件です。

■主な争点

・税関検査事件では，輸入禁制品とされた旧関税定率法の「風俗を害すべき書籍，図画」の「風俗」が不明確ではないかも争点になりました。

■判旨

・「『風俗』とは専ら性的風俗を意味し，……輸入禁止の対象とされるのは猥褻な書籍，図画等に限られるものということができ，このような限定的な解釈が可能である以上……何ら明確性に欠けるものではなく，憲法21条1項の規定に反しない」。

　「風俗」は，性的なものだけでなく，生活の仕方やしきたりなども含む言葉です。しかし，性的なものに限定できるとしたのです。合憲になるように限定して解釈をする合憲限定解釈です（P36～37（2））。合憲限定解釈は「素直に違憲判決を出せ！」といった批判があるので，これも上記の「明確性の原則に反する→該当例なし」から記憶してしまってください。

3．表現内容規制と表現内容中立規制

　表現の自由に対する規制を以下の表のように分けることができ，規制によって採用すべき違憲審査基準が異なると解されています。

	表現内容規制	表現内容中立規制
意義	これは，表現の内容の規制です。 ex.「憲法9条を守ろう」「憲法改正をしよう」といった言論を禁止することが当たります。	これは，表現の内容ではなく，表現の時・場所・方法など手段の規制です。 ex.「午後10時〜午前7時まで，住宅街での演説を禁止する」といった規制が当たります。
違憲審査基準	厳格な基準で審査するべきです。 特定の内容の言論を許さないことは，まさに言論封殺になります。	少し厳格性を緩和した基準で審査して構いません。 一部の手段・方法などを規制されただけで，他の手段・方法などによってその表現をすることはできるからです。

　表現内容中立規制が問題になった，以下のような事件があります。

判例　最大判昭43.12.18【屋外広告物条例事件】

■事案

　Xらは，大阪市屋外広告物条例で貼り紙の表示などが禁止されている電柱などに「国民よ決起せよ！！」などと書いたビラ26枚を貼り，起訴されました。

■主な争点

・美観風致（びかんふうち）の維持のために表現の自由を制限することは許されるか

■判旨

・「大阪市屋外広告物条例は，……大阪市における美観風致を維持し，および公衆に対する危害を防止するため」の規制であり，「本件印刷物の貼付が……営利と関係のないものであるとしても，……規制の対象とされているものと認めるのを相当とする。」「この程度の規制は，公共の福祉のため，表現の自由に対し許された必要且（か）つ合理的な制限と解することができる。」よって，「憲法に違反するものということはでき」ない。

---

4 表現の自由の現代的問題点

現代は，国民が政府などの情報を知るのは，主にマスコミを通じてになります。よって，報道の自由（下記1.）がどのようにどこまで保障されるのかが問題となります。また，それに伴い，情報の受け手の自由である知る権利（下記2.）の問題も生じます。

1．報道の自由
（1）報道の自由と取材の自由

報道の自由と取材の自由が，憲法 21 条（表現の自由）で保障されるかが問題となります。

・報道の自由
→　保障されます（最大決昭 44.11.26【博多駅事件】）。

たしかに，報道は，事実を知らせるものであり，思想を表明したりするものではありません。しかし，報道をするためには，報道内容の編集という知的な作業が行われ，報道をする者の意見が表明されます（よく「歪曲した編集だ！」などと批判されますよね）。また，国民が政府などの情報を知るのに，報道は不可欠です。

・取材の自由
→　憲法 21 条の精神に照らして十分尊重に値します（最大決昭 44.11.26【博多駅事件】）。

十分尊重に値するというのは，「尊重するだけで，憲法 21 条で保障されるとまでは言っていないよ」という意味です。報道をするには，取材をするのが不可欠ですので，この判例には批判が強いです。

取材の自由が問題となった判例をみてみましょう。

判例　最大決昭 44.11.26【博多駅事件】

■事案

　アメリカの原子力空母の日本への寄港に反対する学生と機動隊員とが博多駅で衝突し，機動隊側に過剰警備があったとして付審判請求（＊）がされました。福岡地方裁判所は，テレビ局4社（NHKなど）に対して，事件当日のニュースフィルムの任意提出を求めましたが拒否されたため，ニュースフィルムの全部の提出を命令しました（現刑訴法 99 条3項）。

＊付審判請求：公務員の職権濫用罪について告訴などをした者が，検察官の不起訴処分に不服がある場合に，事件を裁判所の審判に付することを求める手続

> **■主な争点**
>
> ・本件のニュースフィルムの提出命令は，憲法に違反しないか
>
> **■判旨**
>
> ・「取材の自由といつても，もとより何らの制約を受けないものではなく，たとえば公正な裁判の実現というような憲法上の要請があるときは，ある程度の制約を受けることのあることも否定することができない。」取材の自由に対する制約が許されるかどうかは，「公正な刑事裁判を実現するにあたつての必要性の有無」と「報道機関の取材の自由が妨げられる程度およびこれが報道の自由に及ぼす影響の度合」などを「比較衡量して決せられるべきであ」る。
> 違憲審査基準として，比較衡量（P39（3））を使いました。比較衡量をした結果，本件のニュースフィルムの提出命令は憲法に違反しないとしました。このフィルムが，過剰警備だったかどうかを判定するうえでほとんど必須のものだったからです。また，提出が命じられたフィルムは，すでに放映済みのものを含んでいたことも理由の１つです。

　この結論は，検察事務官が裁判官の発付した令状に基づいて取材ビデオテープを差し押さえる場合でも同じです（最決平元.1.30）。令状があった場合でも，審査基準は特に変わりません。

（2）取材源秘匿の自由

　取材源は，マスコミの命です。取材源を秘匿することで，取材に応じてくれる方も多いです。

　しかし，最高裁判所は，取材源秘匿の自由が憲法 21 条で保障されているとはしませんでした（最大判昭 27.8.6【石井記者事件】）。ただ，刑事事件と民事事件で，少し扱いが異なります。刑事訴訟と民事訴訟において，マスコミが証言を求められた場合に，取材源秘匿を理由に証言を拒絶できるかが問題となります。

・刑事訴訟

→　拒絶できません（最大判昭 27.8.6【石井記者事件】）。憲法 21 条は，「新聞記者に特種の保障を与えたものではない」とされました。

・民事訴訟

→　取材源の秘密は，証言を拒絶できる民事訴訟法 197 条１項３号の「職業の秘密」に当たる場合があります。「職業の秘密」に当たるかは，以下のように判断します（最決平 18.10.3【ＮＨＫ取材源秘匿事件】）。

　秘密の公表から生じる不利益（私益）と，証言の拒絶により犠牲になる真実発見と裁判の公正（公益）とを比較衡量して決まります。事案によって証言を拒絶できる場合と拒絶できない場合があるということです。

（3）国家秘密と取材の自由

　国家公務員には職務上知ることのできた秘密を漏らしてはならない秘密保持義務があり（国家公務員法 100 条），これに違反すると，1 年以下の懲役または 50 万円以下の罰金になります（国家公務員法 109 条 12 号）。そして，国家公務員に対して，この秘密を漏らすようそそのかした者も，1 年以下の懲役または 50 万円以下の罰金になります（国家公務員法 111 条，109 条 12 号）。

　しかし，国家公務員に対して，しつこく取材して真相を明らかにすることもマスコミの仕事です。マスコミの取材がこのそそのかし行為に当たるか問題となった，以下のような事件があります。以下の事件は，小説やドラマにもなりました（『運命の人』山崎豊子）。

| 判例 | 最決昭53.5.31【外務省機密漏洩事件】 |

■事案

　毎日新聞の記者Xは，外務省の女性事務官Aとホテルで肉体関係をもち，Aに沖縄返還交渉に関する文書を持ち出させたため，国家公務員法 111 条違反で起訴されました。

■主な争点

・本件取材は，正当なものか

■判旨

・「報道機関が公務員に対し根気強く執拗に説得ないし要請を続けることは，それが真に報道の目的からでたものであり，その手段・方法が法秩序全体の精神に照らし相当なものとして社会観念上是認されるものである限りは，実質的に違法性を欠き正当な業務行為というべきである。」しかし，「その手段・方法が一般の刑罰法令に触れないものであっても，取材対象者の個人としての人格の尊厳を著しく蹂躙する等法秩序全体の精神に照らし社会観念上是認することのできない態様のもの」である場合には，「正当な取材活動の範囲を逸脱し違法性を帯びるものといわなければならない。」よって，Xの行為は，「国家公務員法 111 条……の罪を構成する」。

　しつこく取材して国家公務員から情報を得ようとすることは，原則として，違法ではありません。しかし，本件は，不倫であり，取材対象者Aの個人としての人格の尊厳を著しく蹂躙するものであったため，違法とされました。

（4）法廷における取材活動

（a）写真撮影の制限

　ご存じの方が多いと思いますが，刑事訴訟の公判では，写真撮影は許可制となっています（刑訴規 215 条）。この刑事訴訟の公判での写真撮影の制限が取材の自由を侵害しているのではないかが問題となった，以下のような事件があります。

判例　最大決昭 33.2.17【北海タイムス事件】

■事案

　北海タイムス社のカメラマンＸは，公判廷において，裁判長の制止にも従わずに被告人の写真を1枚撮影しました。そのため，裁判所が法廷等の秩序を乱すものとしてＸを過料に処しました。

■主な争点

・写真撮影を許可制とする刑事訴訟規則215条は，憲法に違反しないか

■判旨

・「公判廷の状況を一般に報道するための取材活動であつても，その活動が公判廷における審判の秩序を乱し被告人その他訴訟関係人の正当な利益を不当に害するがごときものは……許されない」。「公判廷における写真の撮影等は，その行われる時，場所等のいかんによつては，……好ましくない結果を生ずる恐れがあるので，刑事訴訟規則215条は……憲法に違反するものではない。」また，Ｘの行為について制裁を科した処分は，憲法に違反しない。

　違憲の判断ではないことは，現在でも，刑事訴訟の公判での写真撮影が許可制であることからわかります（P81 の「現存制度→違憲判決なし」）。

（b）メモを取る行為

　法廷で傍聴人がメモを取る行為が，憲法上保障されるかが問題となります。この問題は，憲法21条の表現の自由だけでなく，憲法82条1項で定められている裁判の公開から保障されるのではないかということも問題となります。

憲法82条

1　裁判の対審及び判決は，公開法廷でこれを行ふ。

　メモを取る行為が憲法上保障されるかが問題となった，以下のような事件があります。

判例　最大判平元.3.8【レペタ事件】

■事案

　アメリカ人弁護士X（レペタさん）は，研究の一環として傍聴した公判において，傍聴席でのメモ採取を希望し7回にわたり許可申請を行いましたが，いずれも認められませんでした。そこで，Xは，国家賠償請求訴訟を提起しました。

■主な争点

1. 法廷で傍聴人がメモを取る自由は，憲法82条1項で保障されるか
2. 法廷での筆記行為の自由を制限する規制についての違憲審査基準

■判旨

1. 憲法82条1項の規定は，「各人が裁判所に対して傍聴することを権利として要求できることまでを認めたものでないことはもとより，傍聴人に対して法廷においてメモを取ることを権利として保障しているものでない」。
2. 「筆記行為の自由は，憲法21条1項の規定の精神に照らして尊重されるべきであ」り，「故なく妨げられてはならない」。もっとも，「筆記行為の自由……の制限又は禁止には，表現の自由に制約を加える場合に一般に必要とされる厳格な基準が要求されるものではない」。

　「尊重される」とは，P91の取材の自由と同じく，憲法21条1項で保障されるわけではないということです。よって，その制限・禁止についても，厳格な基準は採用されません。

2．知る権利

（1）送り手の自由→受け手の自由

　表現の自由は，送り手の自由としてのみ規定されています（憲法21条。P80）。しかし，現代は，マスメディアの巨大化によって，送り手と受け手の距離が開いてきました。マスメディア以外の国民は，受け手側になったわけです（近年のインターネットの発達によって情報を発信する送り手側の国民も増えましたが）。そのため，現代では，受け手側の知る権利も保障する必要があります。

（2）法的性格

　知る権利は，以下の性格を有する人権です（P10※）。

①自由権的性格

　知る権利は，国家によって情報の受領を妨害されない国家からの自由です。これが問題になったのが，P25（2）で説明した【よど号ハイジャック記事抹消事件】です。

---

②参政権的性格

　知る権利には，参政権的な性格もあります。投票をするのにも，情報が必要だからです。

③社会権的性格

　知る権利には，社会権的な性格もあります。たとえば，国家に対して情報公開を請求することができます。これを実現するために，情報公開法（行政機関の保有する情報の公開に関する法律）が制定されています。

（3）アクセス権

　アクセス権：マスメディアに対して自分の意見の発表の場を提供することを要求するといった権利

　具体的には，マスメディアに意見広告，反論記事の掲載などを求めることができる権利です。

　アクセス権が認められるかが問題となった，以下のような事件があります。

判例　最判昭62.4.24【サンケイ新聞意見広告事件】

■事案

　サンケイ新聞は，共産党を批判する自民党の意見広告（共産党の主張に矛盾があるとして，「前略　日本共産党殿　はっきりさせて下さい」という見出しをつけた意見広告）を掲載しました。そこで，共産党は，サンケイ新聞に対して反論文の無料掲載を要求する仮処分の申請をしました。

■主な争点

・憲法21条からアクセス権は認められるか

■判旨

・「憲法21条の規定から直接に……反論文掲載の請求権が……生ずるものでないことは明らか」である。

　アクセス権が認められなかったのは，以下の①〜③のような理由によります。

①マスメディアは，民間企業です。民間企業に対して，紙面などの提供を要求することはできません。

②アクセス権が認められると，マスメディアの編集の自由の侵害となり得ます。

③アクセス権が認められると，マスメディアが批判的言論をすることを躊躇してしまいます。

---

5 集会の自由

> **憲法 21 条**
> 1 集会，結社及び言論，出版その他一切の表現の自由は，これを保障する。

1.「集会」とは？

集会：多数人が共通の目的をもって一定の場所に集まること。政治的目的のために
　　　集まることだけではなく，経済的目的，学問的目的，芸術的目的，宗教的目
　　　的のために集まることも含みます。

集会の自由は，表現の自由の1つとして憲法21条1項で保障されています。

2. 制約

集会の自由に対する規制は，「○○の集会のために○○公園を使用することは許可
しない」など，事前抑制の形をとることが多いです。事前抑制は，強力な禁圧方法で
す（P84（1））。

しかし，出版など，他の表現の自由に対する事前抑制のように厳格に審査するべき
ではありません。他者の権利と衝突する蓋然性（確実性の度合い）が高いからです。
集会は，多くの人が集まります。騒音やトラブルなどによって公園の他の利用者や近
隣住民に迷惑をかけるといったことが，よく起こります。

ただ，精神的自由権ではあるので，経済的自由権に対する規制の違憲審査基準より
は厳格であるべきと解されています。

集会の自由が問題となった判例をみてみましょう。

判例 　最大判昭 28.12.23【皇居前広場事件】

■事案

Xは，メーデー（＊）の集会のための皇居外苑の使用の許可の申請をしましたが，厚生大
臣が不許可処分を下しました。そこで，Xは，この不許可処分の取消しを求めて厚生大臣を相
手方として訴えを提起しました。

＊「メーデー」とは，労働問題を訴える日のことです。

■主な争点

・本件不許可処分は，憲法に違反しないか

■判旨

・「本件不許可処分が憲法21条及び28条〔労働基本権を保障した規定〕違反であるということはできない。」

　厚生大臣が，自由な裁量で不許可処分をすることができるわけではありません。しかし，本件は，許可すると皇居外苑に約50万人が集まるような事態となることが想定されていました。これは危ないですよね。そのため，本件不許可処分は厚生大臣の裁量の範囲内であるとされました。

判例　最判平7.3.7【泉佐野市民会館事件】

■事案

　Xらは，関西新空港（いわゆる関空）建設の反対集会を開催するため，泉佐野市長に対して泉佐野市民会館ホールの使用の許可の申請をしましたが，泉佐野市長は，市の条例で定める不許可事由「公の秩序をみだすおそれがある場合」に当たるとして，不許可処分を下しました。そこで，Xらは，泉佐野市長を相手方として国家賠償請求訴訟を提起しました。

■主な争点

・公の施設の使用を不許可とできるのは，どのような場合か

　Xらは，「市民会館ホールは，公の施設であり，市民であれば平等に利用できるはずだ！　不許可処分は，憲法に違反する！」と主張したわけです。

■判旨

・公の施設「の利用を拒否し得るのは」，以下の①または②の「場合に限られる」。

① 「利用の希望が競合する場合」

　先に予約が入っていたら仕方ないですよね。

② 「施設をその集会のために利用させることによって，他の基本的人権が侵害され，公共の福祉が損なわれる危険がある場合」

　「危険性の程度としては」，「明らかな差し迫った危険の発生が具体的に予見されることが必要である」。

　本件集会の実質的主催者は，過激派の団体であり，本件の申請直後に連続爆破事件を起こすなどしていました。そして，他の団体が本件集会を実力行使により妨害する可能性がありました。よって，明らかな差し迫った危険の発生が具体的に予見されるので，本件不許可処分は憲法に違反しないとされました。

3．集団行動の自由

（1）意義

　「集団行動」とは，デモ行進などのことです。デモ行進などは，国民が選挙以外で意思を表明するのに有効な手段です。よって，集団行動の自由は，表現の自由として保障されています。集団行動の自由は，憲法 21 条 1 項（P97）の「その他一切の表現の自由」に含まれます。

（2）制約

　集団行動の自由に対する規制も，あまり厳格に審査するべきではありません。集団行動も，単に内心にとどまらず行動を伴うものなので，他者の権利と衝突する蓋然性が高いからです。デモ行進は，危険を伴いますよね。

　ただ，やはり精神的自由権ではあるので，経済的自由権に対する規制の違憲審査基準よりは厳格であるべきと解されています。

　デモ行進などは，地方公共団体の公安条例で規制されています。デモ行進などをするには，地方公共団体の公安委員会への届出または公安委員会の許可が必要とされています。「届出」と「許可」の違いは，以下のとおりです。

・届出：行政庁（P31）に認めるかどうかの判断権限がなく，要件を充たしていれば
　　　　受理されるもの
・許可：行政庁に認めるかどうかの判断権限があり，禁止を解除するもの

　集団行動の自由に対する規制は，原則として届出制であるべきと解されています。しかし，実際には，許可制の公安条例も多いです。許可制の場合には，許可が原則とされ，実質的に届出制と異ならないことが必要であると解されています。

　公安条例の許可制が問題となった事件をみてみましょう。

判例　最大判昭 29.11.24【新潟県公安条例事件】

■事案

　X らは 200～300 人で，新潟県の警察署の前の空き地などで集団示威運動などを行いました。新潟県の公安条例では，集団示威行為は許可制とされていました。しかし，X らは公安委員会の許可を受けていませんでした。そのため，X らは起訴されました。

■主な争点

1. 集団行動の許可制は，憲法に違反しないか

2. 本件条例は，憲法に違反しないか

■判旨

1. 「一般的な許可制」は，「憲法の趣旨に反し許されない」。

よって，「一般的な許可制は憲法に違反しない」という肢が出題されたら，それは誤りです。

しかし，本件条例は，下記2.の理由から，一般的な許可制ではないとされました。

2. 本件条例は，「特定の場所又は方法についてのみ制限する場合があることを定めたものに過ぎない」。また，「公共の安全に対し明らかな差迫つた危険を及ぼすことが予見されるときは，これを許可せず又は禁止することができる旨の規定を設けることも」できる。よって，本件条例は，憲法に違反しない。

やはり集団示威行為なので，違憲とはされませんでした（P13の「政治活動・デモはすべて負け」）。

判例　最大判昭35.7.20【東京都公安条例事件】

■事案

　Xらは，東京都公安委員会の許可を受けずに，警察官職務執行法の改悪反対などを掲げる集会および集団行進を指導しました。そのため，Xらは起訴されました。

■主な争点

1. 集団行動を規制することは，憲法に違反しないか

2. 集団行動を規制する公安条例の合憲性は，どのような観点から判断するべきか

■判旨

1. 公安条例をもって，集団行動について「必要かつ最小限度の措置を事前に講ずることは」許される。

多数人が集まって行動を起こすと，一瞬にして暴徒化する危険があります。それは，群集心理やこれまでの事件から明らかです。

2. 公安条例の「許可」「届出」などの「用語のみによつて判断すべきでない。」本件条例は，「許可が義務づけられており，不許可の場合が厳格に制限されている。」よって，本件条例は，「規定の文面上では許可制を採用しているが，……実質において届出制とことなるところがない。」よって，本件条例は憲法に違反しない。

「実質において届出制」と言っていますが，本件条例には許可推定条項（どのような場合に許可するかの規定）がなく，許可を要する場所も特定されていませんでした。しかし，これらは直ちに違憲の理由とはならないとされました。最高裁判所もちょっと苦しいのですが，結論はP13の「政治活動・デモはすべて負け」から押さえてください。

第3章　経済的自由権

この第3章では，経済的自由権をみていきます。「経済的自由権」とは，職業選択の自由，財産権の保障など，私たちの仕事，財産などを保障する人権です。

第1節　職業選択の自由

> **憲法22条**
> 1　何人も，公共の福祉に反しない限り，居住，移転及び職業選択の自由を有する。

1　意義

職業選択の自由：自分の従事する職業を選択・決定する自由

憲法22条1項には，「職業選択の自由」と規定されていますが，自分が選択・決定した職業を遂行する自由も保障されるでしょうか。これを「営業の自由」といいます。

営業の自由も，憲法22条1項で保障されます（最大判昭47.11.22【小売市場事件】）。

自ら選択・決定した職業を遂行できなければ，職業選択の自由を認めた意味がないからです。

> **― Realistic 10　飲食店の時短命令と営業の自由 ―**
>
> 飲食店にも，もちろん，営業の自由があります。しかし，2021年，新型コロナウイルスの感染拡大により，東京都から一部の飲食店に対して時短命令が出され，これに従わなかった飲食店の一部に対して過料の制裁が課されました。これに対して，飲食店を経営するある会社が，「営業の自由を侵害する」と主張して，東京都を相手方として損害賠償請求訴訟を提起しました。営業の自由と公共の福祉（新型コロナウイルスの感染拡大防止）との戦いです。

2　制約

1．制約の根拠

私たちには，職業選択の自由と営業の自由があります。では，みなさんは，なぜ今，司法書士試験の勉強をしているのでしょうか。司法書士試験に合格しなくても，「私は今日から司法書士です！」と言って，司法書士事務所を始める自由があるのではないでしょうか。しかし，それは許されません。経済的自由権は，第2章で学習した精神的自由権と比べて，より強度の規制を受けます。経済的自由権を保障した条文は憲法22条と29条なのですが，いずれの条文にも「公共の福祉」の文言があり（P19），

公共の福祉のために制約される場合があることが明記されています。

　経済的自由権が強度の規制を受けるのは，以下の①②の理由によります。

①公共の安全

　これは，「誰でも医師になれたら困る」という例で考えてください。たとえば，私は，手先がおそろしく不器用です。医学の知識もありません。医師免許のない私が医師になって医療行為ができたら，1週間以内に三途の川を渡る人が出るでしょう。司法書士が資格制度になっているのも，同趣旨の理由によります。

　このように，好きな職業を勝手にされると，社会の人みんなの安全が脅かされるのです。

②社会国家（福祉国家）の理念を実現するために，政策的な配慮による積極的な規制をする必要がある場合がある

　「社会国家（福祉国家）」とは，富の再分配など国が積極的に国民の生活保障をする国家です。20世紀から社会国家（福祉国家）が増えてきたといわれています。社会国家（福祉国家）では，生活困窮者など経済的弱者を保護する規制を行います。そのため，経済的自由権が制限されることがあるんです。

2．規制目的二分論
（1）意義

　経済的自由権に対する規制は，規制の目的に応じて，以下の表の2つに区別されます。

消極目的規制	積極目的規制
これは，主に国民の生命・健康に対する危険を防止するための規制です。 ex. 飲食業の許可制が当たります。衛生管理がされていない飲食店がオープンすると，国民の生命・健康が危険になりますよね。	上記1.②の社会国家（福祉国家）の理念に基づき，社会的・経済的弱者を保護するための規制です。 ex. 大型スーパーの出店制限が当たります。大型スーパーが自由に出店できるとなると，小規模の小売店が潰れてしまいますよね。

（2）違憲審査基準

　最高裁判所は，経済的自由権に対する規制をこの2つの種類に分け，規制の種類によって違憲審査基準を使い分けるという方法を採っていました。

	消極目的規制	積極目的規制
違憲審査 基準	**厳格な合理性の基準** （最大判昭 50.4.30【薬事法距離制限事件】） この基準では，以下の①②の審査がされます。 ①規制の必要性と合理性 ②他の代替手段の有無 →厳格な審査基準です。違憲判決が出やすいです。	**明白の原則** （最大判昭 47.11.22【小売市場事件】） この基準では，規制が著しく不合理であることが明白である場合に限って違憲とされます。 →緩い審査基準です。違憲判決が出にくいです。
理由	①消極目的規制は，裁判所が必要性と合理性を判断しやすい分野の規制です。生命や健康は，裁判所の担当分野といえます。 ②消極目的規制は，警察比例の原則に基づき，必要最小限度の規制である必要があります。「警察」は，必要最小限度の規制という意味で使われることがあります。たとえば，日本の自衛隊は「第2警察」といわれることがあります。日本の自衛隊は，通常の軍隊と異なり，できることが必要最小限度に限られているからです。	①積極目的規制は，裁判所が判断しづらい分野の規制です。社会的・経済的弱者の保護（格差是正など）は，裁判所ではなく，政治の担当分野です。よって，規制が著しく不合理であることが明白である場合にしか，裁判所は違憲の判断をしないのです。

　規制の種類によって違憲審査基準を使い分けた判例を2つみてみましょう。

判例 **最大判昭50.4.30【薬事法距離制限事件】**

■事案

　株式会社Xは，広島県知事に対して，医薬品の一般販売業の許可の申請をしました。しかし，薬事法と広島県の条例によって既存の薬局とおおむね100m以上距離があることが許可条件とされており，その条件を充たしていなかったので，不許可処分がされました。そこで，Xは，この処分の取消しを求めて訴えを提起しました。

■主な争点

・薬事法の薬局の配置規制は，憲法に違反しないか

■判旨

・薬事法の薬局の配置規制を消極目的規制と解し，以下のように厳格な合理性の基準を立てた。

＜基準＞

① 「一般に許可制は，……職業の自由に対する強力な制限であるから，その合憲性を肯定しうるためには，原則として，重要な公共の利益のために必要かつ合理的な措置であることを要」する。

② 「消極的，警察的措置である場合には，許可制に比べて職業の自由に対するよりゆるやかな制限である職業活動の内容及び態様に対する規制によつては右の目的を十分に達成することができないと認められることを要する」。

＜当てはめ＞

　このように基準を立てたうえで，本件に以下のように当てはめた。

① 薬局を自由に開設できることが，薬局の偏在を生じさせ，競争が激化することによって一部の薬局の経営が不安定になり，不良医薬品の供給の危険性があるという因果関係は，合理的に裏付けることはできない。

② 立法目的は，よりゆるやかな規制手段（行政上の取締りの強化など）によっても十分に達成できる。

　たとえば，薬局は，薬の在庫数を行政に報告したり，管理薬剤師（薬局の薬剤師の責任者）が定期的に麻薬の取扱いの研修を受けたりしています。こういった手段で不良医薬品が供給されることを防げるだろうということです。

　したがって，薬事法の薬局の配置規制は，違憲とされました。この判決を受けて薬事法が改正され，今では，大きな病院の前には薬局が何件もあります。

☞人権侵害を認めた判例⑰

| 判例 | 最大判昭47.11.22【小売市場事件】 |

■事案

　会社X₁は，大阪市内で店舗数49の建物を建て，無許可のまま47人に店舗を貸し付けました。小売商業調整特別措置法では，小売市場（＊）の開設を許可制としており，大阪府では，既存の小売市場と700m以上距離があるという距離制限がありました。そこで，会社X₁と同社の代表者X₂が，小売商業調整特別措置法違反で起訴されました。

＊小売市場：1つの建物を小さく区切って小売商の店舗用に貸付・譲渡するもの。ショッピングセンターのようなもの。

■主な争点

・小売商業調整特別措置法の小売市場の配置規制は，憲法に違反しないか

■判旨

・小売商業調整特別措置法の小売市場の配置規制を積極目的規制と解し，以下のように明白の原則の基準を立てた。

＜基準＞

「立法府がその裁量権を逸脱し，当該法的規制措置が著しく不合理であることの明白である場合に限つて，これを違憲と」する。

＜当てはめ＞

　このように基準を立てたうえで，本件に以下のように当てはめた。

「その規制の手段・態様においても，それが著しく不合理であることが明白であるとは認められない。」

　したがって，小売商業調整特別措置法の小売市場の配置規制は，憲法に違反しないとされました。明白の原則は緩い基準なので，違憲判決とはならなかったのです。

（3）問題点

　規制目的二分論には，消極目的と積極目的の区別は相対的なのではないかという問題点があります。「相対的」というのは，規制によっては消極目的か積極目的か明確に分けられないものもあるということです。

　その典型例が，公衆浴場の距離制限です。「公衆浴場」とは，銭湯などのことです。公衆浴場にも距離制限があります（公衆浴場法2条）。公衆浴場の距離制限について，以下の3つの判例があります。同じ公衆浴場の距離制限なのですが，規制の性質の捉え方が違います。

・判例①（最大判昭30.1.26）

　→　公衆浴場の距離制限を「国民保健及び環境衛生」を保持するための規制（<u>消極目的規制</u>）であるとして，憲法に違反しないとしました。

　これは，昭和30年の判決です。戦後間もなくの時期です（太平洋戦争が終結したのは昭和20年です）。よって，風呂がない家も多く，公衆浴場は国民の健康や衛生のために重要なものだったのです。

・判例②（最判平元.1.20）

　→　公衆浴場の距離制限を「公衆浴場業者が経営の困難から廃業や転業をすることを防止」するための規制（<u>積極目的規制</u>）であるとして，憲法に違反しないとしました。

　これは，平成元年の判決です。この頃になると，ほとんどの家に風呂がありました。よって，公衆浴場業者を過当競争から守るための規制と捉えたのです。

　積極目的規制ですので，明白の原則（「著しく不合理であることの明白な場合に限り，これを違憲とすべき」）で判断しました。

・判例③（最判平元.3.7）

　→　公衆浴場の距離制限を「国民保健及び環境衛生」を保持するための規制（<u>消極目的規制</u>）であるとともに，「公衆浴場業者の経営の安定を図る」ための規制（<u>積極目的規制</u>）でもあるとして，憲法に違反しないとしました。

　これは，上記②の判例と同じ平成元年の判決なのですが，消極目的規制でもあり積極目的規制でもあるとしました。

　積極目的規制でもあるので，厳格な合理性の基準ではなく，「合理性の基準」という違憲審査基準で判断しました。合理性の基準とは，目的が正当なものであり，手段が目的を達成するための必要かつ合理的な範囲内であれば憲法に違反しないというものです。

　このような3つの判例があるため，公衆浴場の距離制限について，「消極目的規制である」または「積極目的規制である」と言い切った肢が出たら誤りにしてください。

　その後，以下の事件で，最高裁判所は規制目的二分論を採りませんでした。

判例　最判平4.12.15【酒類販売免許制(しゅるい)事件】

■事案

　Xは酒類販売業の免許を申請しましたが（酒税法9条。＊），税務署長は「経営の基礎が薄弱であること」を理由に拒否処分をしました（酒税法10条10号）。そこで，Xは，この処分の取消しを求めて訴えを提起しました。

＊お酒の販売などは，誰でも自由にできるわけではなく，販売業免許が必要です（酒税法9条1項本文）。

■主な争点

・酒類販売の免許制は，憲法に違反しないか

■判旨

<基準>

「租税の適正かつ確実な賦課徴収を図るという国家の財政目的のための職業の許可制による
　規制については，その必要性と合理性についての立法府の判断が，……政策的，技術的な裁
　量の範囲を逸脱するもので，著しく不合理なものでない限り，これを憲法22条1項の規
　定に違反するものということはできない。」

　著しく不合理なものでない限り違憲とならないので，緩い基準です。

<当てはめ>

「酒税法9条，10条10号の規定が，立法府の裁量の範囲を逸脱するもので，著しく不合理
　であるということはできず，……憲法22条1項に違反するものということはできない。」

　緩い基準ですので，違憲とはされませんでした。

　このように，消極目的規制と積極目的規制に分けられない規制もあるんです。

第2節 居住・移転の自由

> **憲法22条**
> 1 何人も，公共の福祉に反しない限り，居住，移転及び職業選択の自由を有する。
> 2 何人も，外国に移住し，又は国籍を離脱する自由を侵されない。

1 意義

居住・移転の自由：住む所・移動することを決定する自由。旅行の自由を含む。

今では当たり前ですが，かつては，住む所・移動することを自由に決定できませんでした。しかし，住む所・移動することを国家が制限するべきではないので，現在は，居住・移転の自由が憲法で保障されています。

2 国内

国内の居住・移転の自由は，憲法22条1項で保障されます。国内旅行の自由も，憲法22条1項で保障されると解されています。

3 国外

1. 外国移住の自由

外国に移住する自由は，憲法22条2項で保障されます。移住先の国の受け入れがあることが前提ですが，公権力が外国への移住を禁じることはできません。

日本国籍を離脱する自由も憲法22条2項で保障されますが，それは外国籍の取得が要件となります（国籍法11条1項，13条）。日本国籍を離脱だけして無国籍になる自由が保障されているわけではないということです。

2. 海外渡航の自由（国外旅行の自由）

日本国民は，海外渡航（国外旅行）をする自由も保障されています。しかし，憲法22条には，海外渡航をする自由は明記されていません。そこで，根拠条文について争いがあります。主に，以下の表の3つの説があります。

22条1項説	22条2項説 （最大判昭33.9.10【帆足計事件】）	13条説
この説は，憲法22条1項の「移転」に含まれると考えます。	この説は，憲法22条を以下のように捉えます。 ・1項　→　国内の自由を保障 ・2項　→　国外の自由を保障 2項には「移住」とありますが，移住がOKなら旅行もOKだと考えます（大は小を兼ねる理論です）。	この説は，憲法13条（P42）の幸福追求権に含まれると考えます。

3. 制約

　海外渡航には，旅券（パスポート）が必要です。しかし，旅券法では，「日本国の利益又は公安を害する行為を行う」おそれのある者に対しては，外務大臣が旅券の発給を拒否できるとされています（旅券法13条1項7号）。この規定は，海外渡航の自由を制限するものとして違憲ではないかが問題となった事件があります。

> **判例**　**最大判昭33.9.10【帆足計事件】**
>
> **■事案**
>
> 　1952年，元参議院議員である社会党の帆足計氏らは，招待を受けたソ連のモスクワで開催される国際経済会議に出席するために旅券の発給を申請しましたが，外務大臣である吉田茂氏（麻生太郎さんの祖父）は，旅券法13条1項5号（現7号）の「日本国の利益又は公安を害する行為を行う」おそれのある者に当たるとして旅券の発給を拒否しました。そこで，帆足計氏らは，国を相手方として国家賠償請求訴訟を提起しました。
>
> **■主な争点**
>
> 1.　海外渡航の自由は，憲法で保障されるか
> 2.　旅券法13条1項5号（現7号）は，憲法に違反しないか
>
> **■判旨**
>
> 1.　「憲法22条2項の『外国に移住する自由』には外国へ一時旅行する自由をも含む」。
> 2.　しかし，「外国旅行の自由といえども無制限のままに許されるものではなく，公共の福祉のために合理的な制限に服する」。「旅券法13条1項5号〔現7号〕……は，……公共の福祉のために合理的な制限を定めたものとみることができ」，憲法に違反しない。旅券法13条1項5号〔現7号〕によって旅券の発給を拒否できるのは，「『明白かつ現在の危険がある』場合に限」られるわけではない。よって，本件の旅券の発給拒否処分は，憲法に違反しない。
> 　当時は冷戦下で，アメリカとソ連が激しく対立していました。そのようなときにソ連で行われる会議に出席しようとした帆足計氏は，「日本国の利益又は公安を害する行為を行う」おそれのある者とされたのです。

第3節　財産権

> **憲法29条**
> 1　財産権は，これを侵してはならない。
> 2　財産権の内容は，公共の福祉に適合するやうに，法律でこれを定める。
> 3　私有財産は，正当な補償の下に，これを公共のために用ひることができる。

1　財産権の保障の歴史

　かつては，国民の財産権は保障されていませんでした。たとえば，土地は国のものでした。その後，近代になって財産権が保障されるようになりました。保障されるようになった当初は，財産権は不可侵とされました（憲法 29 条でいうと 1 項の規定です）。しかし，一部の人に富が偏りました。そこで，社会国家（福祉国家。P102②）の進展によって，財産権は不可侵ではなく，制約ができるようになりました（憲法 29 条でいうと 2 項の規定です）。ただし，制約をするには補償をする必要があるとされました（憲法 29 条でいうと 3 項の規定です）。

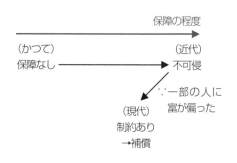

2　財産権の保障（憲法 29 条 1 項）

　憲法 29 条 1 項で「財産権は，これを侵してはならない」とされていますが，これは以下の①②の双方を保障するという意味です（最大判昭 62.4.22【森林法共有林事件】）。

①個人が現に有する具体的な財産権（所有権など）
②私有財産制度（制度的保障）

　自分の物を「自分の物だ」（所有権など）と言え（①），国有ではなく財産の私有が認められる（②）ということです。これらが，資本主義の根幹です。私人の財産権が認められなかったら，「頑張って仕事をしよう」と考える人はほとんどいなくなり，資本主義は成り立たなくなります。

3 財産権の一般的制限（憲法29条2項）

　憲法29条2項（P110）は，財産権が公共の福祉によって制約されることがある旨を規定しています。

1．規制の性質

　公共の福祉による制約（規制）は，かつては，消極目的規制と積極目的規制（P102（1））に分けられると考えられていました。しかし，消極目的か積極目的か分けられないものもあるのではないかと考えられるようになりました。最高裁判所も，以下の事件で，規制目的二分論を採用しませんでした。

判例　最大判昭62.4.22【森林法共有林事件】

■事案

　XとYは，父から森林を持分2分の1の割合で生前贈与を受けました。森林法186条は，森林が細分化すると森林がなくなってしまう危険性があることから，持分価額2分の1以下の共有者に共有物分割請求（民法256条1項 ── 民法Ⅱのテキスト第3編第3章第4節4 1.）を認めていませんでした。これに納得できなかったXは，Yを相手方として，共有物分割請求訴訟を提起しました。

■主な争点

・森林法186条の規制は，憲法に違反しないか

■判旨

＜基準＞

　以下のいずれかの場合に限り，憲法29条2項に違反する。

（目的）

「立法の規制目的が……社会的理由ないし目的に出たとはいえないものとして公共の福祉に合致しないことが明らかである」場合

（手段）

「規制手段が……目的を達成するための手段として必要性若しくは合理性に欠けていることが明らかであつて，そのため立法府の判断が合理的裁量の範囲を超えるものとなる場合」

＜当てはめ＞

　このように基準を立てたうえで，本件に以下のように当てはめた。

（目的）

「森林の細分化を防止することによつて森林経営の安定を図り，ひいては森林の保続培養と森林の生産力の増進を図り，もつて国民経済の発展に資することにある」。よって，「公共の福祉に合致しないことが明らかであるとはいえない。」

　森林法186条の目的は，共有物分割請求によって森林が細分化し，森林経営がおぼつかなくなり，森林が減少してしまうことを防ぐことにあります。この目的は，公共の福祉に合致しないとはいえません。よって，目的は違憲とはしなかったのです。

（手段）

「立法目的と……共有森林につき持分価額2分の1以下の共有者に分割請求権を否定したこととの間に合理的関連性のないことは……明らかである」。

　森林法186条は，分割後の各森林の面積が森林の安定的経営のために必要な最小限度を下回るかどうかを問うことなく，持分価額2分の1以下の共有者に一律に共有物分割請求を認めていませんでした。広い森林なら，分けても大丈夫なこともあります。また，共有物分割は，現物分割以外に，競売による代金分割もあり，この方法なら細分化しません。—— 民法Ⅱのテキスト第3編第3章第4節[4]2．つまり，森林法186条は，雑に規制しすぎていたのです。よって，手段を違憲としました。

🐭人権侵害を認めた判例⑱

2．条例による制限の可否

　憲法29条2項は，「財産権の内容は，……法律でこれを定める」としています。では，地方公共団体の条例で財産権を制限することはできないのでしょうか。これが問題となった，以下のような事件があります。

判例　最大判昭38.6.26【奈良県ため池条例事件】

■事案

　Xらは，先祖代々，総有するため池（農業用水の確保のために作られた人工の池）の堤とうで耕作をしていました。しかし，新たに制定された奈良県のため池の保全に関する条例で，ため池の堤とうでの耕作が禁止されました。それにもかかわらず，Xらは耕作を続けました。そのため，Xらは，奈良県のため池の保全に関する条例違反で起訴されました。

■主な争点

・条例による財産権の行使の制限が許されるのは，どのような場合か

■判旨

・「憲法，民法の保障する財産権の行使の埒外にある」場合は，条例による財産権の行使の制限が許される。本件のため池の堤とうでの耕作は，埒外にあるといえる。

　本件条例は，ため池の堤とうでの耕作がため池の破損，決壊の原因となり，市民に危険が及ぶことを防ぐためのものです。こういった目的の規制であれば，規制されても，それは財産権の行使の埒外にあり，補償が及ばないのです。

　このように，条例で財産権を制限することもできます。

　その地方の特殊な事情がある場合があるからです。たとえば，交通量が異なる東京と北海道では，道路の規制方法も違ってきます。また，条例は，選挙で選ばれた地方議員で構成される議会が作ったものなので，民主的な基盤があります（P61の「条例はけっこうスゴイ」）。

4　損失補償（憲法29条3項）

　憲法29条3項（P110）は，私有財産を公共のために用いることができるが，その際には正当な補償が必要であるとしています。

ex. 国が，ダム建設のために私人の土地を収用し，その損失の補償として私人に対して補償金を支払うのが典型例です。

　この 4 では，この「正当な補償」についてみていきます。

1．損失補償の要否

（1）「公共のために用ひる」とは？

　憲法29条3項では，「公共のために用ひる」場合に正当な補償がされると規定されています。上記 ex.のように，ダム建設のためであれば，問題なく「公共のために用ひる」といえます。では，収用された財産が他の特定の個人に分配されてその私的な用に供される場合には，「公共のために用ひる」といえることはないでしょうか。

　あります。

　特定の個人に分配されても，結果的に公共のためになるのであれば，「公共のために用ひる」といえるからです（広義説。最大判昭29.1.22参照）。

ex. P115で説明する【農地改革事件】では，買収された農地は個人（小作人）に分配されました。しかし，自作農創設という「公共の利益」のためになされたものなので，「公共のために用ひる」に該当します。

（2）常に補償を要するか？

　財産権を制限する場合に，常に補償を要するわけではありません。以下のように，どのような制限であるかによって補償の要否が変わってきます。

・特別の犠牲を強いる制限である場合

　　→　補償を要します。

ex. ダム建設のために私人の土地を収用する場合，補償を要します。

・公共の福祉のためにする一般的な制限である場合

　　→　補償を要しません（最大判昭43.11.27【河川附近地制限令事件】）。

ex. がけ崩れの危険性があるために土地の一定面積を国が管理する場合，補償を要しません。

　こういった場合，原則として何人も受忍すべきだからです。

（3）損失補償の規定がない場合

　損失補償は，通常は，各法令に規定があり，その法令に基づいて行われます。

ex. 土地収用法には，損失補償の規定があります（土地収用法68条〜94条）。

　では，損失補償の規定がない法令に基づいて財産権の制限がされた場合，その法令は違憲となるでしょうか。これが問題となった，以下のような事件があります。

判例　**最大判昭43.11.27【河川附近地制限令事件】**

■事案

　砂利採取販売業者Xは，仙台市の河川敷で民有地を借りて砂利を採取していました。しかし，宮城県知事は，河川法に基づきこの地域を河川附近地に指定し，Xが砂利の採取を続けるには，知事の許可が必要となりました。Xは，許可の申請をしましたが，却下されました。河川附近地制限令には損失補償の規定がなかったため，損失補償を受けられなかったXは，砂利の採取を続けました。そのため，Xは河川附近地制限令違反で起訴されました。

■主な争点

・損失補償規定のない河川附近地制限令は，憲法に違反しないか

■判旨

・「直接憲法29条3項を根拠にして，補償請求をする余地が全くないわけではないから」，損失補償規定のない河川附近地制限令を「直ちに違憲無効の規定と解すべきではない」。

　要は，「各法令に損失補償規定がなくても，憲法29条3項によって補償請求をする余地があるから問題ない」としたわけです。ちょっと苦しい理屈です……。

2.「正当な補償」とは？

　憲法29条3項の「正当な補償」は，完全な補償を要するのか相当な補償額で構わないのか，以下の表のとおり争いがあります。

完全補償説 （最判昭48.10.18【土地収用法事件】）	相当補償説 （最大判昭28.12.23【農地改革事件】）
「正当な補償」は完全な補償を意味する 土地収用法における補償額が争われた事件では，最高裁判所は，「被収用者が近傍において被収用地と同等の代替地等を取得することをうるに足りる金額の補償を要する」としました。	**「正当な補償」は相当補償額を意味する** 農地改革の際の補償額が争われた事件では，最高裁判所は，相当な補償額で構わないとしました。

　現在は，基本的には完全な補償がされます。相当な補償額で構わないとした【農地改革事件】は，敗戦直後の特殊な事件でした。【農地改革事件】についてみてみましょう。

判例　最大判昭28.12.23【農地改革事件】

■事案

　農地改革で，Xは所有していた農地を国に買収されましたが，自作農創設特別措置法による補償が田1反（およそ1,000㎡）の対価が鮭3匹分にも及ばないタダ同然の価格でした。そこで，Xは，国を相手方として，買収対価の増額変更を求めて訴えを提起しました。

■主な争点

1. 憲法29条3項の「正当な補償」とは，何か
2. 自作農創設特別措置法の買収対価は，「正当な補償」といえるか

■判旨

1. 「憲法29条3項にいう……正当な補償とは，その当時の経済状態において成立することを考えられる価格に基き，合理的に算出された相当な額をいうのであつて，必しも常にかかる価格と完全に一致することを要するものでない」。
2. 本件の「買収対価は憲法29条3項の正当な補償にあたる」。

　農地改革は，GHQの占領政策の1つでした。戦前は，裕福な地主が貧困層の小作人を使って農業を行っていたことが大きな問題でした。そこで，国が，地主から農地をタダ同然の価格で取り上げ，小作人に与えました。このように敗戦直後の特殊な話ですし，農地を取り上げるのが目的ですので，完全な補償がされるわけがなかったのです。

　このように特殊な事件ではありますが，これも最高裁判所の判決です。よって，「完全な補償でなければならない」「相当な補償額で構わない」など，どちらか言い切った肢が出たら誤りにしてください。

第**4**章　人身の自由

　かつては，奴隷制度，拷問^{ごうもん}，王の一存での処罰などがありました。これらが許されれば，他の人権を保障した意味がありません。よって，憲法では，人身の自由が保障されています。奴隷制度や拷問は禁止され，処罰をするには適正な手続に基づく必要があるとされています。

1 基本原則

1．奴隷的拘束・意に反する苦役からの自由

> **憲法18条**
> 何人も，いかなる奴隷的拘束も受けない。又，犯罪に因る処罰の場合を除いては，その意に反する苦役に服させられない。

　奴隷的拘束は，絶対に許されません（憲法18条前段）。本人の同意があってもです。憲法で「絶対」とあったら意識して記憶しましょう（P62の「憲法で『絶対』は珍しい」）。

　また，意に反する苦役にも服させられません（憲法18条後段）。意に反する苦役とは，強制労役のことで，たとえば，江戸時代のように，江戸城改築のために，強制的に労役をさせるといったことはできません。なお，裁判員になることが憲法18条後段の「意に反する苦役」に当たるかが争われたことがありますが，当たらないとされ，裁判員制度は憲法に違反しないとされました（最大判平23.11.16）。だから，現在でも，裁判員制度があるんです（P81の「現存制度→違憲判決なし」）。

　しかし，この意に反する苦役については，認められる場合があります。それが，犯罪による処罰の場合です（憲法18条後段）。これは，懲役の刑務作業のことです。懲役の刑務作業は，意に反する苦役ですが，受刑者の更生のため認められています。

2. 適正手続の保障

> **憲法31条**
> 何人も，法律の定める手続によらなければ，その生命若しくは自由を奪はれ，又はその他の刑罰を科せられない。

　最も人権を制約するのは，刑罰を科すことです。命を奪うこと（死刑）さえあります。よって，刑罰を科すには適正な手続による必要があり，それを保障したのが，この憲法31条です。

　これは，刑法で学習した罪刑法定主義の根拠条文です。―― 刑法のテキスト第1編第2章[2]

（1）保障内容

　憲法31条では「法律の定める手続」としかないため，手続が法定されていることしか保障されていないようにも読めます。しかし，これは，以下の4つの保障を含むと解されています。

①手続の法定（ex. 刑事訴訟法の法定）
②手続の適正
③実体の法定（ex. 刑法の法定）
④実体の適正

　手続が法定されているだけでなく（①），その内容が適正である必要もあるからです（②）。また，刑罰の根拠となる実体（刑法など）も，法定されているだけでなく（③），その内容が適正である必要もあります（④）。

（2）手続の適正（上記②）

　国家が国民に刑罰などの不利益を科す場合には，当事者にあらかじめその内容を「告知」し，当事者に「弁解」と「防御」の機会を与える必要があります（最大判昭37.11.28【第三者所有物没収事件】）。どんな凶悪な犯罪者であっても，刑事訴訟を経なければ死刑や懲役を科すことはできません。

　告知せず，弁解と防御の機会を与えなかった，以下のような事件があります。

判例　最大判昭37.11.28【第三者所有物没収事件】

■事案

　Xらは，韓国への密輸出を企てましたが，逮捕されて有罪判決を受けました。関税法118条1項は，第三者の所有物について，第三者に告知せず，弁解と防御の機会も与えずに没収できる場合があることを定めていました。そのため，Xらが有罪判決を受けた際に船舶や積荷が没収されましたが，その中に第三者が所有している積荷も入っており，第三者に告知せず，弁解と防御の機会も与えませんでした。

■主な争点

・関税法118条1項による第三者の所有物の没収は，憲法に違反しないか

■判旨

「告知，弁解，防禦（ぼうぎょ）の機会を与えるべきことを定めて」いない「関税法118条1項によつて第三者の所有物を没収することは，憲法31条，29条〔財産権の保障の規定〕に違反する」。適正手続によらずに財産権を侵害する処分であるため，憲法に違反するとされました。

☞人権侵害を認めた判例⑲

（3）行政手続にも保障が及ぶか？

　憲法31条は，「刑罰を科せられない」と規定しており，刑事手続を想定しています。では，行政手続には，この保障が及ばないのでしょうか。

　行政手続にこの保障が及ぶか問題となった，以下のような事件があります。

判例　最大判平4.7.1【成田新法事件】

■事案

　成田国際空港は，建設に反対する過激派などの妨害によって，建設が大幅に遅れていました。そこで，国は，過激派の建物使用禁止などを定める成田新法を制定しました。この成田新法には，告知の規定と弁解・防御の機会を与える規定がありませんでした（＊）。この成田新法に基づいて，過激派のXに対して建物の使用禁止の命令が出されました。そこで，Xは，この命令の取消しを求めて訴えを提起しました。

＊建設が大幅に遅れているためにできた法律ですので，告知の規定と弁解・防御の機会を与える規定はあえて作られなかったのです。これらがあれば，時間稼ぎに使われるからです。

■主な争点

・適正手続の保障は，行政手続にも及ぶか

「憲法 31 条の定める法定手続の保障は，……行政手続については，それが刑事手続ではないとの理由のみで，そのすべてが当然に同条による保障の枠外にあると判断することは相当ではない。」しかし，「行政処分の相手方に事前の告知，弁解，防御の機会を与えるかどうかは，……常に必ずそのような機会を与えることを必要とするものではない」。よって，成田新法の規定は，憲法に違反しない。

　行政手続において，事前の告知，弁解，防御の機会を与えるべきかは，達成しようとする公益の内容，程度，緊急性などを考慮して決められます。本件では，成田国際空港の開港が遅れ，世界に迷惑をかけている状況でしたので，与える必要はないとされました。

2　被疑者の権利

　「被疑者」とは，犯罪の嫌疑を受けて捜査の対象になっているが，公訴を提起されていない者のことです。

1．逮捕の要件

憲法 33 条

　何人も，現行犯として逮捕される場合を除いては，権限を有する司法官憲が発し，且つ理由となつてゐる犯罪を明示する令状によらなければ，逮捕されない。

（1）原則

　逮捕には，原則として，裁判所が発する令状が必要です（憲法 33 条）。これを「令状主義」といいます。

（2）例外

　令状なく逮捕できる場合として，以下の 2 つの逮捕があります。

①現行犯逮捕（憲法 33 条）
　現行犯逮捕は，犯罪の事実が明白だからです。
②緊急逮捕（最大判昭 30.12.14）
　「緊急逮捕」とは，現行犯逮捕ではないが，重大犯罪を犯したことを疑うに足りる十分な理由があり緊急の場合に，まず逮捕し，その直後に令状を請求する方式です（刑訴法 210 条）。

ex. 放火による火災現場から逃げて行く不審な男が目撃されており，事件から数時間後に，警察官が隣の市の駅のベンチに座っている目撃情報とよく似た男を職務質問したところ，犯行を自供した場合に，緊急逮捕をすることができます。令状はありませんが，逮捕して身柄を確保する必要がありますよね。

2. 抑留・拘禁の要件

> **憲法 34 条**
>
> 何人も，理由を直ちに告げられ，且つ，直ちに弁護人に依頼する権利を与へられなければ，抑留又は拘禁されない。又，何人も，正当な理由がなければ，拘禁されず，要求があれば，その理由は，直ちに本人及びその弁護人の出席する公開の法廷で示されなければならない。

　まず，「抑留」「拘禁」とは何なのかを説明します。

・抑留：「逮捕」に続く拘束の継続。身体の一時的な拘束。
　逮捕をした後，勾留を請求するまでの 48〜72 時間，被疑者を留置することができます（刑訴法 203 条 1 項，204 条 1 項，205 条 1 項，2 項）。この期間が抑留に当たります。
・拘禁：比較的継続的な身体の拘束
　上記の勾留請求が認められ，検察が 10〜20 日間，起訴するかどうかの判断をするために勾留している期間（刑訴法 208 条）が拘禁に当たります。

　抑留または拘禁を受けた者には，直ちに，拘束の理由を告げ，弁護人に依頼する権利を与えなければなりません（憲法 34 条前段）。この規定を受けて，刑事訴訟法でも，警察官と検察官は，被疑者に対して，直ちに犯罪事実の要旨および弁護人を選任することができる旨を告げなければならないとされています（刑訴法 203 条 1 項，204 条 1 項）。ドラマや映画で，被疑者が「弁護士を呼べ！」と言っているシーンを見たことがあると思います。これが根拠です。

3. 不法な捜索・押収からの自由

憲法35条

1 何人も，その住居，書類及び所持品について，侵入，捜索及び押収を受けることのない権利は，第33条〔逮捕〕の場合を除いては，正当な理由に基いて発せられ，且つ捜索する場所及び押収する物を明示する令状がなければ，侵されない。

2 捜索又は押収は，権限を有する司法官憲が発する各別の令状により，これを行ふ。

（1）侵入，捜索および押収の要件

（a）原則

侵入，捜索および押収についても，原則として，裁判所が発する令状が必要です（令状主義。憲法35条）。広い意味でのプライバシーの1つともいえます。

（b）例外

令状なく侵入，捜索および押収ができる場合として，逮捕の場合があります。この「逮捕」は，以下の逮捕です（最大判昭30.4.27）。

①令状による逮捕（憲法33条）
②現行犯逮捕（憲法33条）
③緊急逮捕（刑訴法211条，憲法33条）

これらの場合は，侵入，捜索および押収についての令状なく，侵入，捜索および押収ができるということです。

（2）行政手続にも保障が及ぶか？

行政手続には，この保障が及ばないのでしょうか。

行政手続にこの保障が及ぶか問題となった，以下のような事件があります。

> **判例** 最大判昭47.11.22【川崎民商事件】
>
> **■事案**
>
> 　旧所得税法63条は，収税官吏が所得税に関する調査（税務調査）を実施する際，令状なく質問・検査することができる旨を定めていました。Xは，所得の過少申告の疑いがあるとして税務調査を受けましたが，売上帳などの提示を拒んだため，起訴されました。
>
> **■主な争点**
>
> ・令状主義の保障は，行政手続にも及ぶか
>
> **■判旨**
>
> 　「手続が刑事責任追及を目的とするものでないとの理由のみで，その手続における一切の強制が当然に右規定〔憲法35条1項〕による保障の枠外にあると判断することは相当ではない。」しかし，旧所得税法63条の規定は，憲法に違反しない。
>
> 　行政手続にも令状主義の保障が及ばないわけではないとしました。しかし，税務調査の目的は，刑事責任の追及ではなく，徴税です。また，手段も，警察官ほど強制的なものではありません。よって，結論としては，旧所得税法63条の規定は憲法に違反しないとされました。財政（税金制度も財政の一種です）に関する事件は，試験的には違憲判決はなかったので（P60の「財政→違憲判決はない」），結論はこれで記憶してしまいましょう。

3 被告人の権利

　「被告人」とは，公訴を提起されている者のことです。

1. 公平な裁判所の迅速な公開裁判を受ける権利

> **憲法37条**
>
> 1　すべて刑事事件においては，被告人は，公平な裁判所の迅速な公開裁判を受ける権利を有する。

（1）迅速な裁判

　「裁判の遅延は裁判の拒否に等しい」という法格言があります。裁判が遅れると，被告人が拘束されている場合には，その期間が長引くことになります。そうすると，「やっていないけど自白して楽になろう」と考える被告人も出てきます。また，証人が死亡するなど被告人に有利な証拠がなくなってしまう可能性があります。そこで，迅速な裁判を受ける権利が保障されています（憲法37条1項）。

　公判が15年間も中断した，以下のような事件があります。

最大判昭47.12.20【高田事件】

■事案

　Xらは，愛知県の高田巡査派出所などを襲撃し，住居侵入罪，放火予備罪，傷害罪などで起訴されました。しかし，Xらは，他の事件でも起訴されており，その事件の終了を待つため，公判が約15年間も中断しました。

■主な争点

・具体的規定がなくても，審理を打ち切ることができるか

■判旨

　「憲法37条1項の保障する迅速な裁判をうける権利は，憲法の保障する基本的な人権の1つであ」る。「具体的規定がなくても，もはや当該被告人に対する手続の続行を許さず，その審理を打ち切るという非常救済手段がとられるべきことをも認めている趣旨の規定である」。本件について，これ以上実体審理を続けることは不適当である。

　公判が約15年間も中断していたため，刑事訴訟法などに具体的規定はありませんでしたが，裁判所は，憲法37条1項を根拠に免訴を言い渡しました。

☞人権侵害を認めた判例⑳

（2）公開の裁判

　憲法37条1項では，公開裁判を受ける権利も保障されています。公開裁判を受ける権利は，憲法82条1項（P94）でも保障されていました。二重に規定されているのは，憲法82条1項は民事訴訟なども含めた訴訟一般の規定であるのに対して，憲法37条1項は刑事裁判が公開でなければならないことを被告人の権利として認めたことに意義があると解されています。

2．証人審問権・喚問権

憲法37条

2　刑事被告人は，すべての証人に対して審問する機会を充分に与へられ，又，公費で自己のために強制的手続により証人を求める権利を有する。

（1）証人審問権

　被告人には，すべての証人に対して審問する機会を充分に与えられることが保障されています（憲法37条2項）。被告人の反論する機会のない，被告人に不利益な証人の供述を証拠として採用するのは，公平ではないからです。

（2）証人喚問権

　被告人には，公費で自分のために強制的手続により証人を求める権利が保障されています（憲法37条2項）。

（a）被告人申請の証人すべての取調べの要否

　これは，被告人が申請した証人すべての取調べをしなければならないわけではありません（最大判昭23.7.29）。仮にそうだとしたら，被告人は証人の取調べの申請を繰り返すことによって，訴訟を引き延ばすことができてしまうからです。

（b）被告人に証人喚問の費用を負担させることの可否

　被告人が有罪判決を受けた場合，被告人に証人喚問の費用の負担を命じても構いません（最大判昭23.12.27）。

　憲法37条2項の規定の趣旨は，被告人の防御権を保障するため，訴訟進行の過程において被告人に費用の負担を求めないということです。よって，裁判後に負担を求めることは許されるのです。ただ，「それだと，有罪判決を受けたときのことを恐れて，証人の取調べの申請を躊躇する被告人がいるのではないか」という指摘はあります。

3．弁護人依頼権

> **憲法37条**
> 3　刑事被告人は，いかなる場合にも，資格を有する弁護人を依頼することができる。被告人が自らこれを依頼することができないときは，国でこれを附する。

　被告人には，弁護人選任権が保障されています（憲法37条3項前段）。

　法律に詳しくない被告人が十分な防御活動を行うためには，法律の専門家である弁護士の援助を受ける必要があるからです。

　この弁護人選任権を実効性のあるものにするため，弁護士費用を払えない場合や引き受けてくれる弁護士がいない場合には，国がこれを附するとされています（憲法37条3項後段）。この規定を受けて「国選弁護人」の制度があります。

4. 自白

自白は，国家から強制されることが多いので，それを防ぐための規定が憲法にあります。

（1）自己に不利益な供述の拒否権

憲法38条

1　何人も，自己に不利益な供述を強要されない。

自分に不利益な供述を強要されないことが保障されています（憲法38条1項）。これが，黙秘権の根拠規定です。ただ，実際には，警察による違法な取調べは数多く行われており（近年は少なくなったといわれていますが），「守られていない！」という意見も多いです。

質問に答えない者を罰する規定がこの憲法38条1項の規定に反しないか問題となった，以下のような事件があります。P122でも出てきた【川崎民商事件】です。

判例　最大判昭47.11.22【川崎民商事件】

■事案

　旧所得税法70条12号は，収税官吏の質問に答えない者に刑罰を科すと定めていました。Xは，所得の過少申告の疑いがあるとして税務調査を受けた際に質問検査に抵抗したため，起訴されました。

■主な争点

・自己に不利益な供述の拒否権の保障は，行政手続にも及ぶか

■判旨

「憲法38条1項の……保障は，純然たる刑事手続においてばかりではなく，……実質上，刑事責任追及のための資料の取得収集に直接結びつく作用を一般的に有する手続には，ひとしく及ぶ」。しかし，旧所得税法70条12号の規定「そのものが憲法38条1項にいう『自己に不利益な供述』を強要するものとすることはできず」，憲法に違反しない。

　行政手続にも保障が及びます。しかし，税務調査は，所得税の公平確実な賦課徴収を目的とする手続であり，刑事責任の追及を目的とする手続ではありません。よって，「刑事責任追及のための資料の取得収集に直接結びつく」とはいえないとされたんです。ただ，刑罰を科せられることがあるんですけどね……。財政に関する事件は，試験的には違憲判決はなかったので（P60の「財政→違憲判決はない」），結論はこれで記憶してしまいましょう。

（2）自白排除の法則

> **憲法 38 条**
>
> 2　強制，拷問若しくは脅迫による自白又は不当に長く抑留若しくは拘禁された後の自白は，これを証拠とすることができない。

　強制，拷問もしくは脅迫による自白，または，不当に長く抑留もしくは拘禁された後の自白は，証拠とすることができないことが保障されています（憲法38条2項）。

　「自白したほうが楽だ……」とならないようにするための規定です。ただ，これも「守られていない！」という意見が多いです。

（3）補強証拠の法則

> **憲法 38 条**
>
> 3　何人も，自己に不利益な唯一の証拠が本人の自白である場合には，有罪とされ，又は刑罰を科せられない。

　自白だけで有罪とすることができないことが保障されています（憲法 38 条3項）。自白だけでなく，補強証拠が必要となります。

　自白に頼った取調べがされることを防止するための規定です。

　この「自白」には，公判廷における自白は含まれません（最大判昭 23.7.29）。

5．事後法の禁止・一事不再理・二重処罰の禁止

> **憲法 39 条**
>
> 何人も，実行の時に適法であつた行為又は既に無罪とされた行為については，刑事上の責任を問はれない。又，同一の犯罪について，重ねて刑事上の責任を問はれない。

（1）事後法の禁止
　憲法 39 条前段の「実行の時に適法であつた行為……については，刑事上の責任を

問はれない」が，行為の後で制定された法令で処罰すること，および，行為の後で刑を重く変更して重い刑で処罰することを禁止する「事後法の禁止」です。これが，刑法で学習した罪刑法定主義の根拠条文です。── 刑法のテキスト第1編第2章2 3.②

（2）一事不再理・二重処罰の禁止

憲法39条前段の「既に無罪とされた行為については，刑事上の責任を問はれない」は一事不再理を，憲法39条後段の「同一の犯罪について，重ねて刑事上の責任を問はれない」は二重処罰の禁止を規定していると解されています（＊）。
＊これらを合わせて二重処罰の禁止を規定していると解する学説もあります。

・一事不再理：同一の事件は，一度審理し終えたならば再度審理することはないという原則（憲法39条前段）
判決には既判力があるからです。既判力は民事訴訟法で学習しましたが（民事訴訟法・民事執行法・民事保全法のテキスト第1編第10章第1節5 2.），刑事訴訟にも既判力はあります。
・二重処罰の禁止：一度ある罪で処罰した後，同じ行為をさらに別の罪として処罰することを禁止する原則（憲法39条後段）
この原則は国内法上の原則であると解されているので，外国判決は当たりません（刑法5条）。── 刑法のテキスト第2編第8章2 4.

6．拷問・残虐刑の禁止

> **憲法36条**
> 公務員による拷問及び残虐な刑罰は，絶対にこれを禁ずる。

公務員による拷問および残虐な刑罰は，絶対的に禁止されます（憲法36条）。憲法で「絶対」とあったら意識して記憶しましょう（P62の「憲法で『絶対』は珍しい」）。

死刑が「残虐な刑罰」に当たるかが問題となることがあります。たまに，刑事訴訟で，死刑制度の違憲を主張する弁護士がいます。しかし，最高裁判所は，死刑は残虐な刑罰に当たらないとしています（最大判昭23.3.12）。だから，現在でも，死刑制度があるんです（P81の「現存制度→違憲判決なし」）。
ただ，執行方法によっては，残虐な刑罰に当たる可能性があります。

第5章　国務請求権（受益権）

「国務請求権（受益権)」とは，国家に対する請求権です。

1 請願権

> **憲法16条**
> 　何人も，損害の救済，公務員の罷免，法律，命令又は規則の制定，廃止又は改正その他
> の事項に関し，平穏に請願する権利を有し，何人も，かかる請願をしたためにいかなる
> 差別待遇も受けない。

1．意義

　かつては，選挙制度がなく，国民が為政者（政治を行う者。ex. 将軍）に請願する
ことには重要な意義がありました。為政者への直訴は死罪となることもあり，請願は
命がけでした。

　現代は，選挙制度もあり，表現の自由も保障されているため，請願にかつてほどの
重要性はなくなっています。

2．請願権者

　請願は，成人の国民だけでなく，未成年者，外国人，法人などにも認められます（憲
法16条参照）。このように，請願権者は広く認められます。それは，国家には請願を
受けても応じる義務がないからです。国家は，誰に請願をしてもらっても構わないわ
けです。

3．請願を受けた国の対応

　上記2.のとおり，国家は，請願を受けても応じる義務はありません。それでは，「請
願って何の意味があるの？」と思いますよね。憲法で請願権を保障した意味は，請願
をした者がいかなる差別待遇も受けないことを保障したことにあります（憲法16条）。

2 裁判を受ける権利

> **憲法32条**
> 何人も，裁判所において裁判を受ける権利を奪はれない。

1. 意義

人権を保障するためには，人権を侵害しないというだけではなく，人権が侵害された場合に救済をしなければなりません。その救済措置として最も重要なのが，裁判所に救済を求める方法です。不当な扱いを受けた場合に，人権を守る最後の砦となるのが裁判所です（P30②）。そのため，裁判を受ける権利が保障されているのです（憲法32条）。

2.「裁判所」とは？

憲法32条の「裁判所」は，最高裁判所，高等裁判所，地方裁判所，家庭裁判所および簡易裁判所のことです。

戦前は，陸軍・海軍に軍法会議というものがあり，軍機（軍事上の機密）を漏らしたり敵前逃亡したりすると，軍法会議にかけられ，刑罰を受けることがありました。死刑になることもありました。裁判所で裁判を受けられない軍法会議などは禁止され，通常裁判所（最高裁判所，高等裁判所，地方裁判所，家庭裁判所および簡易裁判所）で裁判を受ける権利が保障されているのです。

3.「裁判」とは？

憲法32条の「裁判」には，以下の訴訟の裁判が含まれます。

①民事訴訟
②刑事訴訟
③行政訴訟

刑事訴訟に限らず，民事訴訟や行政訴訟（P31）についても，裁判所において裁判を受ける権利が保障されています。

3 国家賠償請求権

> **憲法 17 条**
>
> 何人も，公務員の不法行為により，損害を受けたときは，法律の定めるところにより，国又は公共団体に，その賠償を求めることができる。

　明治憲法には，国家賠償請求権の規定はありませんでした。国家賠償請求の根拠となる国家賠償法もありませんでした。

　そこで，現行憲法には，公権力の不法な行使を受けた者を救済するための規定があります。公務員の不法行為によって損害を受けた場合，国または地方公共団体に対して，法律の定めるところにより，賠償請求ができることが保障されています（憲法17条）。

　憲法 17 条の「法律」とは，国家賠償法です。この憲法の規定を受けて，現在は国家賠償法が制定されています。

　憲法 17 条の「不法行為」とは，公務員が，職務を行うについて，故意または過失によって違法に他人に損害を加える行為です（国家賠償法 1 条 1 項）。

　この国家賠償請求を制限していた郵便法の規定が違憲ではないか争いになった，以下のような事件があります。

判例　最大判平 14.9.11【郵便法事件】

■事案

　Xは，債務者Aの預金債権と給与債権の差押命令を申し立て，裁判所から銀行とAの勤務先に差押命令が特別送達（郵便法の送達の言い方で書留郵便の一種）で送られました。ところが，郵便局員（＊）が誤って私書箱に投函したため（重過失あり），差押命令が銀行に送達されたのは，Aの勤務先に差押命令が送達された翌日でした。そのため，Aは銀行口座に残っていた全額を引き出し，Xの預金債権に

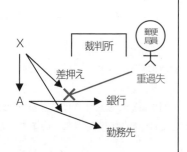

対する差押えは空振りに終わりました。そこで，Xは，国を相手方として国家賠償請求訴訟を提起しました。しかし，旧郵便法 68 条は，以下の場合に限り，国に対して損害賠償を請求することができるとしていました（免責規定がありました）。以下のいずれかの場合に当たら

なければ，故意または重大な過失があっても免責されるとされていたのです。

・書留郵便物等をなくすか破損した場合

・代金を取らずに代金引換郵便物を渡した場合

＊郵政の民営化の前は，郵便局員は公務員でした。

■主な争点

・旧郵便法68条の免責規定は，憲法に違反しないか

■判旨

・憲法17条は，「立法府に無制限の裁量権を付与するといった法律に対する白紙委任を認めているものではない。」

（目的）

　旧郵便法68条の免責規定は，「郵便の役務をなるべく安い料金で，あまねく，公平に提供することによって，公共の福祉を増進する」ために設けられた規定であり，「目的は，正当なものである」。

　目的は違憲とはしなかったのです。

（手段）

　しかし，「郵便業務従事者の故意又は重大な過失による不法行為に基づき損害が生ずるようなことは，通常の職務規範に従って業務執行がされている限り，ごく例外的な場合にとどまるはずであ」る。「そうすると，このような例外的な場合にまで国の損害賠償責任を免除し，又は制限しなければ……目的を達成することができないとは到底考えられ」ない。よって，「書留郵便物について，郵便業務従事者の故意又は重大な過失によって損害が生じた場合に，不法行為に基づく国の損害賠償責任を免除し，又は制限している部分は，憲法17条が立法府に付与した裁量の範囲を逸脱したものである」。

　手段を違憲としたのです。

☞人権侵害を認めた判例㉑

4　刑事補償請求権

> **憲法40条**
>
> 　何人も，抑留又は拘禁された後，無罪の裁判を受けたときは，法律の定めるところにより，国にその補償を求めることができる。

　抑留または拘禁された後に無罪の裁判を受けた場合，法律の定めるところにより，国に補償を求めることができます（憲法40条）。この「法律」とは，刑事補償法です。この憲法の規定を受けて，刑事補償法が制定されています。

　これは，「補償」の請求であって，「賠償」の請求ではない点に注意してください。犯罪を行ったと疑うべき相当の理由がある者を拘束して起訴することは，国の正当な行為であり，違法行為ではないからです。たとえ無罪の判決を受けたとしてもです。日本の刑事裁判の有罪率は99％以上であり，ほぼ確実に有罪となる人しか起訴されませんが，犯罪を行ったと疑うべき相当の理由がある者を拘束して起訴することは，有罪にならなくても国の正当な行為なのです。しかし，身体を拘束された人にとっては，大きな犠牲がありますよね。そこで，補償（金銭）を請求できるとされているんです。

　「無罪の裁判を受けたとき」とありますとおり，無罪の確定裁判を受ける必要があります。勾留されて不起訴になる人もいますが，不起訴では「無罪の裁判を受けたとき」に当たりません（＊）。

＊ただ，別に「被疑者補償規程」という制度があり，この制度によって補償を受けることができる場合があります。

憲法15条

1　公務員を選定し，及びこれを罷免することは，国民固有の権利である。

2　すべて公務員は，全体の奉仕者であつて，一部の奉仕者ではない。

3　公務員の選挙については，成年者による普通選挙を保障する。

4　すべて選挙における投票の秘密は，これを侵してはならない。選挙人は，その選択に関し公的にも私的にも責任を問はれない。

非常に重要な人権

　参政権は，自由権と並んで非常に重要な人権です。民主主義の根幹に関わる人権だからです。

1　参政権とは？

　日本は，国民主権ですので，国民が国政に参加できます。しかし，1つ1つの法律の制定などについて，毎回，国民投票をするのは非現実的です。そこで，間接民主制（代表民主制）が採られています。私たち国民は，国会議員を選挙で選び，国会議員が法律の制定など政治を行います。このような間接民主制（代表民主制）では，国民の国政への参加は，以下の①②のような形になります。

①公務員（議員など）を選ぶ・辞めさせる ── 選挙権（下記 2 ）
②自らが公務員となる ── 被選挙権・公務就任権（下記 3 ）

　この①②を総称して「参政権」といいます（広義の参政権）。

2　選挙権

1．法的性質

　選挙権は，「権利」というイメージがあると思いますが，実は「公務」でもあると解されています（二元説〔通説〕）。

　公務でもあるので，以下のようなことが許されます。

・選挙犯罪を犯した者の公民権停止（公職選挙法252条）

　買収など，公職選挙法で規定されている犯罪（一部を除きます）を犯して罰金の刑に処せられた者は，5年間は選挙権と被選挙権を奪われます（公民権停止。公職選挙法252条）。最高裁判所も，これは不当に国民の参政権を奪うものではないとしています（最大判昭30.2.9）。

・選挙運動の制約

　必要最小限の制約は許されます。

※成年被後見人の選挙権

　成年被後見人に，選挙権は認められるでしょうか。

　かつては，判断能力の問題から選挙権が認められていませんでした。

　しかし，平成25年，成年被後見人に選挙権を認めていなかった公職選挙法が違憲であるとの東京地方裁判所の判決がありました。ノーマライゼーション（できる限り健常者と同じ生活をできるようにするべき）の考えによる判決です。この判決を受け，同年に公職選挙法が改正され，今では成年被後見人にも選挙権が認められています。

2．選挙に関する基本原則

　現代の選挙には，以下の表の5つの基本原則があります。

基本原則	内容	反対概念
①普通選挙	財力，社会的地位，性別などを選挙権の要件としない選挙（憲法15条3項） 性別の要件が撤廃されたのは，1945年のGHQの5大改革指令の1つである「婦人解放」によります。そこで，「ふ」を結びつけて，普通選挙を記憶しましょう。	**制限選挙** ：一定額以上の財産や納税額があることなどを選挙権取得の要件とする選挙 1925年までは，年3円以上の納税者のみ，選挙権が認められていました。年3円以上の納税者は，5％程度しかいませんでした（今とは物価がまったく異なります）。 また，1945年までは，男性のみに選挙権が認められていました。
②平等選挙	1人1票を原則とする選挙。投票価値の平等も含みます（P56の1.）。	**不平等選挙** ：特定の者に複数の投票権を認めたり（複数選挙），選挙人をいくつかの等級に分けて等級ごとに投票を行ったり（等級選挙）する選挙

基本原則	内容	反対概念
③自由選挙	選挙人の投票の自由（棄権の自由）がある選挙 今の選挙は，棄権するのも自由ですよね。	**強制選挙** ：棄権すると罰金を科されたりする選挙
④秘密選挙	誰に投票したかを秘密にする選挙（憲法15条4項前段） 今の選挙は，誰に投票したかを明らかにすることを強制されることはありませんよね。投票所でマスコミが出口調査を行っていますが，答えなくてもOKです。	**公開投票制** ：誰に投票したかが公開される選挙
⑤直接選挙	選挙人が公務員（議員など）を直接に選ぶ選挙 今の選挙は，原則として，候補者の氏名を記載しますよね。	**準間接選挙（複選制）** ：都道府県議会議員など選挙されて公職にある者が，国会議員などの公務員を選ぶ選挙 これは，国民の意思の反映が間接的になりすぎるので，憲に違反すると解されています。
	（狭義の）間接選挙 ：選挙人がまず選挙委員を選び，その選挙委員が公務員を選ぶ選挙 ex. アメリカの大統領選挙は，実はこれです。国民は各州の選挙人を選び，その選挙人が大統領の候補者に投票します。よって，国民全体の得票数では相手方候補を上回っても，負けることがあります。トランプさんに負けたヒラリーさんは，国民全体の得票数では300万票近く上回っていました。これは，憲法に反しないと解されています。	

3 被選挙権

憲法15条（P133）では，被選挙権については規定されていません。では，被選挙権（立候補する自由）については，憲法で保障されていないのでしょうか。

保障されています（最大判昭43.12.4【三井美唄炭鉱労組事件】）。

特定の人しか立候補できないと，選挙権を保障した意味がなくなってしまうからです。たとえば，北朝鮮には，実は選挙制度があります。しかし，立候補できるのは朝鮮労働党が指名した者だけであり，選挙制度の意味があまりないものとなっています。

4　在外国民の選挙権

　永らく，外国に滞在する日本国民は選挙権を行使することができませんでした。1998 年にやっと公職選挙法が改正され，衆議院議員の比例代表選挙と参議院議員の比例代表選挙に限って選挙権の行使が認められるようになりました。しかし，衆議院議員の小選挙区選挙と参議院議員の選挙区選挙については依然として認められなかったので，違憲ではないかが争われた，以下のような事件があります。

判例　最大判平 17.9.14【在外邦人選挙権訴訟】

■事案

　在外日本国民であるXらは，1996 年の衆議院議員選挙において投票できませんでした。そこで，Xらは，衆議院議員の小選挙区選挙と参議院議員の選挙区選挙において選挙権を有することの確認と，立法不作為（P34（3））による国家賠償を求めて，国を相手方として訴えを提起しました。

■主な争点

1. どのような場合に選挙権を制限できるか
2. 衆議院議員の小選挙区選挙と参議院議員の選挙区選挙において選挙権の行使を認めないことは，憲法に違反しないか
3. 立法不作為による国家賠償請求は認められるか

■判旨

1. 「国民の選挙権……を制限することは原則として許されず，国民の選挙権……を制限するためには，……やむを得ないと認められる事由がなければならない」。「制限をすることなしには選挙の公正を確保しつつ選挙権の行使を認めることが事実上不能ないし著しく困難であると認められる場合でない限り，上記のやむを得ない事由があるとはいえ」ない。

　　やむを得ない事由（よっぽどの事由）でない限り，選挙権の制限はできません。たとえば，国民が北朝鮮にいるといった理由であれば，やむを得ない事由があるといえるでしょう。

2. 「衆議院小選挙区選出議員の選挙及び参議院選挙区選出議員の選挙について在外国民に投票をすることを認めないことについて，やむを得ない事由があるということはでき」ない。

　　小選挙区選挙と選挙区選挙の投票を認めていなかったのは，候補者の情報を得るのが難しいといった理由でした。しかし，現代は，通信技術が発達していますので，外国にいても候補者の情報を得ることができます。よって，違憲判決がされました。

3. 「本件においては，……立法不作為を理由とする国家賠償請求はこれを認容すべきである。」

　　国会で在外国民の選挙権の制限が問題となってから，10 年以上も放置されていました。よって，立法不作為を理由とする国家賠償請求も認められました。

　　　　　　　　　　　　　　　　　　　　　　　　　⚖️人権侵害を認めた判例㉒

| 第7章 | 社会権 |

この第7章では，社会権をみていきます。「社会権」とは，社会的・経済的弱者を守るため，国家に富の再配分などの積極的な作為を求める人権です。社会国家（福祉国家）の理念を実現するための人権です。

なお，**社会権はいずれも，自由権の性質も有します**。生存権などを妨害されない自由も保障する必要があるからです。

1 生存権

> **憲法25条**
> 1 すべて国民は，健康で文化的な最低限度の生活を営む権利を有する。
> 2 国は，すべての生活部面について，社会福祉，社会保障及び公衆衛生の向上及び増進に努めなければならない。

1．意義

国民は，健康で文化的な最低限度の生活を営む権利を有し（憲法25条1項），それを実現するために，国は，すべての生活部面について，社会福祉，社会保障および公衆衛生の向上・増進に努めなければなりません（憲法25条2項）。

生存権は，国民が，健康で文化的な最低限度の生活を営めるよう，国家に作為を求めることができる社会権です。また，健康で文化的な最低限度の生活を営むことを妨害されない自由権の性質もあります。たとえば，国家が低所得者に高額の税金を課したりすると，健康で文化的な最低限度の生活を営むことの妨害になります。

2．法的性質

生存権の法的性質については，争いがあります。主に以下の表の3つの説があります。まず，法的権利性を認めるかどうかで否定説（プログラム規定説）と肯定説に分かれ，肯定説の中で，どのような権利なのかで抽象的権利説と具体的権利説に分かれます。最高裁判所は，どの説に立つかを明確にしていませんが，プログラム規定説寄りの抽象的権利説なのではないかといわれています（最大判昭42.5.24【朝日訴訟】参照）。

	否定説	肯定説	
	プログラム規定説	抽象的権利説	具体的権利説
内容	憲法25条は，国に対して政治的・道義的義務を課したにすぎません。つまり，**単なる努力目標**です。	憲法25条は，国の法的義務を定めたものです。	
		「権利」は，抽象的なものです。	「権利」は，具体的なものです。
理由	生存権の実現には予算が必要となりますが，予算をどのように分配するかは，国の財政政策の問題です。また，資本主義は，自助が原則です。	憲法25条1項に「権利」とあるからです。	
立法不作為の違憲確認訴訟の可否（*）	×		○
	憲法25条は，単なる努力目標ですので，生存権について具体的な立法がなくても問題ありません。	抽象的な権利であるため，生存権を具体化する法律（ex. 生活保護法）によって初めて具体的な権利となるからです。	具体的な権利であり，憲法25条は立法府を拘束するほどに明確な規定だからです。
憲法25条1項を根拠とした具体的な給付請求の可否	×		
	具体的権利説も，一般的には，憲法25条1項を根拠とした具体的な給付請求（ex. 生活保護費の請求）をすることはできないとしています（具体的権利説の中には，できるとする説もあります）。具体的な権利ではありますが，憲法25条は行政府を拘束するほどには明確な規定ではないからです。		

*たとえば，仮に生活保護法がなかった場合に（現在はあります），国の立法不作為の違憲確認訴訟を提起することができるかという問題です。

生存権の法的性質の学説問題の解き方

　生存権の法的性質の論点は，学説問題で出題されるのが一般的です。生存権の法的性質の学説問題は，以下のように解いてください。

①**プログラム規定説の肢から判断する**

　プログラム規定説は，憲法25条を**単なる努力目標**であると考えます。プログラム規定説の肢は，通常はこの視点で判断できます。

②抽象的権利説と具体的権利説の違いは，立法不作為の違憲確認訴訟の可否のみ

　これを上記の表で明確に記憶し，これ以外に抽象的権利説と具体的権利説について異なる旨の記載がされたら，誤りとしてください。具体的権利説のうちの少数説が出題されない限り，これで判断できます。

　生存権についての代表的な判例を2つみてみましょう。

判例　最大判昭42.5.24【朝日訴訟】

■事案

　重症の結核で入院していたX（朝日さん）は，生活保護法に基づく医療扶助および生活扶助を受けていました。しかし，兄から月1,500円の仕送りを受けるようになったため，社会福祉事務所長は医療扶助のうち900円をXに負担させ，600円の生活扶助を打ち切る決定をしました。そこで，Xは，厚生大臣の裁決の取消しを求めて訴えを提起しました。

■主な争点

1．憲法25条1項の権利性

2．生活保護基準の設定は，厚生大臣の裁量事項か

■判旨

1．憲法25条1項の規定は，「直接個々の国民に対して具体的権利を賦与したものではない」。

　　「具体的権利としては，……生活保護法によつて，はじめて与えられている」。

　憲法25条1項の権利は，具体的権利ではなく，生活保護法によって初めて与えられるものだといっていますので，抽象的権利説に近い考え方といえます。

2．「何が健康で文化的な最低限度の生活であるかの認定判断は，……厚生大臣の合目的的な〔目的にかなった〕裁量に委ねられており，その判断は，……政府の政治責任が問われることはあつても，直ちに違法の問題を生ずることはない。」よって，本件基準は違法ではない。

　要は，生活保護法に基づく扶助の判断は政治問題なので，気に入らないのならば選挙で政権を変えろということです。

判例　最大判昭57.7.7【堀木訴訟】

■事案

　全盲の視力障がい者であるX（堀木さん）は，国民年金法に基づく障害福祉年金（公的年金）を受給し，夫と離婚して以来二男を養育していました。その後，児童扶養手当法に基づき児童扶養手当の受給資格の認定を請求しましたが，児童扶養手当法には公的年金との併給禁止規定があり，受給資格を欠くとして兵庫県知事Yに請求を却下されました。そこで，Xは，兵庫県知事Yを相手方として，却下処分の取消しなどを求めて訴えを提起しました。

■主な争点

・公的年金と児童扶養手当の併給禁止規定は，憲法に違反しないか

■判旨

・「憲法25条の規定の趣旨にこたえて具体的にどのような立法措置を講ずるかの選択決定は，立法府の広い裁量にゆだねられており，それが著しく合理性を欠き明らかに裁量の逸脱・濫用と見ざるをえないような場合を除き，裁判所が審査判断するのに適しない事柄であるといわなければならない。」よって，本件の併給禁止規定は，憲法に違反しない。

　やはり，憲法25条1項の「健康で文化的な最低限度の生活を営む権利」を保障するために，具体的にどのような規定を設けるかは，政治問題だということです。国の財政事情もあるからです。よって，裁量権の逸脱や濫用の場合しか違憲とならないのです。

　この2つの判例は，一応は違法・違憲の判断をする可能性を残していますが，行政・立法のかなり広い裁量を認めているので，実質的にはプログラム規定説と変わらないではないかという批判もあります。

教育を受ける権利

憲法 26 条

1 すべて国民は，法律の定めるところにより，その能力に応じて，ひとしく教育を受ける権利を有する。

2 すべて国民は，法律の定めるところにより，その保護する子女に普通教育を受けさせる義務を負ふ。義務教育は，これを無償とする。

1．意義

　国民は，教育を受ける権利を有します（憲法 26 条 1 項）。具体的には，国に対して，小学校や中学校を作ったり，教師を用意したりすることを請求できます（日本では，すでに整備されていますが）。教育を受けることは，人格を形成したり社会で活躍したりするためには不可欠だからです。保障対象には大人も含まれますが，特に子どもにとって重要な権利です。子どもは，国家が教育環境を整えないと教育を受けることができないからです。そのため，親などは保護する子女に普通教育を受けさせる義務を負います（憲法 26 条 2 項前段。最大判昭 39.2.26）。

　教育を受ける権利は，国民が国家に対して小学校や中学校を作ったり教師を用意したりすることを要求するなど，国家に作為を求めることができる社会権です。また，教育を受けることを妨害されない自由権の性質もあります。

2．義務教育の無償

　義務教育の無償も，保障されています（憲法 26 条 2 項後段）。親の収入の多い少ないにかかわらず，等しく義務教育を受けることができるようにするためです。

　では，この義務教育の無償の保障とは，義務教育でかかる費用の一切を無償とすることを保障しているのでしょうか。

　授業料を徴収しないことを保障しています。教科書，学用品などの無償まで保障しているわけではありません（最大判昭 39.2.26）。小学校や中学校で，一切費用がかからなかったわけではありませんよね。たとえば，制服代は自分で払った方が多いと思います。ただ，教科書は，1963 年から無償とされています。これは，そのような取扱いになっているだけであり，憲法上保障されているわけではないのです。P81 で説明しましたとおり，現在存在する制度が憲法上保障されているとは限らないんです。

3．教育権の所在

　子どもには，教育を受ける権利があります。しかし，子どもは，教育内容を決定することができません。そこで，教育内容を決定する権限（教育権）が，国家にあるのか，国民（教師や親）にあるのか，以下の表のとおり争いがあります。最高裁判所は，折衷説です。

	国家教育権説 （東京地判昭 49. 7.16)	折衷説 （最大判昭 51.5.21 【旭川学テ事件】）	国民教育権説 （東京地判昭45.7.17)
結論	教育権の主体は，国家です。国家は，教師の教育の自由に制約を加えることができます。	教師や親に一定の自由が認められると同時に，国家も一定の範囲で教育内容を決定することができます。	教育権の主体は，教師や親を中心とする国民全体です。国家がすべきことは，諸条件の整備に限られ，教育内容については原則として介入できません。
理由	公教育で実現されるべきは，国民全体の教育意思です。間接民主制では，教育意思は，国会が制定する法律によって具体化されます。	国家教育権説と国民教育権説は，いずれも極端です。	国民には，学問の自由（憲法23条。P76）が保障されているからです。
この説への批判	子どもの最も側にいる教師や親のことを無視しています。		教師や親が教育内容を決められるとなると，教育内容が均等でなくなってしまいます。

3 勤労の権利

> **憲法27条**
> 1　すべて国民は，勤労の権利を有し，義務を負ふ。
> 2　賃金，就業時間，休息その他の勤労条件に関する基準は，法律でこれを定める。
> 3　児童は，これを酷使してはならない。

　国民は，勤労の権利を有するとともに，義務を負います（憲法27条1項）。この義務が訓示的な意味しかないのかは，争いがあります。

　賃金，就業時間，休息などの勤労条件に関する基準は，法律で定める必要があります（憲法27条2項）。この規定を受けて，労働基準法などが制定されています。

　児童は，酷使してはなりません（憲法27条3項）。この規定を受けて，15歳未満の者は原則として雇用してはならないとされています（労働基準法56条1項）。

　19世紀の資本主義の発達の過程で，労働者は，劣悪な労働条件で歯車のように働かされ，経済的に困窮する者も多くいました。そこで，社会国家（福祉国家。P102②）の理念に基づき，上記の規定が憲法に設けられました。

4 労働基本権

> **憲法28条**
> 　勤労者の団結する権利及び団体交渉その他の団体行動をする権利は，これを保障する。

1．意義

　労働基本権は，労働者の権利であり，以下の3つの権利からなります（憲法28条）。

①団結権
②団体交渉権
③団体行動権（争議権）

　使用者と労働者では力が異なるので，労働者が1人で使用者と交渉して待遇をアップさせたり労働条件を改善させたりするのは難しいです。そこで，団結し（①），団体で交渉することができ（②），ストライキなどをすることも保障されています（③）。

　この労働基本権の保障は，私人間に直接適用されます（P26 2 ）。労働者を使用者から守る人権だからです。よって，使用者と労働者の間で労働基本権を侵害する契約をしても，無効です。また，使用者が事実行為によって侵害をすると，違法となります。さらに，正当なストライキは，債務不履行責任（仕事をしないことは本来は労働契約の債務不履行です）・不法行為責任を問われません。

　労働基本権も，社会権の性質とともに自由権の性質があります。

・社会権の性質
　労働者は，国に対して，労働基本権の保障のために必要な制度を整備することを要求できます。整備されている制度として，たとえば以下の機関があります。
ex1. 労働基準監督署：労働関係に関する法令を守らない企業を取り締まるための機関
ex2. 労働委員会　　：使用者が労働組合の活動を妨害した場合に，労働者の救済の求めを受けて，使用者と労働者の仲裁などを行う機関

・自由権の性質
　たとえば，ストライキをしても，それに国家が刑罰を科す（ex. 威力業務妨害罪で逮捕する）ことはできません（労働組合法1条2項本文）。ただ，もちろん，暴力は許されません（労働組合法1条2項ただし書）。

2. 労働組合の団結権と労働者個人の権利との調整
　労働組合は，一定の規模・統制力を有する組織です。そうすると，そのメンバーである労働者個人の権利と利害がぶつかることがあります。

（1）労働組合の統制権と組合員の権利
　労働組合は，組織を維持し，その目的の実現を図るために，組合員に対して一定の規制を加えることができます。労働者の待遇アップや労働条件の改善のためには，政治活動をする必要が生じる場合もあります。そのため，そのメンバーである労働者個人の権利との調整が必要となってくることがあります。
　労働組合の統制権と組合員の権利がぶつかった，以下のような事件があります。

判例 最大判昭43.12.4【三井美唄炭鉱労組事件】

■事案

　北海道の三井美唄炭鉱労働組合の組合員Yは，組合の決定に反して美唄市議会議員選挙に独自に立候補しました。組合の役員Xらは，立候補を取りやめるようYを説得しましたが，Yはこれに応じませんでした。そこで，XらはYに圧力をかけ，組合の機関紙にYが処分されることを記載したりしました。しかし，Yは，市議会議員選挙に立候補して当選したため，統制違反者として組合員としての権利が停止されました。そこで，Xらは選挙の自由妨害罪（公職選挙法225条3号）で起訴されました。

■主な争点

1．労働組合は組合員に対して統制権を有するか

2．立候補の自由は，憲法で保障されるか

3．労働組合の統制権と組合員の立候補の自由

■判旨

1．「組合員に対する組合の統制権は，……労働組合の団結権を確保するために必要であり，かつ，合理的な範囲内においては」認められる。

　　労働組合は組合員に対して統制権を有するとされました。

2．「立候補の自由は，……きわめて重要」な権利であり，「これもまた，憲法15条1項の保障する重要な基本的人権の1つ」である。

　　立候補の自由も，憲法で保障されているとされました。

　　では，労働組合の統制権と組合員の立候補の自由のどちらに天秤が傾くのでしょうか。

3．労働組合の統制権の「必要性と立候補の自由の重要性とを比較衡量して，その許否を決すべきであ」る。「立候補を思いとどまるよう，勧告または説得をすることは，組合としても，当然なし得るところである。しかし，当該組合員に対し，勧告または説得の域を超え，立候補を取りやめることを要求し，これに従わないことを理由に当該組合員を統制違反者として処分するがごときは，組合の統制権の限界を超えるものとして，違法」である。

　　勧告または説得はできますが，従わないことを理由に処分するのはいきすぎであるとし，組合の処分を違法としました。立候補の自由は，参政権の1つであり，非常に重要な人権だからです（P133の「非常に重要な人権」）。

（2）組合の脱退

　組合員は，組合の脱退の自由を有します。組合に加入するかしないかは，労働者個人の自由だからです。よって，組合からの脱退に組合の承認を要する旨の組合規約は，無効となります。

3．公務員の労働基本権

　公務員の労働基本権は，民間企業の労働者と比べ，大幅に制限されています。公務員は，特別な法律関係にあるからです（P22）。

　一口に公務員といっても，職務の性質に違いがあります。よって，職種によって，制限される労働基本権の内容が，以下の表のとおり異なります。

	①警察官・消防職員・自衛隊員など	②非現業の一般公務員	③現業の一般公務員
団結権	×	○	○
団体交渉権	×	△	○
争議権	×	×	×

①警察官などは，その職務が国民の命に関わります。よって，労働基本権の3つすべてが認められていません。

②「非現業の一般公務員」とは，「非現業」が現場ではないという意味ですが，比較的権力的な業務を行う公務員です。たとえば，市役所の職員などが該当します。非現業の一般公務員は，団結権はあります。しかし，団体交渉権については，労働条件の交渉をすることはできますが，使用者と労働組合との間で締結する労働協約の締結はできません。また，争議権はありません。

③「現業の一般公務員」とは，「現業」が現場という意味ですが，非権力的な業務を行う公務員です。たとえば，小学校の用務員などが該当します。現業の一般公務員は，団結権はあります。また，団体交渉権もあります。しかし，争議権がありません。非権力的な業務を行う公務員ですので，②の非現業の一般公務員よりは，労働基本権の認められる範囲が少し広いです。

　このように，公務員はいずれも一律に争議権（ストライキなど）が認められていません。この問題について，最高裁判所の考え方は以下のような変遷をたどっています。

・最大判昭41.10.26【全逓東京中郵事件】　　→公務員の労働基本権に対する制約は，必要最小限度にとどめるべき

　　　↓

・最大判昭 44.4.2【都教組事件】　　→処罰の対象になるのは争議行為自体が違法性の強いものに限られる（合憲限定解釈。P36～37（2））

↓

・最大判昭 48.4.25【全農林警職法事件】　→一律に公務員の争議権（ストライキ）
　　　　　　　　　　　　　　　　　　　　を制限する規定も，憲法に違反しない

この全農林警職法事件について，みてみましょう。

判例　**最大判昭48.4.25【全農林警職法事件】**

■事案

　全農林労組（農林省の職員で組織された労働組合）の幹部であるＸらは，警職法改正（＊）
に反対する統一行動に労組として参加するため，組合員に対して正午出勤の行動に入れという
指令を発し，また農林省職員に対して職場大会への参加を呼びかけるなどしました。そこで，
Ｘらは，ストライキをあおる行為を禁止した旧国家公務員法 98 条5項に違反するとして，
国家公務員法 110 条1項17 号の罪で起訴されました。

＊1951年に締結された日米安全保障条約（この条約に基づいて米軍は日本に駐留しています）の改定が1960年に迫るなか，
日本中で反対運動が大きくなっていました。そこで，岸信介（安倍晋三さんの祖父）内閣は，警職法（警察官職務執行法）を
改正し，警察官の権限を拡大しようとしていました。これに対する反対運動も大きくなっていました。

■主な争点

・一律に公務員の争議権（ストライキなど）を制限する規定は，憲法に違反しないか

■判旨

・国家公務員法「98 条5項が……公務員の争議行為およびそのあおり行為等を禁止するのは，
　……国民全体の共同利益の見地からするやむをえない制約というべきであつて，憲法28条
　に違反するものではない」。

　一律に公務員の争議権（ストライキなど）を制限する規定は，憲法に違反しないとされまし
たが，それは以下の①〜④の理由によります。

①公務員が争議行為を行うと，国民が迷惑を被ります。たとえば，ストライキで役所が閉まっ
　ていたら，困りますよね。

②公務員の給与・労働条件などを決定するのは，立法です。つまり，「上（行政）に文句を言
　ってもしょうがないだろ」ということです。

③公務員については市場抑制が働きません。民間企業であれば，ストライキを続けていると，
　「このままだと，会社が潰れるかも……」となります。しかし，役所は基本的に潰れません。

④公務員については，人事院制度など代償措置があります。

　この【全農林警職法事件】の考え方が，その後の判例でも受け継がれています（最
大判昭51.5.21【岩手教組学テ事件】，最大判昭52.5.4【全逓名古屋中郵事件】）。

― 第4編 ―

統治
Frame of
Government

| 第1章 | 統治とは？ |

　人権が終わりましたので，この第4編では，統治をみていきます。「人権が終わりました」と言いましたが，この統治も人権を保障するためにあります。日本の憲法は基本的人権を最も大事にしているので，統治の制度も人権を保障するためにあるのです。

1 統治機構

　この第4編では，統治をみていきます。日本の統治機構は，国の統治機構として以下の3つがあります。

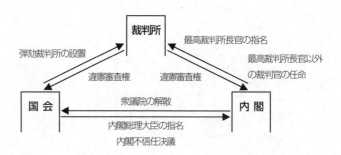

・国会　：立法権を有する（第2章）
・内閣　：行政権を有する（第3章）
・裁判所：司法権を有する（第4章）

　そして，地方には地方公共団体（都道府県と市町村）があります（第6章）。

　これらの統治機構の運営にはお金が必要ですので，財政の問題もあります（第5章）。

2 三権分立

　国の権力は，立法・行政・司法に分かれ，それぞれが相互に抑制し，権力濫用を防止しています。これを「三権分立」といいます。権力は，1箇所に集まると濫用されやすいため（昔の王や大名をイメージしてください），近代国家では基本的に三権分立が採られています。「相互に抑制」という点ですが，具体的には，日本の立法・行政・司法は，以下のように相互に抑制をしています。

国 会

第1節 国会の地位

立法を担う国会は，以下の①〜③の地位を有すると憲法で規定されています。

①国民の代表機関（憲法43条1項。下記 1 ）
②国権の最高機関（憲法41条。下記 2 ）
③唯一の立法機関（憲法41条。下記 3 ）

1 国民の代表機関

> **憲法43条**
> 1 両議院は，全国民を代表する選挙された議員でこれを組織する。

国会は，衆議院と参議院で構成されますが（憲法42条），衆議院と参議院は全国民を代表する選挙された議員（国会議員）で組織されます（憲法43条1項）。

1.「全国民を代表」
（1）意義
国会議員は，「全国民を代表」するとされていますが（憲法43条1項），これはどのような意味でしょうか。この意味について，主に以下の表の3つの学説があります。
＊歴史的には，「命令委任説（近代以前）→政治的代表説（近代）→社会学的代表説（現代）」と変遷しています。以下の表も，この順序でお読みください。

命令委任説（近代以前）	社会学的代表説（現代）	政治的代表説（近代）
議員は，有権者の意思に法的に拘束される（命令委任）	議員は，有権者の意思に法的に拘束されないが，有権者の意向を尊重すべきである 現代は，国民の価値観が多様化しています。自由委任だと，国民の意思から離れてしまうので，できる限り国民の意思に近づくようにすべきです。	議員は，有権者の意思に法的に拘束されない（命令委任の禁止） 議員は，特定の選挙区や後援団体などの代表ではなく，全国民の代表です。よって，有権者の意思に法的に拘束されず，自分の信念に基づいてのみ発言や表決をすべきです（自由委任の原則）。

（2）比例代表選出議員の党籍の変動

　比例代表選挙で選出された国会議員が，除名や離党によって党籍の変動があった場合，議員資格を喪失するかという問題があります。比例代表で選ばれた議員が「この政党の考え方は，私の信条と違うことがわかったので離党します」と言って離党し，「だったら議席を返せ！」と批判されることが，よくありますよね。この問題について，主に以下の表の2つの学説があります。

	資格喪失説　　➡︎⬅︎　　資格保有説	
結論	**議員資格を喪失する** 比例代表選挙により選出された当時の党籍を保持することを，「全国民を代表する選挙された議員」の要件とするわけです。	**議員資格を喪失しない** 比例代表選挙で選出された議員も，小選挙区選挙や選挙区選挙で選出された議員と同じく，全国民の代表であり，特定の選挙人や党派の代表者ではありません。
この説への批判	①上記（1）の政治的代表説の考え方と整合しません。 ②政党と議員との間に命令・服従関係を生じさせます。 　政党から除名されると国会議員の地位を失うので，国会議員が政党の言うことを聞かざるを得なくなってしまいます。	①民意とかけ離れた結果となってしまいます。 　比例代表の場合，有権者は基本的に，その国会議員ではなく，政党に投票しています。よく「お前に投票したわけじゃないぞ！　○○党を辞めるのなら，議席を返せ！」といわれますよね。

（3）党議拘束

　「党議」とは，党内での決議のことで，「○○の法案に賛成しろ」などが典型例です。党議に従わないと，政党から除名されることもあります。これは，国会議員が「全国民を代表する」とされていることに反しないのでしょうか。

　反しません。

　現代の政党国家の下では，国会議員は政党の決定に従って行動することによってこそ，全国民の代表者としての実質を発揮できます。よって，政党が所属議員に党議拘束をかけることも認められます。「政党国家」とは，政党を中心に政治が進む国家のことです。日本も，政党国家ですよね。自民党など政党を中心に政治が進んでいます。

2.「選挙」

憲法43条1項（P151）では，単に「選挙」と記載されており，「直接」とは記載されていません。よって，（狭義の）間接選挙は，憲法に反しないと解されています（P135 ⑤）。

P233

2 国権の最高機関

> **憲法41条**
> 国会は，国権の最高機関であつて，国の唯一の立法機関である。

国会は，「国権の最高機関」であるとされています（憲法41条）。これがどのような意味なのか，以下の表のような争いがあります。

政治的美称説（通説）　➡️ ⬅️	統括機関説
「国権の最高機関」に法的な意味はない 　→　国会と内閣・裁判所は同等である 主権者である国民に最も近いのが国会であるため（国会議員は国民が選びます。P4の図をご覧ください），気を使って「最高機関」と呼んであげただけだと考えます。	「国権の最高機関」に法的な意味がある 　→　国会は，内閣・裁判所の上位に位置する 明治憲法下では（戦前は），天皇が国権を統括する最高機関でした。現行憲法では（戦後は），国会がその地位に立つと考えます。

3 唯一の立法機関

> **憲法41条**
> 国会は，国権の最高機関であつて，国の唯一の立法機関である。

国会は，国の「唯一の立法機関」であるとされています（憲法41条）。

1.「立法」

この「立法」とは何なのか，以下の表のような争いがあります。

実質的意味の立法（通説） ➡ ⬅	形式的意味の立法
名称に関係なく法規範は国会が作る	**「法律」を国会が作る**
このように解さないと，「法律」という名称でなければ，法規範を内閣などが自由に作れることになってしまいます。	内容は関係なく，「法律」という名称がついたものは，国会しか作れないということです。

2.「唯一」

この「唯一」とは，以下の2つの原則を意味します。

①国会中心立法の原則（下記（1））
②国会単独立法の原則（下記（2））

（1）国会中心立法の原則

（a）意義

国会中心立法の原則：立法は国会を通す必要があるが，他の機関が関わることは構わないという原則

　要は，「国会を通せ」ということです。国会を通していれば，他の機関が関わるのはOKです。

（b）例外

　国会中心立法の原則の例外は，以下の①〜④です。「国会を通せ」という国会中心立法の原則の例外なので，以下の①〜④はいずれも国会を通していません。

①議院の規則制定権（憲法58条2項。P173（1））
②内閣の制定する政令（憲法73条6号。P190〜191⑥）
③最高裁判所の規則制定権（憲法77条1項。P212〜213の3.）
④地方公共団体の制定する条例（憲法94条。P236の1.）

　これら①〜④は，国会を通さずに法規範を制定できます。これは，国会以外の国家の機関にそれぞれ法規範を制定する権限を認めているんです。下の図で，確認してみましょう。

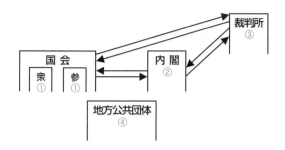

（c）委任立法

委任立法：法律の委任に基づいて国会以外の機関が法規範を制定すること

ex. 登記識別情報の通知の要件について規定した不動産登記法 21 条は，具体的な通知
　　の方法（電子申請の場合はダウンロード方式にするといったこと）などは不動産
　　登記規則に委任しています。この委任を受けて，法務大臣が不動産登記規則 61 条
　　～64 条で，具体的な通知の方法などを定めています。── **不動産登記法 I のテキスト**
第 1 編第 6 章第 3 節 2

委任立法は，国会が国の「唯一」の立法機関とされていることに反しないでしょうか。
反しません。

現代は，制定しなければならない法規範が膨大かつ複雑になっています。上記 ex.
の登記識別情報の具体的な通知の方法なんて，かなり細かい事項ですよね。こういっ
たことまですべて国会で決めなければならないのは非現実的なので，それを所管してい
る省の大臣など（実際には官僚が内容を決めることが多いです）が制定できるよう
にする必要があるんです（必要性）。

また，憲法では，法律の委任で罰則を設けることを認めています（憲法 73 条 6 号
ただし書。P190～191⑥）。人権侵害である罰則を設けることさえ委任できるので，委
任立法は憲法が認めていると考えられます（許容性）。

（2）国会単独立法の原則
（a）意義

国会単独立法の原則：立法には，国会以外の機関が関与してはいけないという原則
要は，「国会」が一人ぼっち（「単独」）で「立法」しろということです。

（b）例外

国会単独立法の原則の例外は，以下の①〜③です。「国会が一人ぼっちで立法しろ」という国会単独立法の原則の例外なので，以下の①〜③はいずれも国会以外の機関が関わっています。

①憲法改正の国民投票（憲法96条1項。P243 1 ）
②一の地方公共団体のみに適用される特別法（憲法95条）

この②は，他の箇所で出てこないので，ここで説明します。特定の地方公共団体のみに適用される特別法を制定することができます（地方公共団体が制定する条例ではありません）。この特別法を国会が制定するには，その特定の地方公共団体の住民投票において過半数の同意を得る必要があります（憲法95条）。特定の地方公共団体のみに適用される特別法だからです。この特別法が制定されたことは，今までほとんどありませんが，以下のような例があります。

ex. 1949年，戦後の復興のため，国有財産を例外的に無償で譲渡できる広島平和記念都市建設法が制定されました。

③内閣の法律案提出権（内閣法5条。P184〜185のⅰ）

この③に関しては，内閣は法案を提出するだけであるため，実質的には国会単独立法の原則の例外ではないと考える学説もあります。

― Realistic 11　出題方法に応じて備える ―

国会中心立法の原則と国会単独立法の原則は，用語の意味や，それぞれの例外を問うのが出題の典型例です。例外については，「国会単独立法の原則であるにもかかわらず，国会中心立法の原則である」といったひっかけが出題されます。よって，以下のように備えましょう。

1．用語だけをみて，以下のことを思い出せるようにする
・国会中心立法の原則　→　「国会を通す。他の機関が関わるのはOK」
・国会単独立法の原則　→　「国会が一人ぼっちで立法しないとダメ」
↓
2．上記1.の用語の意味から例外を考える
・国会中心立法の原則　→　「国会を通していないものが例外」
・国会単独立法の原則　→　「国会以外の機関が関わっているものが例外」

このように，出題方法に合わせて記憶や思考をするようにしておきましょう。

第2節　国会議員

1　任期

国会議員の任期は，以下のとおりです。

・衆議院議員
　→　4年（憲法45条本文）
　ただし，衆議院には解散があり（P193（1）），解散された場合には，その時点で任期が終了します（憲法45条ただし書）。

・参議院議員
　→　6年（憲法46条）
　参議院議員は，3年ごとに半数が改選されます（憲法46条）。

2　不逮捕特権

> **憲法50条**
> 　両議院の議員は，法律の定める場合を除いては，国会の会期中逮捕されず，会期前に逮捕された議員は，その議院の要求があれば，会期中これを釈放しなければならない。

1. 意義・趣旨

　国会議員には，不逮捕特権が認められています（憲法50条）。なんのために国会議員に不逮捕特権が認められているのか，以下の表のとおり争いがあります。

議院の活動確保説　　→←　　議員の身体的自由保障説	
議院の活動を確保するため	**議員の身体的自由を保障するため**
議員が逮捕されて議院に出席できる議員が減ると，議院において決議ができなくなるなどの不都合が生じてしまうことがあります。	政府の不当逮捕から，（特に野党の）議員の身体の自由を守るためです。「あの議員，うるせえから逮捕しろ！」とならないようにするためです。

※地方議会の議員
　不逮捕特権は，地方議会の議員には認められません。なるなら国会議員ですね……。　=P159

2.「法律の定める場合」

　国会議員は国会の会期中は逮捕されませんが，法律の定める場合には国会の会期中でも逮捕されます（憲法 50 条）。この「法律の定める場合」とは，以下の①または②の場合です（国会法 33 条）。

①院外における現行犯罪の場合
　現行犯であれば，犯罪の事実が明白であり不当逮捕であるおそれが少ないからです。
②その議員の所属する議院の許諾がある場合
　議院は，議員の逮捕請求に対して許諾ができるのですが，許諾をする場合に，議院が条件や期限（ex. ○年○月○日になったら釈放しろ）を付けることができるか，以下の表のとおり肯定説と否定説があります。上記 1.で説明した議院の活動確保説と議員の身体的自由保障説が，肯定説になるか否定説になるかも併せてみていきます。

肯定説	否定説
○	×
審議権を確保するため，逮捕に条件や期限を付ける必要がある場合があるからです。たとえば，「○年○月○日に○○法の表決をするので必要」といった場合です。	議院が許諾する以上，その後の措置は，すべて検察庁や裁判所の判断に委ねるべきだからです。

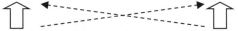

議院の活動確保説	議員の身体的自由保障説
肯定説を導きやすい 議院の正常な活動のためには，条件や期限を付ける必要がある場合があるからです。上記の「○年○月○日に○○法の表決をするので必要」が，その例です。	**否定説を導きやすい** 議員の身体の自由を守るためなら，許諾を与えないことのみで議員の身体の自由を守ることができます。条件や期限を付ける必要はありません。
ただし，議院の活動保障説からでも，否定説を導くことも可能 議院の許諾権限を，逮捕請求に対して受動的に阻止する権限と考えれば，許諾するかしないかの判断しかできないことになります。	**ただし，議員の身体的自由保障説からでも，肯定説を導くことも可能** 議院が，許諾を全体として拒否できる以上，条件や期限を付することもできると考えることができます。つまり，「全部拒否が OK なら，一部拒否（条件付・期限付）も OK」ということです。

3　免責特権

> **憲法51条**
> 両議院の議員は，議院で行つた演説，討論又は表決について，院外で責任を問はれない。

1．意義・趣旨

　国会議員は，議院で行った演説，討論または表決について，院外で責任を問われません（憲法51条）。

　議院における議員の自由な発言・表決を保障し，議院の審議体としての機能を確保するためです。簡単にいうと，議員がビビって萎縮しないようにするための規定です。

※地方議会の議員

　免責特権も，地方議会の議員には認められません。やはりなるなら国会議員ですね……。=P157

2．「議院で行つた」

　「議院で行つた」とは，国会議事堂内という意味ではありません。議員の職務として行ったという意味です。≒P174

ex. 議員の職務といえるのであれば，地方での公聴会での発言も免責の対象になります。

3．「責任」

　免責される責任と免責されない責任は，以下の表のとおりです。

免責される責任（○）	免責されない責任（×）
①民事上の責任 ②刑事上の責任 　たとえば，議院で議論をした際に名誉毀損に当たる発言をしても，不法行為責任を問われたり，名誉毀損罪で処罰されたりしません。	①**暴力行為による刑事上の責任**（東京地判昭37.1.22【第1次国会乱闘事件】） 　もちろん，暴力行為が許されるわけではありません。 ②**政治的責任・道義的責任** 　たとえば，議院で行った発言を理由に，政党が除名をすることは許されます（P152（3））。P174（2）で説明する懲罰事犯となることもあります（国会法119条，120条）。

　国会議員が議院で行った発言によって名誉を毀損された国民が，その国会議員および国に対して損害賠償を請求することができるかが問題となった，以下のような事件があります。

判例　最判平9.9.9

■事案

　衆議院議員Yは，社会労働委員会の審議中，ある病院の問題を取り上げ，その病院の病院長Zが，職員に対して暴行やセクハラをしているため，所管行政庁の十分な監督を求める趣旨の質疑をしました。そのため，Zは，翌日，自殺してしまいました。そこで，Zの妻Xは，Yを相手方として不法行為に基づく損害賠償，および，国を相手方として国家賠償を請求する訴訟を提起しました。

■主な争点

1. 本件において，国会議員Yは不法行為責任を負うか
2. 国会議員の発言によって国の賠償責任が生じるのはどのような場合か

■判旨

1. 国会議員Yは，X「に対してその責任を負わない」。

　本件のYの発言は，国会議員としての職務を行うについてなされたことが明らかだからです。社会労働委員会の審議に必要な職務だとされました。

2. 「国会議員が国会で行った質疑等において，個別の国民の名誉や信用を低下させる発言があったとしても，これによって当然に国家賠償法1条1項の規定にいう違法な行為があったものとして国の損害賠償責任が生ずるものではな」い。しかし，「国会議員が，その職務とはかかわりなく違法又は不当な目的をもって事実を摘示し，あるいは，虚偽であることを知りながらあえてその事実を摘示するなど，国会議員がその付与された権限の趣旨に明らかに背いてこれを行使したものと認め得るような特別の事情がある」場合には，国の賠償責任が生じる。本件では，そのような特別の事情はないため，国の賠償責任も生じない。

　国の賠償責任は，原則として生じず，上記のような特別の事情がある場合にのみ生じます。国民が国会議員の発言などを理由に損害賠償請求をするのはなかなか難しいということですが，特別の事情があれば認められます。よって，「国が賠償責任を負うことはない」という肢が出題されたら，それは誤りです。

第3節　国会の活動

1　会期制

1. 意義

　日本の国会は，会期制です。「会期制」とは，国会は，常に開かれているわけではなく，一定の期間だけ開かれているということです。

2. 会期の種類

　国会の会期には，以下の3つのものがあります。

①常会（通常国会。憲法52条）：毎年1回定期に召集される国会
　毎年1月に召集されます（国会法2条）。会期は150日間です（国会法10条本文）。

②臨時会（臨時国会。憲法53条）：必要に応じて臨時に召集される国会
　いずれかの議院の総議員の4分の1以上の要求があれば，内閣は臨時会（臨時国会）の召集を決定しなければなりません（憲法53条後段）。臨時会（臨時国会）の会期は，両議院一致の議決で決めます（国会法11条）。秋に召集するのが通例になっています。

③特別会（特別国会。憲法54条1項）：衆議院の解散による総選挙後に召集される国会
　衆議院が解散された場合，解散の日から40日以内に衆議院議員の総選挙を行い，選挙の日から30日以内に国会を召集する必要があります（憲法54条1項）。この国会は，首班指名（首相の指名）を行う国会です。

― Realistic 12　2015年の臨時会（臨時国会）の召集 ―

　2015年は，常会（通常国会）で集団的自衛権を認める自衛隊法などの改正法が成立しました。野党が，集団的自衛権などについての説明を求め，衆議院の総議員の4分の1以上で臨時会（臨時国会）の召集を請求しましたが，内閣は臨時会（臨時国会）の召集を決定しませんでした。これは，憲法違反といわれても仕方ないかと思います。

3．会期不継続の原則

　　会期不継続の原則：国会は会期ごとに独立に活動し，会期中に議決されなかった案
　　　　　　　　　　　件は後会(こうかい)に継続しないという原則（国会法68条本文）

　この原則があるため，「野党が法案の成立を防ぐために採決の先延ばしを図る→与
党が強行採決をする」ということが，たまにあります。ニュースなどで聞いたことが
あると思います。

　ただし，この原則には，以下の2つの例外があります。以下の①②は後会に継続し
ます（国会法68条ただし書）。

①常任委員会・特別委員会が議院の議決により閉会中審査した議案

　日本の国会は，委員会制です。国会議員が，予算委員会・法務委員会などの委員会
に所属し，法案などについての審議は基本的に委員会で行われます。ニュース映像で，
内閣総理大臣や大臣が国会で厳しい質問を受けたりしているのは，通常は委員会です。
この委員会に「常任委員会」と「特別委員会」があります。常設されているのが常任
委員会で，特別委員会は，会期ごとに各議院で必要と認められた場合に，その院の議
決で設けられます。後会に継続させる必要がある議案もあるため，この①の規定があ
ります。

②懲罰事犯

　かつて，会期末に乱闘事件などを起こした議員を議院自らの手で懲罰処分すること
ができなくなる（裁判所に訴えを提起しないといけなくなる）という不都合が生じま
した。そこで，懲罰事犯は後会に継続すると改正されました。

2　緊急集会

> **憲法54条**
> 2　衆議院が解散されたときは，参議院は，同時に閉会となる。但し，内閣は，国に緊急の必要があるときは，参議院の緊急集会を求めることができる。
> 3　前項但書の緊急集会において採られた措置は，臨時のものであつて，次の国会開会の後10日以内に，衆議院の同意がない場合には，その効力を失ふ。

1. 意義・趣旨

　緊急集会：衆議院が解散され，新たに国会が召集されるまでの国会の権能が停止している間に，緊急の案件を処理するため，参議院だけで開かれる集会

　衆議院が解散されると，参議院は同時に閉会となります（憲法54条2項本文）。しかし，その期間中に，災害が起きたり，他国が侵略してきたり，緊急で国会を開かないといけない場合があります。衆議院は解散されているので，参議院の緊急集会が開かれます（憲法54条2項ただし書）。過去に2回だけ開かれたことがあります。暫定予算（本予算が成立しない場合のつなぎの予算）などを議決するために開かれました。

2. 要件

　参議院の緊急集会を開くには，以下の①〜③の要件を充たす必要があります。

①衆議院の解散中であること（任期満了は含まれない。憲法54条2項本文）

　任期満了が含まれないのは，任期満了であれば，あらかじめ衆議院議員がいなくなることはわかっているからといわれています。しかし，災害や他国からの侵略は急に起きることですので，任期満了であっても緊急集会が必要なことはあるという批判があります。このように，理由付けからは納得しがたいので，参議院の緊急集会に任期満了が含まれないことは，「任期は急に満了しない」と記憶してください。

②国に緊急の必要があること（ex. 災害，他国からの侵略。憲法54条2項ただし書）
③内閣の求めがあること（憲法54条2項ただし書）

　参議院が自ら緊急集会を開けるわけではありません。内閣が要求します。なお，衆議院が解散しても，内閣は総辞職しません。衆議院の解散総選挙が行われているときも，閣議をしていますよね。

3．効力確定

　緊急集会で採られた措置は臨時のものであり，暫定的な効力しか有しません。よって，その効力が将来的に確定するには，次の国会開会後 10 日以内に衆議院の同意を得る必要があります（憲法 54 条 3 項）。「国会の同意を得る必要がある」といったひっかけが想定されますので，ご注意ください。参議院の決議はありますので，衆議院の同意だけで OK です。

3 会議の原則

1．定足数

憲法56条

1　両議院は，各々その総議員の3分の1以上の出席がなければ，議事を開き議決することができない。

　衆議院・参議院の定足数は，それぞれ総議員の1/3です。1/3以上の出席がなければ，議事を開くことができません（憲法56条1項）。

　「総議員」とは，法定議員数です（国会先例）。死亡や辞職による欠員がある場合も，総議員の数は変わらないということです。

　「1/3」は，「最高（サイコー）の国会を開く」と記憶しましょう。国会は，国権の最高機関とされています（憲法 41 条。通説は政治的美称にすぎないとしていますが。P153 2）。

【定足数】

議員

2．賛成数
（1）原則

憲法56条

2　両議院の議事は，この憲法に特別の定のある場合を除いては，出席議員の過半数でこれを決し，可否同数のときは，議長の決するところによる。

　衆議院・参議院の議事は，原則として，出席議員の過半数でこれを決します（憲法56条2項）。

　可否同数のときは，議長が決めます（憲法56条2項）。これは，会社法にはない規定です。国会は，戦前の帝国議会から，可否同数のときは議長が決めることとされています。過去に数回，同数となり議長が決めたことがあります。

【賛成数】

（2）例外

　以下の①～④の決議は，出席議員の2/3以上の多数を要します。

【賛成数】

①議員の資格争訟の裁判により議員の議席を喪失させる場合（憲法55条ただし書。P172の1.）
②両議院で議員を除名する場合（憲法58条2項ただし書。P174（2））

　①②は，議員を辞めさせる重大な決議であるため，決議要件が厳しくなっています。

③両議院の秘密会の決定（憲法57条1項ただし書）

　「秘密会」とは，議員以外の者の傍聴を禁止した非公開の会議です。実際に行われたことは，これまで1度もありません。秘密会は，マスコミ（国民）が見られないので，行われることをできる限り制限するべきです。よって，決議要件が厳しくなっています。

④法律案についての衆議院の再議決（憲法59条2項。P167④）

　この規定があるため，衆議院議員選挙の時のニュースで「2/3の攻防」といわれます。法律案について参議院で出席議員の過半数の賛成が得られなくても，衆議院で出席議員の2/3以上の多数で再議決をすれば法律案は法律となります（憲法59条2項）。法律の制定・改正については，事実上，参議院を無視することができるわけです。

※「出席議員」とは？

　「出席議員」の中に，棄権者や無効票・白票を投じた者を算入するかが問題となります。

　算入します（国会先例）。

3．憲法改正の発議

　憲法改正の発議は，衆議院・参議院の総議員の2/3以上の賛成を要します（憲法96条1項前段）。

　「総議員」ですが，これも法定議員数です。死亡や辞職による欠員がある場合も，総議員の数は変わらないということです。

【賛成数】

4．会議の公開

憲法57条

1　両議院の会議は，公開とする。但し，出席議員の3分の2以上の多数で議決したときは，秘密会を開くことができる。

2　両議院は，各々その会議の記録を保存し，秘密会の記録の中で特に秘密を要すると認められるもの以外は，これを公表し，且つ一般に頒布しなければならない。

3　出席議員の5分の1以上の要求があれば，各議員の表決は，これを会議録に記載しなければならない。

　衆議院・参議院の会議は，原則として公開とされます（憲法57条1項本文）。「公開」とは，会議録を保存・公表・頒布（はんぷ）することに加え，本会議の自由な傍聴・報道を認めることも含みます。

　また，出席議員の1/5以上の要求がある場合，各議員の表決を会議録に記載しなければなりません（憲法57条3項）。これは，公開の趣旨を徹底させるためです。「1/5」は，「党の合意（ごうい）に従わない裏切り者がいるかもしれないから，会議録に記載しとけ！」と記憶しましょう。

【要求数】

第4節　国会の権能

1 衆議院の優越

　衆議院は，参議院に対し，「法律案」「予算」「条約」「内閣総理大臣の指名」について優越権を有しています。これらの緊急性・重要性は**「法律案＜予算＝条約＜内閣総理大臣の指名」**です。法律案ですが，法律はすでにありますので，緊急性・重要性は高くありません。予算は成立しないと国が動きませんし，条約は相手国のあることですから，緊急性・重要性は高くなります。内閣総理大臣の指名は，行政のトップを決めることですので，最も緊急性・重要性が高いです。

緊急性
重要性　低　――――――――――――――――――――――――→　高

	法律案	予算	条約	内閣総理大臣の指名
①衆議院の先議権	無	有 （憲法60条1項）	無	
②参議院の留保期間	60日 （憲法59条4項）	30日 （憲法60条2項，61条）		10日 （憲法67条2項）
③留保期間経過の効力	参議院が否決したものとみなすことができる （憲法59条4項）	衆議院の議決を国会の議決とする （憲法60条2項，61条，67条2項）		
④衆議院の再議決	必要 （出席議員の2/3以上。憲法59条2項）	不要		
⑤両院協議会	任意的 （憲法59条3項）	必要的 （憲法60条2項，61条，67条2項）		

① 「衆議院の先議権」とは，議案を先に衆議院に提出する必要があるということです。予算のみ衆議院に先議権があります。予算は国民の負担と直結するので，「国民に近い下院で」というのが慣習です。衆議院が下院に，参議院が上院に相当します。参議院は，戦前の貴族院に替わって設置されたものだからです。「先に提出するのは予算のみ」と「さ」で結びつけて記憶しましょう。

② 「参議院の留保期間」とは，参議院が衆議院から議案の送付を受けてから，その議決をするまでに認められる期間です。緊急性・重要性に応じて，「60日」「30日」「10日」とされています。

③ 「留保期間経過の効力」とは，参議院が決議せずに上記②の留保期間が経過した場合に発生する効力です。

④ 「衆議院の再議決」とは，衆議院と参議院で異なった議決がされた議案，または，下記⑤の両院協議会を開いても意見が一致しない議案を成立させるために，衆議院による再議決が必要かどうかです。

　法律案は決めないといけないわけではないので，衆議院での再議決（要件の厳しい出席議員の2/3以上の賛成）が必要となります。それに対して，予算・条約・内閣総理大臣の指名は，決めないわけにはいかないので，衆議院の議決が国会の議決とされます。

⑤ 「両院協議会」とは，参議院で衆議院と異なった議決がされた場合に，衆議院と参議院の意見調整をするための協議会です。法律案は，成立させるには出席議員の2/3以上の賛成という厳しい要件が課されているので，両院協議会を開くかは任意です。それに対して，予算・条約・内閣総理大臣の指名は，衆議院の再議決なく，衆議院の議決が国会の議決とされてしまいます。参議院が完全無視されることになりかねないので，参議院で衆議院と異なった議決がされた場合には，両院協議会を開くことが必須とされています。

2　条約の承認権

> **憲法73条**
> 　内閣は，他の一般行政事務の外，左の事務を行ふ。
> 　三　条約を締結すること。但し，事前に，時宜によつては事後に，国会の承認を経ることを必要とする。

1．「条約」とは？

　日米安全保障条約などは，もちろん条約に当たります。ですが，条約という名称の有無は問いません。協定や協約などでも，外国との間における国際法上の権利義務関係の創設・変更に関わる文書による法的合意は条約に当たります。内容で判断するわけです（実質的意味の条約）。

　それに対して，条約を執行するために必要な技術的・細目的な協定や，条約の具体的な委任に基づいて定められる政府間の取決めは，条約に当たりません。

2．成立手続

（1）基本的な流れ

条約は，通常は以下の流れで締結されます（憲法73条3号）。

①事前に国会で承認を得る

↓

②内閣が条約を締結する

具体的には，内閣が任命した全権委員（内閣総理大臣や外務大臣など）が署名し，内閣が批准します。「批准」とは，条約を締結することについての国家の最終的な同意です。

条約の締結権は，内閣が有しています。歴史的に，外交関係は政府（かつては君主）が行うものだからです。外交関係を処理することは，内閣の権能なのです（憲法73条2号）。よく内閣総理大臣が，外国の大統領や首相と会談をしたりしていますよね。

しかし，国会の承認も必要とされています。条約の締結は，国にとって極めて重要なことであり，国民にも影響があることです。たとえば，戦争終結後に締結される条約では，国家間で損害賠償金の支払がされ，個人間での損害賠償請求権（ex. 戦争で命を奪われた人の遺族の殺害した兵士に対する損害賠償請求権）については放棄する条項が定められることがあります。したがって，国民の代表である国会の民主的コントロールを必要としているのです。

（2）国会が承認しなかった場合

（a）国会の事前承認が得られない場合

国会の事前承認が得られなかった場合には，内閣は条約を締結することができないことになります。国会で条約の締結が否決された場合に，内閣が独断で条約を締結することは実際にはないと思いますが，万が一内閣が独断で条約を締結しても，その条約は国内法的にも国際法的にも何の効力も生じません。

国会の承認は，条約の効力発生要件（成立要件）だからです。

（b）国会の事後承認が得られなかった場合

国会の承認は，基本的には，上記（a）のとおり，内閣が条約を締結する前に行います。しかし，時宜によっては，国会の承認が内閣が条約を締結した後になることもあります（憲法73条3号ただし書）。たとえば，内閣総理大臣が外国にいる際，有事（戦争など）が発生し，急遽，条約を締結する場合です。ただ，これは，過去1度

も例がありません。

　国会の事後承認が得られなかった場合，国内法的な効力は生じません。これは争いがありません。しかし，国際法的な効力が生じるか，以下の表のとおり争いがあります。過去1度も例がないため，判例はありません。

	有効説	条件付無効説	無効説
結論	国際法上の効力は有効	国会の事後承認が必要である旨が諸外国にも周知の要件とされているような場合には国際法上の効力も無効	国際法上の効力も無効
理由	条約を締結する相手国からすると，日本の手続がどのようになっており，それが遵守されたのかどうかはよくわかりません。よって，国際法上の効力を無効としてしまうと，国際法の安定性が害されてしまいます。	諸外国にも周知の要件とされているのなら，相手国の信頼を害することにはならないからです。	条約の締結に国会の承認が必要なのは，現代の民主国家では基本的に共通しています。憲法にも明記されています。よって，相手国も承知しているべきなので，国会の事後承認がない場合に無効としても，国際法の安定性は害されません。

3．国会の条約修正権

　内閣が締結する（した）条約を国会が修正して承認することができるか，という問題があります。これについては，以下の表のとおり争いがあります。

肯定説		否定説
事前承認の場合のみ可とする説	事後承認の場合にも可とする説	
事前承認の場合のみ○	事後承認の場合にも○	×
なお，国会が修正して承認しても，もちろん，それが相手国との関係で直ちに法的効力を生じるわけではありません。相手国が合意したわけではないからです。内閣が，国会の修正の意思に従って相手国と交渉すべき義務を負うだけです。		条約締結権を有するのは内閣なので，国会の議決は0か100です。

3　弾劾裁判所の設置権

憲法64条

1　国会は，罷免の訴追を受けた裁判官を裁判するため，両議院の議員で組織する弾劾裁判所を設ける。

　国会には，弾劾裁判所の設置権があります。「弾劾裁判所」とは，裁判官を罷免する（簡単にいうとクビにする）かどうかを判断する裁判所です。「弾劾」とは，責任追及という意味です。よって，犯罪などをした裁判官が訴追されます（裁判官弾劾法2条)。たとえば，2013年，盗撮を行った裁判官が訴追を受け，罷免されました。これまで弾劾裁判で罷免された裁判官は，10人にも満たないです。

　衆議院・参議院の議員各10人の訴追委員で構成される訴追委員会というものがあり（裁判官弾劾法5条1項)，この訴追委員会が罷免の訴追をするかを判断します。罷免の訴追を受けた裁判官は，これも衆議院・参議院の議員各7人の裁判員で構成される弾劾裁判所で裁かれます（憲法64条1項，裁判官弾劾法16条1項)。弾劾裁判所は，永田町の国会議事堂の近くの建物にあります。ほとんど使われない裁判所ですので，ニュースなどでも観ることはほとんどないでしょうが。

第5節　議院の権能

　第4節では,「国会」の権能をみました。この第5節では,「議院」の権能をみていきます。つまり,衆議院・参議院それぞれ独自の権能です。

1 議院の自律権

　「議院の自律権」とは,「議院」が「自」らを「律」することができる「権」能,簡単にいうと,自分たちのことは自分たちで決められるということです。

1. 議員の資格争訟の裁判

> **憲法55条**
> 　両議院は,各々その議員の資格に関する争訟を裁判する。但し,議員の議席を失はせるには,出席議員の3分の2以上の多数による議決を必要とする。

　「議員の資格争訟の裁判」とは,国会議員の議員資格の有無についての裁判です。被選挙権があるか(ex. 日本国籍があるか)といった裁判です。議員の議席を失わせるには,出席議員の2/3以上の多数を要します(憲法55条ただし書。P165①)。実際に議員の資格争訟の裁判が行われたことは,これまで1度もありません。

※議員の資格争訟の裁判について通常裁判所で争うことの可否

P174≒　議員の資格争訟の裁判について,通常裁判所で争うことはできません。もし,今後,議員の資格争訟の裁判で議員資格を失う国会議員がいても,地方裁判所などに訴えを提起することはできないんです。

　判断を議院の自律的な審査に委ねるためです。

裁判所は三権分立では遠慮

　統治の根底にあるのは,三権分立です。よって,裁判所は,三権分立が問題になる場面(国会や内閣の自律など)では遠慮します。

2．自主運営権

憲法58条

2　両議院は，各々その会議その他の手続及び内部の規律に関する規則を定め，又，院内の秩序をみだした議員を懲罰することができる。但し，議員を除名するには，出席議員の3分の2以上の多数による議決を必要とする。

（1）議院規則制定権

　衆議院・参議院はそれぞれ，議事手続と内部規律を自主的に制定することができます（憲法58条2項本文）。議院は独立して審議・議決を行う機関であるため，議事手続や内部規律は自分たちで決められるとされているんです。

　衆議院・参議院について定めた国会法という"法律"があります。衆議院・参議院それぞれが定めた議院規則と国会で定めた国会法が同じ事項について規定していた場合，どちらが優先するか，以下の表のとおり争いがあります。

	法律優位説（通説）　━━▶◀━━	議院規則優位説
結論	法律（国会法）が優先する	議院規則が優先する
理由	法律のほうが民主的基盤が大きいからです。法律は，原則として，衆議院と参議院の両議院の議決で成立します（憲法59条1項）。よって，衆議院または参議院の一院のみの議決で成立する議院規則よりも，通常は多くの議員（≒国民）が賛成していることになります。	①法律の制定については，衆議院が優越します。出席議員の2/3以上の再議決（P167④）で衆議院が法律を制定すると，参議院の自主性が損なわれるおそれがあります。 ②法律の効力が優先すると考えると，内閣の法律案の提出権（P184〜185のi）の行使により，衆議院・参議院の自律性を脅かすおそれが生じます。 ③明治憲法では，法律が優位する規定がありました。しかし，現行憲法58条には，その規定がありません。よって，議院規則が優位することになったと考えることができます。

（2）議員懲罰権

院内の秩序をみだした議員は，懲罰の対象となります（憲法58条2項本文）。懲罰には，戒告，陳謝，登院停止および除名があります（国会法122条）。除名は，出席議員の2／3以上の多数を要します（憲法58条2項ただし書。P165②）。

ex1. 2000年，議場にあったコップの水を他の議員にかけた衆議院議員が，25日間の登院停止処分になりました。

ex2. 2013年，議院運営委員会の許可なく無断で北朝鮮に渡航した参議院議員が，30日間の登院停止処分になりました。

P159≒　　憲法58条2項本文の「院内」の「院」とは，国会議事堂内ということではなく，組織としての院のことです。

ex. 国会議員が国政調査のために沖縄に行った際の言動で，懲罰の処分を受けることもあります。

※懲罰の処分について通常裁判所で争うことの可否

P172≒　　懲罰の処分について，通常裁判所で争うことはできません。

これも，判断を議院の自律的な審査に委ねるためです（P172の「裁判所は三権分立では遠慮」）。

2 国政調査権

> **憲法62条**
> 両議院は，各々国政に関する調査を行ひ，これに関して，証人の出頭及び証言並びに記録の提出を要求することができる。

1．意義

衆議院・参議院はそれぞれ，国政調査権を有しています（憲法62条）。証人の出頭および証言ならびに記録の提出を要求することができます。

ex1. 2010年，中国漁船が海上保安庁の船舶に衝突した事件がありましたが，海上保安庁に対して，その瞬間を捉えたビデオ（一部がYouTubeに流出しました）の提出要求がされました。

ex2. 2016年，学校法人への国有地の払下げが問題となった事件がありましたが，2017年，その学校法人の理事長が証人として出頭を要求されました。

　国政調査権は，強制力のある権限です。たとえば，証言を求められた証人が宣誓の
うえで偽証をすると，3月以上10年以下の懲役に処せられます（議院証言法6条1
項）。

2．趣旨

　衆議院・参議院が立法権その他の権能を適切に行使するには，国政の全般にわたっ
て正確な知識を必要とします。よって，衆議院・参議院には，強制力のある国政調査
権が与えられています。

3．性質

　国政調査権の性質については，以下の表のとおり争いがあります。

	補助的権能説（通説）　→←　独立権能説	
意義	国政調査権は，衆議院・参議院が立法権その他の権能を適切に行使するために認められた補助的な権能です。簡単にいうと，**そこまで強い権能ではありません**。	国会や議院の他の権能と並ぶ独立の権能です。国政全般にわたって調査できます。簡単にいうと，**強い権能**です。
理由	P153②の政治的美称説を元にした説です。政治的美称説は，国会を他の国家機関（内閣・裁判所）の上位に位置するとは考えませんので，国政調査権がそこまで強い権能であるとは考えません。	P153②の統括機関説を元にした説です。統括機関説は，国会を他の国家機関（内閣・裁判所）の上位に位置すると考えますので，国政調査権が国政全般にわたって調査できる強い権能であると考えます。

※浦和事件

　1948年，母親が，無理心中で子ども3人を殺して自首した事件がありました。浦和
地方裁判所は，この母親に対して，執行猶予付きの判決を下しました。参議院の法務
委員会が，これを調査し，量刑が不当であるという決議を行いました。これに対して
最高裁判所は，法務委員会の調査・決議が司法権の独立を侵害すると批判しました。
学者の圧倒的多数も最高裁判所の立場を支持したため，補助的権能説が通説となりま
した。

……と説明しましたが，実は，補助的権能説と独立権能説のいずれの説を採るかによって，直ちに国政調査権の範囲や限界が異なるわけではありません。
・補助的権能説でも，下記4.のとおり，国政調査権の範囲は国政のほぼ全般にわたります。
・独立権能説でも，何でもかんでもズカズカ入っていって調査できるわけではありません。

4．範囲と限界

国政調査権の範囲と限界について，他の国家機関の権限（行政権・司法権）との関係をみていきましょう。

（1）行政権との関係

（a）原則

行政権については，原則として，全般にわたって調査できます。

日本の憲法は，議院内閣制を採用しているからです。議院内閣制について，詳しくはP180～181 $\boxed{3}$ で説明しますが，少し雑にいうと，立法と行政が近いということです。行政権を担う内閣は，立法権を担う国会に対して責任を負うので（憲法66条3項），立法権を担う衆議院・参議院は行政権について全般にわたって調査できるのです。

（b）例外

ただし，行政権についても，以下の2つの例外があります。

①法律によって守秘義務が課せられている公務員の職務上の秘密

公務員の職務上の秘密に関する事項については，国政調査権は及びません（議院証言法5条）。法律によって守秘義務が課せられているため，これは当たり前ですね。

②検察権

検察権も行政権の一種なので，国政調査権の対象となります。

しかし，検察権は準司法的性格を有します。検察が起訴しなければ，原則として有罪にはなりません。よって，通常の行政権とは異なり，特別の配慮をする必要があります。以下のような調査はできません。

> **要は**
>
> 以下の3点は，要は，**裁判結果に影響を与え得る調査はダメ**ということです。

・起訴・不起訴について，検察権の行使に政治的圧力を加えることを目的とする調査
・起訴事件に直接関連ある捜査および公訴追行の内容を対象とする調査
・捜査の続行に重大な障害を来すような方法での調査

（2）司法権との関係

　司法権に対する調査は，制約があります。司法権については，司法権の独立の原則
（P214 1 ）という重要な原則があるからです。

許される調査（○）	許されない調査（×）
①**適法な目的でする現に係属中の事件の調査** 　立法目的など，適法な目的でする調査は許されます。たとえば，訴訟経済（簡単にいうと，訴訟のムダをなくして早く終わらせる）のために，係属中の事件を調査することは許されます。立法目的などですので，直ちに司法権の独立を侵害するものではないからです。	①**裁判内容について専らその当否を目的とした調査** 　絶対的に禁止されます。 ②**係属中の事件の裁判官の訴訟の進行方法に対する調査** 　訴訟の進行の主導権は，裁判所にあります。──民事訴訟法・民事執行法・民事保全法のテキスト第1編第6章 3 1.「裁判官は審判」　よって，衆議院・参議院が調査をすると，司法権の独立を害することになります。

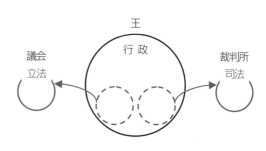

第3章	内　閣

> **憲法65条**
> 　行政権は，内閣に属する。

　行政権を担うのは内閣です（憲法65条）。

第1節　行政権とは？

1　意義

　行政権：すべての国家作用のうち立法作用と司法作用を除いたもの（控除説）

　国家作用のうち立法作用と司法作用を除いたものが行政権であると考えるのは，これが最も歴史的経過に合致しているからです。かつては，王が立法権・行政権・司法権のすべてを有していました。日本では，将軍などをイメージしてください。しかし，それでは専断的であったため，立法権を議会が獲得し，司法権を裁判所が獲得しました。

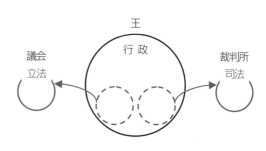

　その結果として，行政の力が最も大きい国家が多くなりました。これを「行政国家現象」といいます。最後まで王が持っていた権力でありますし，現代国家では，行政の役割が大きいからでもあります。市役所や区役所，税務署，法務局，すべて行政です。立法権を担う国会議員の数は700人程度，司法権を担う裁判官の数は3,000人程度であるのに対して，行政権を担う公務員の数は300万人程度と桁違いです。

2 独立行政委員会

　通常の行政機関は，内閣の指揮監督下にあるため，「行政権は，内閣に属する」と規定する憲法65条に反しません。

　しかし，独立行政委員会（※）は，内閣が人事（任命）権と予算権を有する程度の弱いコントロール関係しかなく，監督権はほとんど働きません。このように，内閣から独立している点が，「行政権は，内閣に属する」と規定する憲法65条に反するのではないかが問題となります。この問題について，後記の表のような学説があります。

※独立行政委員会の例

ex1. 公正取引委員会：いわゆる独占禁止法（＊）の運用のため，内閣総理大臣の所轄
　　　　　　　　　　の下に設置された行政委員会

＊正式名称は「私的独占の禁止及び公正取引の確保に関する法律」です。

　企業の違反行為に目を光らせている行政委員会です。たとえば，ある大手のネットショッピングサイトを運営している会社が，出店しているお店に対して，一定額以上の商品を購入したお客への送料を無料にする仕組みへの参加を実質的に強制したとして，公正取引委員会が動き，指摘を受けた会社がこの仕組みの導入を断念したことがありました。

ex2. 人事院：公務員制度を公正かつ能率的に運用するために設けられている中央人事
　　　　　　行政機関

　公務員の労働基本権は制限されているため（P146～147の3.），公務員の給与，勤務時間，勤務条件などについて，国会や内閣に対して勧告を行ったりする機関です。公務員の労務管理をする機関だと考えてください。

	合憲説（通説）		違憲説
	憲法65条に例外を認めないアプローチ	憲法65条に例外を認めるアプローチ	
結論	内閣のコントロールの下にあるため合憲　　内閣　　↓合憲　　独	行政のうち，内閣のコントロールの下にないものがあっても構わないため，合憲　　内閣　　↓合憲　独	内閣のコントロールの下にないため，違憲　　内閣　　↓違憲　独

	合憲説（通説）		違憲説
	憲法65条に例外を認めないアプローチ	憲法65条に例外を認めるアプローチ	
理由	独立行政委員会は，内閣が委員任命権と予算権を有しているので，内閣のコントロールの下にあるといえます。しかし，委員任命権と予算権を有していれば内閣のコントロールの下にあるということになると，裁判所も内閣のコントロールの下にあることになってしまいます。内閣は，最高裁判所の長官以外の裁判官の任命権を有していますし（P192〜193の3.），予算権も有しています。	（形式的根拠） 立法権について規定した憲法41条（P153）や司法権について規定した憲法76条1項（P196）と異なり，憲法65条（P178）には，「唯一の」や「すべて」という文言がありません。 （実質的根拠） 憲法65条は，内閣がすべての行政に対して指揮監督権を有することは要求しておらず，最終的に国会のコントロールが直接に及ぶのであれば構いません。国会は，独立行政委員会の委員の任命・予算の同意権を有しています。 ただ，国会のコントロール下にあるとは言い難い独立行政委員会もあります。しかし，独立行政委員会の職務の特殊性から，特に政治的に中立の立場で処理されなければならない行政事務があります。よって，これも憲法に違反しません。	行政機関は，内閣のコントロールの下にある必要があります。しかし，独立行政委員会は，内閣のコントロールの下にあるとはいえません。

3 議院内閣制

　日本は，議院内閣制を採用しています。「議院内閣制」とは何か，対立する「大統領制」と比較して説明していきます。議院内閣制・大統領制は，立法と行政の関係です。日本やイギリスは議院内閣制，アメリカは大統領制です。

議院内閣制（日本やイギリス）	大統領制（アメリカ）
以下の２点が議院内閣制の本質（＊）です。 ＊「本質」とは，それが欠けると議院内閣制ではないということです。 ①立法と行政が一応分立しているが，分立が弱い ②行政が立法に対して責任を負う 　日本の憲法には，内閣の国会に対する連帯責任を定めた規定（憲法66条3項。P195）があります。 　議院内閣制は，立法と行政が協力します。日本の憲法には，立法と行政が協力できなくなったときに，衆議院が内閣不信任決議をし，それに対して内閣が解散または総辞職をし，再び協力関係を築く制度があります（憲法69条）。 　以上のような憲法の規定から，日本は議院内閣制を採用しているといえます。	立法と行政が厳格に分立しています。 立法の不信任によって行政（大統領）が辞職することはありません。また，行政（大統領）が議会を解散させることもできません。 これは，大統領も，国民に選出されるので，議会と同じく民主的な基盤があるからです。大統領が，「私だって国民から選ばれたんだ！」と言えるんです。 これが，国民に選出されたわけではない日本の内閣総理大臣との違いです。 なお，日本の地方公共団体は，大統領制に近いです。

　上記の表の左の①②が議院内閣制の本質であることに争いはないのですが，それらに加え，以下の③も議院内閣制の本質か，以下の表のとおり争いがあります。

③内閣が議会の自由な解散権を有すること

責任本質説　→　← 　均衡本質説	
③は本質ではない（＊） ＊本質ではないだけで，責任本質説でも，内閣が解散権を有さないとは限りません。 内閣の存立が，議会が国民から信任を得ていることに依存しているところに，議院内閣制の本質があります。	**③は本質である** 議会と内閣の対等性を重視します。議会の内閣不信任決議に対し，内閣が解散権で対抗することによって，議会と内閣が均衡します。ここに，議院内閣制の本質があります。
国民 →選出 国会 責任（≒国民への責任） 内閣	国会 解散権／内閣不信任決議 内閣
国民に選出されたわけではない内閣は，民主的な基盤のある議会に責任を負うことが，国民への責任になるということです。	イギリスの議院内閣制は，君主（行政）と議会との権力の均衡を図って成立した制度です。

第2節　内閣の組織

1 構成

> **憲法66条**
> 1 内閣は，法律の定めるところにより，その首長たる内閣総理大臣及びその他の国務大臣で
> これを組織する。

　内閣は，首長である内閣総理大臣とその他の国務大臣で組織されます（憲法66条1項）。「国務大臣」とは，外務大臣や法務大臣などのことです。内閣総理大臣はもちろん1人ですが，その他の国務大臣は原則として14人以内（特別に必要のある場合は17人以内）です（内閣法2条2項）。

1．構成員の資格
（1）文民統制
　内閣総理大臣その他の国務大臣は，文民でなければなりません（シビリアン・コントロール。憲法66条2項）。「文民」に，現役の自衛官が当たらないことは争いがありません。現役の自衛官は，内閣総理大臣その他の国務大臣になれないわけです。退官した自衛官が「文民」に当たるかは，争いがあります。
　内閣総理大臣その他の国務大臣が文民でなければならないのは，戦前は，軍人が政府の中枢を支配し，戦争が始まったと指摘されることがあるからです。たとえば，太平洋戦争が開戦したときの内閣総理大臣は東条英機ですが，東条英機は軍人（陸軍）であり，日中戦争の指揮を執っていました。

（2）国会議員
（a）内閣総理大臣
　内閣総理大臣は，国会議員である必要があります（憲法67条1項前段）。では，衆議院議員である必要があるでしょうか。
　衆議院議員である必要はありません。参議院議員でも構いません。ただ，これまで参議院議員が内閣総理大臣になった例はありません。民進党（当時）の代表が蓮舫さんであったことがありましたが，蓮舫さんが代表の時に衆議院議員選挙が行われ民進党が過半数を獲得していれば，参議院議員である蓮舫さんが内閣総理大臣になっていたものと思われます。

（b）国務大臣

　国務大臣の過半数は，国会議員でなければなりません（憲法 68 条 1 項ただし書）。最近は，国務大臣のほとんど全員が国会議員ですが，2001 年〜の小泉政権時は，竹中平蔵さんが経済財政政策担当大臣でした。竹中平蔵さんは，大学教授であり，国会議員ではありませんでした（途中で参議院議員になりました）。また，自民党が日本維新の会の協力を得るために，橋下徹さんを大臣にするのではないかといわれることがあります。橋下徹さんは，弁護士であり，国会議員ではありません。

　上記（a）（b）の趣旨は，議院内閣制（P180〜181 3 ）の徹底にあります。議院内閣制は，立法と行政が協力するので，内閣総理大臣は国会議員である必要があり，国務大臣の過半数も国会議員である必要があるとされているのです。

2．内閣総理大臣

内閣総理大臣は意外とスゴイ

　まず，内閣総理大臣は意外とスゴイというイメージを持ってください。「日本の内閣総理大臣は，アメリカの大統領と比べると権限が小さい」といったことは聞いたことがあると思います。アメリカの大統領と比べると権限が小さいのは確かなのですが，意外とスゴイ権限があるんです。明治憲法では，内閣総理大臣は一応内閣のトップではありましたが，その他の国務大臣と同レベルという扱いでした。しかし，現行憲法では，内閣の「首長」と明記されています（憲法 66 条 1 項。P182）。

（1）指名と任命

　内閣総理大臣の指名と任命は，以下のように行われます（憲法 67 条 1 項前段，6条 1 項）。

・指名
　→　国会が行います（P161③で説明した首班指名です）。
・任命
　→　天皇が行います。
　内閣総理大臣が，天皇陛下に任命される任命式のニュース映像をご覧になったことがあると思います。

（2）権能
（a）国務大臣の任免権
　内閣総理大臣は，以下の①②の権能を有します。

①国務大臣の任命権（憲法68条1項本文）

> **Realistic rule**

　憲法上，三権のトップ以外を天皇が任命することはありません。そして，憲法上，衆議院議長・参議院議長の任命手続はありません。よって，**天皇陛下に任命してもらえるのは，内閣総理大臣と最高裁判所長官のみ**ということです。これを記憶しておくと，色々なところで役立ちます。

②国務大臣の罷免権（憲法68条2項）
　「罷免」とは，簡単にいうと，クビにするということです。国務大臣が不祥事を起こしたり失言をしたりした場合，自ら辞任するのが通常なので，罷免されることはあまりありません。少ない例を挙げると，2010年の民主党政権時代に，沖縄の米軍基地を沖縄県外に移設することができず，閣議での署名を拒否した福島瑞穂消費者・少子化担当大臣を鳩山首相が罷免したことがありました。

（b）内閣の代表権
　内閣総理大臣は，内閣を代表して以下の①〜③のことをすることができます（憲法72条）。

①議案を国会に提出する（下記 i ）
②一般国務および外交関係について国会に報告する
③行政各部を指揮監督する（下記 ii ）

　①③について論点があるので，みていきましょう。

i 　議案提出権（上記①）
　この「議案」の一種として，法律案も提出できるとされています（内閣法5条）。内閣が法律案を国会に提出することが，国会単独立法の原則（立法には，国会以外の機関が関与してはいけないという原則。P155（a））に反しないか，以下の表のとおり争いがあります。

	合憲説（通説）　　→←　　違憲説	
	合憲説（通説）	違憲説
結論	内閣の法律案の提出は合憲である	内閣の法律案の提出は違憲である
理由	①法律の発案は，立法の契機にすぎません。国会は，法律案を自由に修正・否決できます。よって，立法権の侵害とはいえません。 ②国務大臣の大半は，国会議員です。よって，内閣の法律案の提出を否定しても，議員立法として法律案を提出することができます。 ③憲法は議院内閣制を採用しています。議院内閣制は，立法と行政が協力するものです。 ④憲法72条の「議案」には，法律案も含まれます。	①法律案の提出は，立法作用の一部です。よって，内閣の法律案の提出は，国会が国の「唯一の立法機関」であるとした憲法41条（P153）に違反します。 ②憲法に，内閣の法律案の提出を認める明文規定がありません。 　単に「明文規定がない」という理由は，否定説の根拠となります。── 民法Ⅲのテキスト第5編第4章第5節④3. （2）（d）※「テクニック」

― Realistic 13　学説問題の肢の判断方法 ―

　学説問題は，問題冒頭で学説が2〜3説示され，それについて「ア　第1説によると……」などの肢が記載され，肢の正誤を判断する問題が基本形です。問題冒頭の学説と肢を結び付けられれば正解できます。その際，少しだけ自分で文言を補う必要があります。上記の学説を例にやってみましょう。「（　　）」が，補った文言です。

・合憲説の理由①「（内閣が提出しても）国会は，法律案を自由に修正・否決でき（るから合憲でいいじゃないか）」

・合憲説の理由②「内閣の法律案の提出を否定しても，議員立法として法律案を提出することができ（るから合憲でいいじゃないか）」

　こうやって学説問題を解いていきます。問題で試してみましょう。

ii　指揮監督権（P184③）

　内閣総理大臣の指揮監督権の行使は，基本的には，閣議にかけて決定した方針に基いて行います（内閣法6条）。P184①〜③の権限は，内閣を「代表」する権限なので，閣議決定が必要なのです。

　では，閣議にかけて決定した方針が存在しない場合，内閣総理大臣には，行政各部に対し，その所掌事務について一定の方向で処理するよう指導，助言などの指示を与える権限は認められないのでしょうか。

　内閣の明示の意思に反しない限り，認められます（最大判平7.2.22【ロッキード事件 ―― 丸紅ルート】）。
　これは，刑法のテキスト第3編第3章第4節④3.(1)で説明したロッキード事件です。内閣総理大臣（田中眞紀子さんの父である田中角栄氏）が運輸大臣に，ＡＮＡ（全日空）にアメリカのロッキード社の航空機を購入するよう，勧奨するように働きかけたのですが，そのような閣議決定があるわけがありません。しかし，内閣総理大臣の職務権限に属する行為とされました。

（c）法律・政令の連署
　法律と政令（内閣が制定する命令）には，すべて主任の国務大臣が署名し，内閣総理大臣が連署します（憲法74条）。たとえば，法務省関係の法律であれば，以下のように署名・連署がされます。
「法務大臣　　　○○　○○
　内閣総理大臣　○○　○○」
　これは，法律・政令の執行責任を明確にするために要求されるものです。

3.　国務大臣
（1）任命と認証
　国務大臣の任命と認証は，以下のように行われます。

・任命
　→　内閣総理大臣が行います（憲法68条1項本文）。
　内閣総理大臣が決まると，内閣総理大臣が誰を国務大臣にするか話題になりますよね。国務大臣になる人には，内閣総理大臣から「今から官邸に来てください」と電話がかかってくるそうです（任命はその後に行われます）。
　天皇陛下に任命してもらえるわけではありません。天皇陛下に任命してもらえるのは，内閣総理大臣と最高裁判所長官のみです（P184の「Realistic rule」）。
・認証
　→　天皇が行います（憲法7条5号）。

☞「任命」「認証」とは？
　任命：人を官職・公務員の職につけること。効力要件。
　認証：一定の行為または文書の成立・作成が，正当な手続でされたことを公の機関が証明すること。効力要件ではない。

（2）地位

　国務大臣は，在任中は，内閣総理大臣の同意がなければ訴追されない特権を有しています（憲法75条本文）。検察権による内閣の職務執行への干渉を排除するためです。これによって，国務大臣が訴追によって途中で変わることを防ぐことができ，内閣の統一性を確保できます。

　このように，この特権は，内閣の統一性を確保するためのものであり，国務大臣を訴追から逃れさせることが目的ではありませんので，この特権によって「これがため，訴追の権利は，害されない」とされています（憲法75条ただし書）。「これがため，訴追の権利は，害されない」とは，公訴時効は完成しないということです。国務大臣を退任したら，訴追されるのです。

（3）議院への出席

　国務大臣は，衆議院・参議院に議席を有するかどうかに関係なく，いつでも議案について発言するため議院に出席することができます（憲法63条前段）。また，答弁または説明のために出席を求められたら，出席しなければなりません（憲法63条後段）。これらは，内閣総理大臣も同じです（憲法63条）。ニュース映像で，内閣総理大臣や国務大臣が横に並んで座り，国会議員から質問を受けている予算委員会などをご覧になったことがあると思います。

　日本は，議院内閣制を採用しています。議院内閣制は，行政が立法に対して責任を負うので（P181②），国会による内閣の責任追及の手段を確保しているんです。

2　総辞職

憲法69条

　内閣は，衆議院で不信任の決議案を可決し，又は信任の決議案を否決したときは，10日以内に衆議院が解散されない限り，総辞職をしなければならない。

憲法70条

　内閣総理大臣が欠けたとき，又は衆議院議員総選挙の後に初めて国会の召集があつたときは，内閣は，総辞職をしなければならない。

1．総辞職とは？

　総辞職：内閣総理大臣を含めた内閣の構成員全員が同時に辞職すること

　内閣が総辞職すると，新しい内閣が作られます。

　最近だと，2021年10月，菅義偉内閣が総辞職し，岸田文雄内閣が作られました。

2．総辞職の事由

　総辞職には，「自発的な総辞職」と「必要的な総辞職」があります。

　自発的に総辞職することもできます。

　必要的な総辞職には，以下の①〜③のものがあります。

①衆議院で内閣不信任決議案が可決または信任決議案が否決され，内閣が10日以内に衆議院を解散しない場合（憲法69条）

　内閣は，衆議院の信任を基礎として存在しています（P181）。よって，内閣は，衆議院から「NO！」を突きつけられたら，「お前らが国民の審判を仰げ！」と衆議院を解散するか，総辞職しなければならないのです。

　なお，参議院は内閣の問責決議をすることができますが，これには法的拘束力はありません。

②内閣総理大臣が欠けた場合（憲法70条）

　「内閣総理大臣が欠けた」とは，死亡，内閣総理大臣たる資格の喪失（ex. 被選挙権を失った），辞職などです。病気や生死不明の場合は，これに当たりません。病気や生死不明の場合は，あらかじめ指定された国務大臣が内閣総理大臣の職務を行います（内閣法9条）。慣例的に官房長官が指定されています。2000年，小渕恵三首相が入院した際は，青木幹雄官房長官が臨時で内閣総理大臣の職務を行いました。

　内閣総理大臣が欠けると内閣が総辞職するのは，内閣総理大臣が変わると内閣は別物になるからです。内閣総理大臣は，内閣の顔なわけです。

③衆議院議員総選挙の後に初めて国会が召集された場合（憲法70条）

　内閣は，衆議院の信任を基礎として存在しています。よって，衆議院議員が変わった場合には，再度，衆議院の信任を得る必要があるため，総辞職する必要があるんです。

　上記①～③は，ふりがなをふっているところを取って，「総辞職！　新鮮か！」と記憶しましょう。

3. 総辞職の後

　総辞職した内閣は，新たに内閣総理大臣が任命されるまで引き続き職務を行います（憲法71条）。内閣が総辞職してから，新しい内閣が組閣されるまで，国会の指名（P183（1））など，一定期間があります。内閣のない空白期間を作るわけにはいかないので，その間は，従前の内閣が引き続き職務を行うわけです。

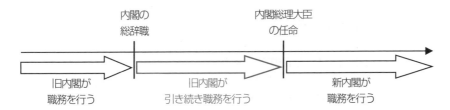

第3節　内閣の権能・責任

1　内閣の権能
この 1 で内閣の権能をみていきます。

立法・司法以外

内閣の権能は多岐にわたります。「これも権能で，あれも権能で……」となってしまいがちなのですが，一言でいうと立法・司法以外のことが内閣の権能です。国家作用のうち立法作用と司法作用を除いたものが，行政権だからです（控除説。P178 1 ）。

1．憲法73条
まず，憲法73条で，以下の①〜⑦は内閣の権能である旨が規定されています。

①「法律を誠実に執行し，国務を総理すること」（憲法73条1号）

国会が制定した法律を執行するのが，内閣（行政）の役目です。よって，国会が制定した法律について，内閣が「これは違憲だから執行しない！」とすることはできないと解されています。

「国務」とは，国の政治事務のことです。

②「外交関係を処理すること」（憲法73条2号）
③「条約を締結すること。但し，事前に，時宜によつては事後に，国会の承認を経ることを必要とする」（憲法73条3号）

この②③は，P168〜170 2 で説明しました。

④「法律の定める基準に従ひ，官吏に関する事務を掌理すること」（憲法73条4号）

「官吏」とは何か，いくつかの解釈がありますが，公務員のことであると考えておいてください。この「法律」には，国家公務員法などがあります。

⑤「予算を作成して国会に提出すること」（憲法73条5号）

これは，P227の2.で説明します。

⑥「この憲法及び法律の規定を実施するために，政令を制定すること。但し，政令には，特にその法律の委任がある場合を除いては，罰則を設けることができない」（憲法73条6号）

　内閣は，憲法および法律の規定を実施するための政令を制定することができます。ex. 不動産登記令は，不動産登記法を実施するために内閣が制定した政令です。

　ただ，政令に罰則を設けるには，法律の委任が必要です。罰則は，人権を侵害するものだからです。

⑦「大赦，特赦，減刑，刑の執行の免除及び復権を決定すること」（憲法73条7号）

　これは，恩赦です。2019年（令和元年）10月，天皇陛下の即位の礼に合わせて，恩赦が行われました。こういったお祝い事の際に行われることが多いです。ただ，批判も強いので，2019年（令和元年）10月の恩赦は，大赦（有罪の言渡しの効力を失わせるなど）や減刑はなく，復権（刑に処せられたために一定期間は取締役になれないなどの資格の制限をなくすこと）がほとんどでした。

2. 憲法7条

> **憲法7条**
> 　天皇は，内閣の助言と承認により，国民のために，左の国事に関する行為を行ふ。
> 〔省略〕
> **憲法3条**
> 　天皇の国事に関するすべての行為には，内閣の助言と承認を必要とし，内閣が，その責任を負ふ。

　憲法7条に，天皇が行うこととして，以下の①～⑩の行為（国事行為）が規定されています。しかし，この国事行為の実質的な決定権者は，内閣であると解されています。憲法7条柱書，3条には「内閣の助言と承認」と規定されていますし，衆議院の解散（下記③）など極めて政治性の強い行為を政治権限・責任のない天皇が行うと規定されているからです。

① 「憲法改正，法律，政令及び条約を公布すること」（憲法7条1号）
　「公布」は，原則として官報に掲載して行います。報道などで事実上知り得る状態になったとしても，公布があったとはいえません（最大判昭32.12.28）。社会で適用されるルールが変わるわけですから，厳格に「官報掲載」としておかないとマズイですよね。
② 「国会を召集すること」（憲法7条2号）

③「衆議院を解散すること」（憲法7条3号）

④「国会議員の総選挙の施行を公示すること」（憲法7条4号）

⑤「国務大臣及び法律の定めるその他の官吏の任免並びに全権委任状及び大使及び公使の信任状を認証すること」（憲法7条5号）

⑥「大赦，特赦，減刑，刑の執行の免除及び復権を認証すること」（憲法7条6号）

⑦「栄典を授与すること」（憲法7条7号）

⑧「批准書及び法律の定めるその他の外交文書を認証すること」（憲法7条8号）

⑨「外国の大使及び公使を接受すること」（憲法7条9号）

⑩「儀式を行ふこと」（憲法7条10号）

3．裁判所に対する権限

（1）最高裁判所の裁判官

（a）長官

最高裁判所の長官の指名と任命は，以下のように行われます（憲法6条2項）。

・指名

→　内閣が行います。

・任命

→　天皇が行います。

（b）長官以外の裁判官

最高裁判所の長官以外の裁判官は，内閣が任命します（憲法79条1項）。

（2）下級裁判所の裁判官

下級裁判所の裁判官は，最高裁判所の指名した者の名簿に基づき，内閣が任命します（憲法80条1項前段）。

最高裁判所の長官を内閣が指名し，最高裁判所の長官以外の裁判官と下級裁判所の裁判官を内閣が任命するとされているのは，国会のコントロール下にある内閣が裁判所に影響力を及ぼすことで，裁判所に民主的コントロールを及ぼすためです。裁判官は，国民から選ばれたわけではありません。司法試験に合格し，司法修習を修了してなるのが裁判官です（その中で特に優秀な人が裁判官になるといわれています）。よって，民主的コントロールを及ぼす必要があるんです。

　ただ，下級裁判所の裁判官は，最高裁判所の指名した者の名簿に基づく必要がある
とされているのは，司法府の自主性を強めるためです。内閣が，この名簿の裁判官を
任命しなかったことは，これまではありません。このように，下級裁判所の裁判官の
人事権は，実質的に最高裁判所が握っているので，日本の裁判官は慣例どおりの判決
をすることが多いともいわれています。慣例を破る判決をして，目をつけられたくな
いのです。

　上記の任命権者を記憶するときは，天皇陛下に任命してもらえるのは内閣総理大臣
と最高裁判所長官のみであるという P184 の「Realistic rule」も使いましょう。

　最高裁判所の長官以外の裁判官と下級裁判所の
裁判官を内閣が任命する点は，裁判官が「な～に
～！　内閣に任命されるのか！」と言っているシー
ンをイメージして記憶しましょう。

4．衆議院の解散

> ### 憲法 69 条
> 　内閣は，衆議院で不信任の決議案を可決し，又は信任の決議案を否決したときは，10 日
> 以内に衆議院が解散されない限り，総辞職をしなければならない。

（1）意義
　衆議院の解散とは，任期満了の前に衆議院議員の全員の議員資格を失わせることで
す。衆議院が解散されると，衆議院議員総選挙となります（憲法 54 条 1 項，公職選
挙法 31 条 3 項）。

（2）衆議院の解散は憲法 69 条の場合に限られるのか？
　内閣が衆議院を解散できるとの明文規定があるのは，上記の憲法 69 条（衆議院が内
閣の不信任の決議案を可決しまたは信任の決議案を否決した場合）のみです。しかし，
実際には，衆議院での内閣不信任の決議案の可決または信任の決議案の否決がなくて
も，内閣は衆議院を解散しています。たとえば，岸田政権時に行われた 2021 年 10 月
の解散，安倍政権時に行われた 2017 年 9 月・2014 年 11 月の解散が，その例です。
　これらの解散は，そもそも許されるのか，何を根拠として行われるのか，以下の表
のとおり争いがあります。

| | 他律的解散説（通説） | | | | 自律的解散説 |
| | 69条限定説 | 69条非限定説 | | | |
		7条3号説 （今の慣行）	65条説	制度説	
結論	内閣が衆議院を解散できるのは，憲法69条の場合に限られます。	憲法7条3号の実質的解散権は内閣にあり，内閣が憲法7条3号に基づく解散を決定できます。	「行政権は，内閣に属する」と規定した憲法65条（P178）を根拠として，内閣が解散を決定できます。	三権分立や議院内閣制など，憲法が採用している統治の制度全体の趣旨から，内閣が解散を決定できます。	衆議院が自らの決議によって解散するのが原則です。憲法69条は，例外的に内閣が解散を決定できます。
理由	憲法69条以外に明文規定がないからです。	政治性の強い衆議院の解散が天皇の国事行為として形式的・儀礼的なものになるのは，実質的に決定するのが内閣だからです。	衆議院の解散は，立法作用でも司法作用でもありません。ということは，控除説（P178①）から行政権に属するといえます。	衆議院の内閣不信任決議案の可決または信任決議案の否決に対し，内閣が解散権で対抗することで，権力分立を実現できます。	国会は，国権の最高機関であるため（憲法41条。P153②），自らの決議によって解散することができます。
この説への批判	衆議院の解散は，総選挙によって国民の意思を問う制度です。よって，憲法69条の場合に限るべきではありません。			「議院内閣制だから内閣に解散権がある」は，循環論法です。「解散権があるから，議院内閣制である」ともいえます。 解散権 ← 循環論法 → 議院内閣制	

2 内閣の責任

> **憲法66条**
> 3　内閣は，行政権の行使について，国会に対し連帯して責任を負ふ。

　内閣は，行政権の行使について，国会に対し連帯して責任を負うとされています（憲法 66 条3項）。これは，日本が議院内閣制を採っていることの根拠となる条文です（P181②）。

　この「責任」とは，なんでしょうか。

　政治責任です。よって，内閣は，法的に適法であっても責任を問われることがあります。

ex. 経済政策の失敗で財政が悪化した場合，内閣は責任を問われます。

　憲法 66 条3項は「責任」と規定しているのみで，どのような場合にどのような責任を負うかを何も規定していないため，法的責任ではなく政治責任であると解されるのです。法的責任であれば，どのような場合にどのような責任を負うかが規定されているはずだからです。

第4章　　　　　　　　　　　　裁判所

> **憲法76条**
> 1　すべて司法権は，最高裁判所及び法律の定めるところにより設置する下級裁判所に属する。

　司法権を担うのは，最高裁判所および下級裁判所です（憲法76条1項）。

第1節　司法権とは？

1　司法とは？

　世の中の事柄のすべてが司法の対象となり，裁判所が判断を下せるわけではありません。「司法」は，以下のように定義されます。

　　司法：具体的な争訟について，法を適用し，宣言することによって，これを裁定する国家の作用

　ちょっと難しい言い方ですが，ポイントは「具体的な争訟」です。具体的な争訟は，「法律上の争訟」（裁判所法3条1項）ともいいますが，具体的事件性があるということです。「法律上の争訟」は，以下のように定義されます（最判昭29.2.11，最判昭56.4.7）。この定義は重要なので，まずしっかりと記憶しましょう。

> 法律上の争訟
> ：①当事者間の具体的な権利・義務ないし法律関係の存否に関する紛争
> 　②それに法律を適用することにより終局的に解決することができるもの

2　法律上の争訟

1．原則

　上記1の①②のいずれかを充たさない場合，法律上の争訟に当たらず，裁判所は原則として判断を下すことができません。

（1）事件性のない抽象的な法令の解釈

　裁判所は，具体的な事件性を欠く場合に，抽象的な法令の解釈をすることはできません（最大判昭 27.10.8【警察予備隊違憲訴訟】）。P196 の①を充たさないからです。これは憲法に明記されているわけではありませんが，以下の判例で最高裁判所が判断を示しました。

判例　最大判昭27.10.8【警察予備隊違憲訴訟】

■事案

　1950 年，警察予備隊令に基づき，自衛隊の前身である警察予備隊（＊）が設置されました。この警察予備隊が憲法9条に違反するとして，社会党の党首である鈴木茂三郎氏が直接最高裁判所に訴えを提起しました。

＊警察予備隊は，警察のことではありません。1945 年の太平洋戦争の終結後，日本の軍隊は解散させられ，日本には米軍が駐留していました。しかし，1950 年に朝鮮戦争が起き，日本に駐留している米軍が朝鮮半島に出動することになりました。日本の防衛が手薄になり，ソ連などに侵攻されないよう，GHQが日本に再軍備を命じてできたのが警察予備隊です。警察予備隊は，1952年に保安隊になり，1954年に自衛隊になりました。

■主な争点

・最高裁判所は，具体的事件を離れて抽象的に法律などの違憲性を判断できるか

■判旨

・「司法権が発動するためには具体的な争訟事件が提起されることを必要とする。我が裁判所は具体的な争訟事件が提起されないのに将来を予想して憲法及びその他の法律命令等の解釈に対し存在する疑義論争に関し抽象的な判断を下すごとき権限を行い得るものではない。」とし，訴えを却下しました。

　最高裁判所は，この判決で，付随的審査制を採ることを明言したのです（P31 の 3.）。

（2）単なる事実の存否，学問上・技術上の論争など

　単なる事実の存否，学問上・技術上の論争なども，法律上の争訟に当たりません。

　国家試験の合否判定が裁判の対象になるか争われたことがありますが，裁判の対象にならないとされました（最判昭 41.2.8）。国家試験の合否判定は，学問上または技術上の知識，能力，意見の優劣などを判断するものです。その最終判断は，試験実施

機関に委ねられます。要は，誰が合格にふさわしいかは，裁判所ではなく試験実施機関が決めるべきであるということです。よって，司法書士試験の合否判定に納得できずに訴えを提起しても，残念ながら訴えが却下されると思われます。

　国家試験の合否判定は，P196 の①も②も充たさないとされたのです。

（3）宗教問題
（a）宗教問題そのものが争われる場合
　以下のような訴えは，法律上の争訟に当たりません。

　・信仰の対象の価値の判断を求める訴え
　・宗教上の教義に関する判断を求める訴え
　・単なる宗教上の地位（ex. 住職の地位）の確認の訴え

　P196 の①も②も充たしません。信仰の対象に価値があるか，宗教上の教義，宗教上の地位といったことは，裁判所にはわかりません。六法ではなく，その宗教の教典に書いていることです。

（b）宗教問題が前提として争われている場合
　では，当事者間の具体的な権利・義務ないし法律関係の存否に関する紛争ではあるが，その前提として宗教問題が争われている場合はどうでしょうか。以下のような事件があります。

判例　**最判昭56.4.7【板まんだら事件】**

■事案
　宗教団体である創価学会の会員であったXらは，創価学会に対して，創価学会の御本尊である「板まんだら」を安置する正本堂を建立する資金のために寄付を行いました。しかし，Xらは，正本堂に安置すべき板まんだらが偽物であり，寄付行為に錯誤があったとして，創価学会を相手方として寄付金の返還を求める不当利得返還請求訴訟を提起しました。

■主な争点
　・宗教問題が争われている場合，裁判の対象となるか

■判旨

・「本件訴訟は，具体的な権利義務ないし法律関係に関する紛争の形式をとつており，その結果信仰の対象の価値又は宗教上の教義に関する判断は請求の当否を決するについての前提問題であるにとどまるものとされてはいるが，本件訴訟の帰すうを左右する必要不可欠のものと認められ，また，……本件訴訟の争点及び当事者の主張立証も右の判断に関するものがその核心となつていると認められることからすれば，結局本件訴訟は，その実質において法令の適用による終局的な解決の不可能なものであつて，裁判所法3条にいう法律上の争訟にあたらない」。

不当利得返還請求訴訟ですので，P196の①は充たします。しかし，錯誤に当たるかどうかを判断するには，板まんだらが本物かどうかを認定する必要があります。裁判所には，板まんだらが本物かどうかはわかりません。よって，P196の②を充たさないとされました。

━━ 判例 　**最判平元.9.8【蓮華寺事件】** ━━━━━━━━━━━━━━━━━━━━━━━━

■事案

　日蓮正宗蓮華寺の住職かつ代表役員であったYは，創価学会をめぐる対立過程で行った言説が教義に反する異説とされ，僧籍はく奪の処分を受け住職の地位を失い，そのため，代表役員の地位を失いました。そこで，日蓮正宗蓮華寺がYを相手方として寺院建物の明渡しを請求する訴えを提起し，Yも代表役員の地位の確認を求めました。

■主な争点

・宗教問題が争われている場合，裁判の対象となるか

■判旨

・「当事者間の具体的な権利義務ないし法律関係に関する訴訟であっても，宗教団体内部においてされた懲戒処分の効力が請求の当否を決する前提問題となっており，その効力の有無が当事者間の紛争の本質的争点をなすとともに，それが宗教上の教義，信仰の内容に深くかかわっているため，右教義，信仰の内容に立ち入ることなくしてその効力の有無を判断することができず，しかも，その判断が訴訟の帰趨を左右する必要不可欠のものである場合には，……その実質において法令の適用による終局的解決に適しないものとして，裁判所法3条にいう『法律上の争訟』に当たらない」。

代表役員の地位の確認を求めていますので，P196の①は充たします。しかし，代表役員の前提となる住職の地位を失わせる僧籍はく奪の懲戒処分の効力の有無については，裁判所は判断できません。よって，P196の②を充たさないとされました。

2．例外

　P196の①を充たさないのですが，例外的に提起できる訴訟があります。それが「客観訴訟」です。

　　客観訴訟：法規の適用の客観的適正を争う訴訟

　　客観訴訟には，以下の2つの訴訟があります。

①民衆訴訟：国または地方公共団体の機関の法規に適合しない行為の是正を求める訴えのうち，自己の法律上の利益にかかわらない資格で提起するもの（行政事件訴訟法5条）

　簡単にいうと，民衆訴訟は，訴えを提起した者は，勝訴しても，自分が金銭を得たりすることはできません。

ex1. 議員定数不均衡訴訟（公職選挙法203条，204条。P56〜59[6]）

ex2. 政教分離の住民訴訟（P71〜72，74〜75）

②機関訴訟：国または地方公共団体の機関相互間における権限の存否またはその行使に関する紛争についての訴訟（行政事件訴訟法6条）

　国と沖縄が基地問題で訴訟をしているといったニュースを聞いたことがないでしょうか。こういった，「国vs地方公共団体」「地方公共団体vs地方公共団体」の訴訟が機関訴訟です。

ex1. 市町村の境界に関する訴訟（地方自治法9条8項）

ex2. 課税権の帰属に関する訴訟（地方税法8条10項）

　客観訴訟は，P196の①を充たしませんが（機関訴訟については充たすという説もあります），法律に定める者に限り（ex. その選挙区の有権者），提起することができるとされています（行政事件訴訟法42条）。

第2節　司法権の帰属

> **憲法76条**
> 1　すべて司法権は，最高裁判所及び法律の定めるところにより設置する下級裁判所に属する。
> 2　特別裁判所は，これを設置することができない。行政機関は，終審として裁判を行ふことができない。

1　意義

司法権は，最高裁判所と下級裁判所に帰属します（憲法76条1項）。

法令や処分がおかしい場合に，人権を守る最後の砦となるのが裁判所なので，司法権は裁判所に帰属するとされているのです。

2　特別裁判所

特別裁判所：特定の地域・身分・事件などに関して，通常の裁判所の系列から独立した権限をもつ裁判所

戦前は，特別裁判所がありました。

ex1. 陸軍・海軍に軍法会議というものがあり，軍機（軍事上の機密）を漏らしたり敵前逃亡したりすると，軍法会議にかけられ，刑罰を受けることがありました。死刑にされることもありました。

ex2. 皇室裁判所というものがありました。これは，皇族間の民事訴訟を扱う裁判所です。実際に開かれたことは1度もありません。

特別裁判所は，通常裁判所で裁判を受ける権利を奪われるので，現在は禁止されています（憲法76条2項前段）。

3　行政機関による終審裁判

行政機関は，終審として裁判を行うことができません（憲法76条2項後段）。「終審」が禁じられているだけなので，行政機関が前審として裁判をすることはできます。

ex. 独占禁止法に基づいて，行政機関である公正取引委員会が審決を行います。

終審でなければ，通常裁判所へ訴えを提起する途が開かれているからです。また，行政機関が前審として裁判をしても，裁判所は行政機関の事実認定に基本的に拘束されないからでもあります。

第3節　司法権の限界

1　意義

P196 の①②を充たし法律上の争訟といえるが，裁判所が司法権の行使を差し控えるべき場合があります。

その理由は，三権分立です。裁判所は，三権分立が問題になる場面では遠慮するというハナシがありましたよね（P172 の「裁判所は三権分立では遠慮」）。

2　明文規定のある司法権の限界

まず，憲法に明文規定のある司法権の限界があります。以下の①②です。いずれも，すでに学習したものです。

①裁判官の弾劾裁判（憲法 64 条。P171 3 ）
②議員の資格争訟の裁判（憲法 55 条。P172※）

3　明文規定のない司法権の限界

次に，憲法に明文規定のない司法権の限界もあります。以下の①〜④です。

①自律権（下記 1.）
②裁量行為（下記 2.）
③統治行為（下記 3.）
④団体の内部事項（部分社会の法理。下記 4.）

1．自律権

議院の定足数，決議の成立の有無，国会議員の懲罰（P174※）など，衆議院・参議院の自律（自ら律すること）に委ねられていると解される事項については，裁判所の審査権は及びません（最大判昭 37.3.7【警察法改正無効事件】）。

議院の自律権が問題となった，以下のような事件があります。

> **判例**　最大判昭37.3.7【警察法改正無効事件】
>
> **■事案**
>
> 　1954年に成立した新警察法は，その審議に当たり，野党議員の強硬な反対のため議場が混乱し，議長は議場に入ることができなかったので，ドアをわずかに開けて指を2本挙げて会期の2日間の延長を宣言し，会期が延長され可決されました。住民Xが，この議決手続が無効であるとして住民訴訟を提起しました。
>
> **■主な争点**
>
> ・衆議院・参議院の議事手続の適否は，司法審査の対象となるか
>
> **■判旨**
>
> ・「同法〔新警察法〕は両院において議決を経たものとされ適法な手続によつて公布されている以上，裁判所は両院の自主性を尊重すべく同法制定の議事手続……を審理してその有効無効を判断すべきでない。」
>
> 　衆議院・参議院の自律権を理由に，裁判の対象とならないとされました。

2．裁量行為

（1）立法裁量

　国会には，立法をするにあたって，憲法によって許された裁量があります。国会の立法は，憲法に違反しなければ基本的に裁量の範囲内とされます。よって，憲法によって許された裁量の範囲の逸脱または濫用の有無のみが司法審査の対象となります。ex. P140の【堀木訴訟】において，最高裁判所は立法の裁量の範囲内であるとしました（最大判昭57.7.7）。

（2）行政裁量

　内閣にも，行政を行うにあたって，憲法・法律によって許された裁量があります。内閣の行政処分も，憲法・法律に違反しなければ基本的に裁量の範囲内とされます。よって，憲法・法律によって許された裁量の範囲の逸脱または濫用の有無のみが司法審査の対象となります。

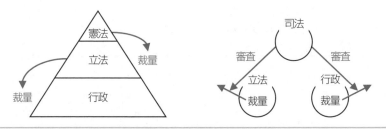

ex. P139 の【朝日訴訟】において，最高裁判所は行政（厚生大臣）の裁量の範囲内であるとしました（最大判昭42.5.24）。

3．統治行為
（1）意義

統治行為：国家の統治の基本に直接関わる高度の政治性を有する行為であって，それについてたとえ法的判断が可能であっても，司法審査の対象から除外されるもの

　具体的には，日米安全保障条約や衆議院の解散が当たります。これらは，高度の政治性を有する行為ですよね。よって，裁判所の司法審査の対象から外されるんです。

（2）根拠

　この統治行為論の根拠として，主に以下の表の2つの説があります。判例は，内在的制約説です。

	内在的制約説 ←→ （最大判昭34.12.16【砂川事件】，最大判昭35.6.8【苫米地事件】）	自制説（少数説）
意義	三権分立や民主主義による政治から，統治行為は，司法権の内在的制約をなすものであり，司法権の範囲外に置かれます。	司法審査権は，あらゆる国家行為に対して一応及びます。しかし，統治行為については，裁判所は審査権の行使を政策的に自制すべきです。
理由	裁判官は，国民から選ばれるわけではないので，国民に対して政治責任を負えません。よって，統治行為については，裁判所ではなく，国民が選挙で審判を下すべきです。たとえば，日米安全保障条約に問題があると考えるのであれば，日米安全保障条約の破棄を掲げる政党に投票すればよいのです。	司法が政治に介入することによる混乱を回避すべきだからです。

（3）具体例

最高裁判所が統治行為論を認めたのは，今のところ以下の（ａ）と（ｂ）の事例の
みです。

（ａ）日米安全保障条約

判例　最大判昭34.12.16【砂川事件】

■事案

アメリカ空軍基地の拡張に反対するデモ隊員であるＸらは，金網の柵を破り基地内に侵入し
ました。そこで，Ｘらは，日米安全保障条約に基づく刑事特別法２条違反で起訴されました。

■主な争点

1. 憲法9条は，日本の自衛権を否定しているか

2. 日本に駐留する外国軍隊は，憲法9条2項前段の「戦力」に当たるか

3. 日米安全保障条約は，司法審査の対象となるか

■判旨

1. 憲法9条によって「わが国が主権国として持つ固有の自衛権は何ら否定されたものではな」
い。「わが国が，自国の平和と安全を維持しその存立を全うするために必要な自衛のための
措置をとりうることは，国家固有の権能の行使として当然のこと」である。

　　これは，日本の個別的自衛権を認めたものだと解されています。自民党は，2015 年に，
（限定的な）集団的自衛権を認めた自衛隊法などの改正をする際，この判旨を根拠に「最高裁
判所も集団的自衛権を認めている」としましたが，ちょっと無理があるかと思います。

2. 「外国の軍隊は，たとえそれがわが国に駐留するとしても，ここにいう〔憲法9条2項前
段の〕戦力には該当しない」。

　　憲法9条2項前段で不保持とされている「戦力」は，日本が主体となって指揮権，管理権を
行使し得る戦力をいうので，米軍は入らないわけです。

3. 日米安全保障条約は，「主権国としてのわが国の存立の基礎に極めて重大な関係をもつ高度
の政治性を有するものというべきであつて，その内容が違憲なりや否やの法的判断は，……
司法裁判所の審査には，原則としてなじまない性質のものであ」る。よって，「一見極めて明
白に違憲無効であると認められない限りは，裁判所の司法審査権の範囲外のものであ」る。

　　日米安全保障条約は，高度の政治性を有するものなので，条約の締結権を有する内閣と承認
権を有する国会の判断に従うべきです。最終的な判断は，主権者である国民の政治的批判に委
ねられます。しかし，「一見極めて明白に違憲無効であると認められない限りは」とあります
とおり，最高裁判所は，司法審査の対象となる余地を残しました。よって，「日米安全保障条
約が司法審査の対象となることはない」と出題されたら，それは誤りです。

― Realistic 14　一審判決は違憲判決だった ―

実は、この砂川事件の一審判決は、米軍の駐留を違憲と判断しました（東京地判昭34.3.30【伊達判決】）。当然、大騒ぎになりました。上記の【砂川事件】の判決の前に、マッカーサーが最高裁判所の田中長官と密会をしています。この密会で何が話されたかはわかりませんが、マッカーサーは米軍の駐留を合憲と判断するよう田中長官を諭したのではないかといわれています。

（b）衆議院の解散

> **判例**　最大判昭35.6.8【苫米地事件】
>
> **■事案**
>
> 　衆議院議員である苫米地義三氏は、衆議院のいわゆる抜き打ち解散の効力につき、憲法69条（P193）を根拠としておらず（憲法7条3号〔P194〕のみを根拠としていました）、また、解散の決定について適法な閣議を欠いていたため違憲であるとして、衆議院議員の資格の確認と任期満了までの歳費（国会議員の給与）を請求する訴えを提起しました。
>
> **■主な争点**
>
> ・衆議院の解散は、司法審査の対象となるか
>
> **■判旨**
>
> ・衆議院の解散は、「直接国家統治の基本に関する高度に政治性のある国家行為」であり、「裁判所の審査権の外にあり、その判断は主権者たる国民に対して政治的責任を負うところの政府、国会等の政治部門の判断に委され、最終的には国民の政治判断に委ねられている」。
>
> 　衆議院の解散は、高度に政治性のある国家行為なので、その判断は、国民に責任を負う内閣と国会に任せられています。最終的な判断は、やはり国民の政治判断になります。この苫米地事件においては、最高裁判所は、司法審査の対象となる余地を残しませんでした。よって、これは純粋な統治行為論といえます。

4．団体の内部事項（部分社会の法理）
（1）意義

　　部分社会の法理：自律的規範を持つ団体の内部の紛争に関しては、その内部規律の問題にとどまる限りはその自治的措置に任せ、司法審査が及ばないという考え方

　簡単にいうと、「自ら律することができる団体の内部の紛争は、その団体に任せ、裁判所は口を出さないよ」ということです。

（2）具体的検討

しかし，この部分社会の法理が当てはまる事例は減少してきています。つまり，裁判所が口を出せる事例が増えてきているということです。

（a）地方議会
ⅰ　除名処分

地方議会の議員に対する除名処分は，司法審査の対象になります（最大判昭35.10.19）。

除名処分を受けた議員は，議員の身分を喪失しますので，団体の内部の紛争にすぎないとはいえないからです。

ⅱ　出席停止処分

それでは，出席停止処分はどうでしょうか。これについて，以下のような事件があります。

判例　最大判令2.11.25【市議会議員出席停止事件】

■事案

宮城県岩沼市の市議Xは，陳謝処分となった議員Zをかばい，「（陳謝文で）読み上げられた中身は真実とは限らない」などと発言したため，市議会から23日間の出席停止の処分を受けました。そこで，Xは，出席停止処分の取消しなどを求めて訴えを提起しました。

■主な争点

・地方議会の議員に対する出席停止処分は，司法審査の対象となるか

■判旨

・「出席停止の懲罰を科された議員がその取消しを求める訴えは，……法令の適用によって終局的に解決し得るものというべきである。」

　まず，出席停止処分の取消しを求める訴えは，法律上の争訟（P196）であるとしました。懲罰の種類と手続が法定されているので，裁判所が判断をすることができるからです。

　「普通地方公共団体の議会の議員に対する出席停止の懲罰の適否は，司法審査の対象となるというべきである。」

　出席停止処分を受けると，その議員は，その期間，議事に参加して議決に加わるなどの議員としての中核的な活動をすることができなくなり，住民の負託を受けた議員としての責務を十分に果たすことができなくなるからです。

かつては，地方議会の議員に対する出席停止処分は，司法審査の対象にならないとされていました（最大判昭35.10.19）。しかし，令和2年11月に上記の判例が出され，上記に記載した理由から判例が変更されました。

（b）大学

判例 **最判昭52.3.15【富山大学事件】**

■事案

富山大学の学生Xらは，教授Zが授業担当停止措置を受けているにもかかわらず，Zの講義を受け続け，Zによって行われた試験を受けましたが，大学から単位認定がされませんでした。そこで，Xらは，学部長と学長を相手方として，専攻科修了の認定の義務確認，単位授与・不授与の未決定の違法確認などを求めて訴えを提起しました。

■主な争点

1．専攻科修了の認定・不認定は，司法審査の対象となるか

2．単位授与の認定・不認定は，司法審査の対象となるか

■判旨

1．「専攻科修了の認定，不認定に関する争いは司法審査の対象になる」。

　専攻科修了の認定・不認定は，「何単位取得しているか」といった認定であり，教育評価ではありません。よって，裁判所が判断することができます。

2．「単位授与（認定）行為は，他にそれが一般市民法秩序と直接の関係を有するものであることを肯認するに足りる特段の事情のない限り，純然たる大学内部の問題として大学の自主的，自律的な判断に委ねられるべきものであつて，裁判所の司法審査の対象にはならない」。

　単位授与の認定・不認定は，教育評価です。よって，裁判所が判断することができないんです。しかし，「特段の事情のない限り」としており，裁判所が判断できる余地は残しました。したがって，「単位授与の認定・不認定が司法審査の対象となることはない」と出題されたら，それは誤りです。

（c）政党

> **判例**　最判昭63.12.20【共産党袴田事件】
>
> **■事案**
> 　共産党の幹部であった袴田氏は，共産党の最高幹部らと対立し，共産党から除名処分を受けました。そして，共産党は袴田氏を相手方として，袴田氏が居住していた共産党所有の家屋の明渡しを求めて訴えを提起しました。これに対し，袴田氏は，本件除名処分が手続的にも実体的にも無効であると主張しました。
>
> **■主な争点**
> ・政党の除名処分は，司法審査の対象となるか
>
> **■判旨**
> ・「政党が党員に対してした処分が一般市民法秩序と直接の関係を有しない内部的な問題にとどまる限り，裁判所の審判権は及ばない」。「一般市民としての権利利益を侵害する場合であっても」，本件「処分の当否は，……政党の自律的に定めた規範が公序良俗に反するなどの特段の事情のない限り……，適正な手続に則ってされたか否かによって決すべきであり，その審理も」その「点に限られる」。
> 　政党の除名処分は政党内部の問題であり，議院の自律（P202～203の1.）に直結するからです。しかし，やはり「特段の事情のない限り」としており，裁判所が判断できる余地は残しました。よって，「政党の除名処分が司法審査の対象となることはない」と出題されたら，それは誤りです。

第4節　裁判所の組織と権能

　この第4節では，裁判所の組織と権能についてみていきます。最高裁判所（下記 1 ）と下級裁判所（下記 2 ）に分けてみていきます。

1 最高裁判所

1. 裁判官

　最高裁判所は，その長たる裁判官と，法律の定める員数（14人）のその他の裁判官，合計15人の裁判官で構成されます（憲法79条1項，裁判所法5条3項）。

2. 国民審査制

憲法79条

2　最高裁判所の裁判官の任命は，その任命後初めて行はれる衆議院議員総選挙の際国民の審査に付し，その後10年を経過した後初めて行はれる衆議院議員総選挙の際更に審査に付し，その後も同様とする。

3　前項の場合において，投票者の多数が裁判官の罷免を可とするときは，その裁判官は，罷免される。

（1）意義・趣旨

　聞いたことがあると思いますが，最高裁判所の裁判官は国民審査に付されます（憲法79条2項）。

　最高裁判所の長官の指名と最高裁判所の長官以外の裁判官の任命は，内閣が行います（憲法6条2項，79条1項。P192（1））。内閣が，自分達に都合のよい者を選ぶ可能性があります。そこで，国民に審査させることにしているんです。

（2）時期

　国民審査は，裁判官ごとに以下の①～③の時期に行われます（憲法79条2項）。

①任命後，初めて行われる衆議院議員総選挙の際
②上記①の後，10年を経過した後に初めて行われる衆議院議員総選挙の際
③これ以後は上記②と同様

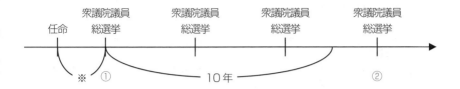

（3）投票方式

　国民審査において，投票者の多数（過半数）が裁判官の罷免を可とするときは，その裁判官は罷免されます（憲法79条3項）。今まで，国民審査で罷免された裁判官は1人もいません。その理由の1つは，投票方式です。現行の投票方式は，罷免を可とする裁判官にのみ「×」印を記載させ，罷免を可としない裁判官については何も記載しない方式です（最高裁判所裁判官国民審査法15条1項）。「×」印を記載していない投票用紙は，罷免を可としない投票となるのです。この投票方式が，投票者の棄権の自由を奪い，思想・良心の自由（憲法19条）を侵害し違憲なのではないかが問題となります。

　この問題について，国民審査の法的性質から考えていきましょう。国民審査の法的性質をどう捉えるかについて，主に以下の表のような学説があります。判例は，解職制度説です。

	解職制度説 （最大判昭27.2.20）　→	←　任命完成説（少数説）
意義	**国民審査は解職の制度である** 任命は完璧（100%）です。「×」印を記載して積極的に罷免を可とする者が過半数を占める場合のみ，罷免されます。よって，「×」印を記載していない者を罷免を可としないとする現行の規定は，憲法に違反しません。	**国民審査は任命を完成させる制度である** 仮に天皇・内閣の任命を80%とすると，国民審査で残り20%の任命が完成します。よって，「×」印を記載していない者が任命したとはいえないため，現行の規定は憲法に違反します。
この説 への批判		国民審査によって任命が完成するのであれば，天皇・内閣に任命されてから国民審査がされるまでの期間（上記（2）の図の※の期間）は，80%の裁判官が裁判をしていたことになってしまいます。

3．最高裁判所の規則制定権

> **憲法77条**
> 1　最高裁判所は，訴訟に関する手続，弁護士，裁判所の内部規律及び司法事務処理に関する事項について，規則を定める権限を有する。
> 2　検察官は，最高裁判所の定める規則に従はなければならない。
> 3　最高裁判所は，下級裁判所に関する規則を定める権限を，下級裁判所に委任することができる。

（1）意義・趣旨

　最高裁判所は，以下の①②の事項について規則制定権を有しています（憲法77条1項）。下級裁判所に関する規則を定める権限については，下級裁判所に委任することもできます（憲法77条3項）。

①訴訟に関する手続
ex. 民事訴訟法で出てきた民事訴訟規則は，法務大臣などではなく，最高裁判所が制定したものです。
②弁護士，裁判所の内部規律および司法事務処理に関する事項
　訴訟に関する事項に限ります。よって，たとえば，弁護士会のルールを最高裁判所が制定できるわけではありません。

　最高裁判所が制定した規則は，検察官も従わなければなりません（憲法77条2項）。

　司法に関する事項については，国会や内閣からの干渉を排除し，裁判所の自主独立性を確保する必要があります。よって，最高裁判所が自ら決めることができるとされているのです。

（2）法律との競合

　最高裁判所が定めることができる上記（１）①②についてのルールを，法律（ex. 民事訴訟法）でも定めることができるかが問題となりますが，できます（最判昭 30.4.22）。では，法律でも定め，法律と最高裁判所規則が競合した場合，どちらが優先するでしょうか。この問題について，以下の表の３つの説があります。

	法律優位説（通説）	同位説	規則優位説
結論	矛盾する限度で規則が効力を失う	両者は形式的効力において等しい よって，両者が矛盾するときは，「後法は前法を廃する」の法の基本原則に従い，後に成立されたほうが優越します。	矛盾する限度で法律が効力を失う
理由	①裁判所の制定する規則は，民主的基盤が希薄です。裁判官は，国民から選ばれたわけではないからです。それに対して，法律は国会により制定されるものなので，民主的基盤があります。 ②国会は，国の唯一の立法機関です（憲法 41 条。P153）。	憲法は，法律と規則の効力の優先関係について，なんの規定も置いていません。そのため，法の基本原則「後法は前法を廃する」によることになります。	その事項についての知識，経験の豊富な機関が制定したものを優先すべきです。司法に関する知識，経験が豊富なのは，裁判所です。

2 下級裁判所

　下級裁判所は，「高等裁判所」「地方裁判所」「家庭裁判所」「簡易裁判所」が設置されています（憲法 76 条１項，裁判所法２条１項）。家庭裁判所は，家事事件や少年事件を扱う裁判所です。
　司法権は，最高裁判所と下級裁判所に属します（憲法 76 条１項）。

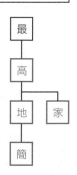

第5節　司法権の独立

1 意義・趣旨

　裁判所は，人権を守る最後の砦です。仮に国会で99％の賛成（民意）によって作られた法律があっても，それが間違っているのであれば違憲であると判断し，1％の人を救う必要があります。内閣の処分が間違っている場合も，違憲であると判断する必要があります。裁判官がその職責を果たすことができるために重要となるのが，「司法権の独立」です。司法権の独立には，以下の2つの意味があります。

①司法府の独立：裁判所（司法権）が，国会（立法権）・内閣（行政権）
　　　　　　　　から独立していること（下記 2）

②裁判官の独立：裁判官が裁判をするに当たって独立して職権を行使する
　　　　　　　　こと（下記 3）

　このうち，②が司法権の独立の核心です。裁判官が，世論や上司など他の裁判官から「こういう判決を書け」といった圧力を受けることがあってはならないのです。ただ，裁判所の内部では，無言の圧力があると言っている元裁判官もいますが……。

― Realistic 15　大津事件 ―

　明治時代ですが，この司法権の独立が問題となった事件があります。1891年，日本を訪問中のロシアの皇太子が，日本の警察官に切りつけられて負傷した暗殺未遂事件がありました。滋賀県の大津町（現大津市）で起きたので，「大津事件」といいます。大きな国際問題に発展することを恐れた政府は，裁判所に「大逆罪」を類推適用するよう要求しました。大逆罪とは，かつて存在した犯罪です。天皇などに対して危害を加えたまたは加えようとした犯罪で，法定刑が死刑しかありませんでした（旧刑法116条）。しかし，ロシアの皇太子は大逆罪の客体として規定されていません。そこで，政府は「類推適用しろ！」と裁判所に迫ったわけです。ですが，刑法で類推適用は禁止されていましたね。—— 刑法のテキスト第1編第2章 2 3.③　そこで，大審院（明治憲法下の最高裁判所に相当する裁判所）の院長である児島惟謙は，政府の要求をはねのけ，大逆罪を類推適用することはしませんでした。児島惟謙は，司法府の独立を守ったわけです。しかし，児島惟謙は，他の裁判官の説得をしたため，裁判官の独立を害したのではないかといわれています。

---

2 司法府の独立

1. 具体的な規定

司法府の独立についての憲法の具体的な規定として，以下の3つの規定があります。

①最高裁判所の下級裁判所の裁判官の指名権（憲法80条1項前段。P192～193（2））
②最高裁判所の規則制定権（憲法77条。P212～213の3.）
③行政機関による裁判官の懲戒の禁止（憲法78条後段。下記2.）

　①②は，すでにみました。そこで，この 2 では，③についてみていきます。

2. 行政機関による裁判官の懲戒の禁止

　「裁判官の懲戒」には，戒告や過料があります（裁判官分限法2条）。この懲戒を行政機関が行うことは禁止されています（憲法78条後段）。また，立法機関が行うことも禁止されていると解されています。P218（b）で説明しますが，裁判官の懲戒は裁判所が行います（裁判官分限法3条）。

　立法府と行政府から，司法府の独立を守るためです。

3 裁判官の独立

憲法76条
3　すべて裁判官は，その良心に従ひ独立してその職権を行ひ，この憲法及び法律にのみ拘束される。

1. 意義

　裁判官は，自身の良心に従って独立してその職権を行い，憲法と法律にのみ拘束されるとされています（憲法76条3項）。

（1）「法律」とは？

　「法律」と規定されていますが，政令，規則，条例，慣習法など，すべての法規範を指します。これは当たり前ですね。裁判官は，もちろん，政令，規則，条例，慣習法などに従って判断する必要があります。

(2)「良心」とは？

「良心」とは，裁判官の個人の主観的良心ではなく，客観的良心（職業的裁判官としての良心）のことです。つまり，裁判官が好き勝手に判断していいわけではないんです。民事訴訟法で学習した自由心証主義も，同じような考え方でしたね。自由心証主義は，裁判官が好き勝手に判断することを認めるものではなく，裁判官は経験則と論理法則に従って判断する必要がありました。―― 民事訴訟法・民事執行法・民事保全法のテキスト第1編第9章第2節④1.

※国民の裁判批判

ニュースになるような裁判ですと，裁判官の判断に対して「刑が軽すぎる！　死刑にしろ！」などと批判されることがよくあります。あれは，許されるのでしょうか。裁判官の独立を害するものなのではないでしょうか。

許されます。

もちろん，判決を出した裁判官を脅迫したり襲撃したりすることは許されません。しかし，「刑が軽すぎる！　死刑にしろ！」といった批判は，表現の自由の範囲内です。

2. 裁判官の身分保障
（1）報酬

最高裁判所の裁判官も下級裁判所の裁判官も，すべて定期に相当額の報酬を受け，在任中は報酬を減額することができないと憲法で規定されています（憲法79条6項，80条2項）。羨ましいですね。私の報酬も，減額できないと憲法に書いておいてくれないですかね……。

これは，裁判官の身分保障を経済的な面から担保するための規定です。

なお，実は，裁判官の報酬が減額されることがないわけではありません。たとえば，国の財政が厳しくなったため，裁判官の報酬を一律に下げるといったことは許されます。上記の憲法の規定は，「政府に都合の悪い判決を出したから報酬を下げる」などといった，裁判官の独立を脅かす目的での報酬の減額を禁止する趣旨なので，国の財政などが理由であれば減額は許されるんです。

cf. 国会議員の歳費

国会議員も，相当額の歳費（国会議員の給与）を受けると規定されています（憲法49条）。しかし，裁判官と異なり，減額することができないとは規定されていません。

国会議員は，裁判官のように，裁判官の独立を保つ必要があるといったことがないからです。

（2）身分保障の限界
（a）罷免

> **憲法78条**
> 裁判官は，裁判により，心身の故障のために職務を執ることができないと決定された場合を除いては，公の弾劾によらなければ罷免されない。裁判官の懲戒処分は，行政機関がこれを行ふことはできない。

　裁判官は身分保障がされていますので，罷免されるのは以下の①〜③の場合のみです。

①分限裁判による罷免（憲法78条前段）
　分限裁判は，最高裁判所または高等裁判所が行います（裁判官分限法3条）。裁判により心身の故障のために職務を執ることができないと決定された場合に，罷免されます。「心身の故障のために職務を執ることができない」場合とは，簡単には当たらず，精神的・肉体的な病気，失踪，行方不明などの理由で相当長い期間にわたって裁判官の仕事を行えない場合です。このような状態であれば，さすがに身分保障の限界ということになります。「分限」とは，身「分」保障の「限」界ということであり，公務員に対する不利益処分などのことをいいます。

②弾劾裁判による罷免（憲法78条前段）
　弾劾裁判所は，P171 3 で説明しました。国会に設置される裁判所であり，犯罪行為などを行った裁判官が裁かれます（憲法64条1項）。

③国民審査による罷免（憲法79条3項）—— 最高裁判所の裁判官のみ
　これは，P210〜211の2.で説明しました。

　③は憲法を学習する前からご存知だったと思いますので，①②を，ふりがなをふっているところを取って，「姫，ブーだって」のゴロ合わせで記憶してください。「姫」は，裁判官のことです。裁判官は，世間知らずでお姫様のようだといわれることがあります（ヒドイ言い方ですね……）。

（b）懲戒

P215 の 2.で説明しましたとおり，裁判官の懲戒を行政機関または立法機関が行うことは禁止されています（憲法78条後段）。裁判官の懲戒は，最高裁判所または高等裁判所が行います（裁判官分限法3条）。

懲戒の内容は，戒告または1万円以下の過料です（裁判官分限法2条）。罷免をすることはできません。裁判官が罷免されるのは，上記（a）①～③の場合のみだからです。戒告がされた例として，P23の【寺西判事補戒告事件】があります（最大決平10.12.1）。最近の事例だと，Twitter に不適切な投稿をした裁判官が戒告をされたことがあります（最大決平30.10.17）。

（3）任期・定年

裁判官には，任期と定年があります（最高裁判所の裁判官には任期はありません）。裁判官の任期と定年は，以下の表のとおりです。

	最高裁判所の裁判官	下級裁判所の裁判官	
		高等裁判所・地方裁判所・家庭裁判所の裁判官	簡易裁判所の裁判官
任期	なし	10年 （憲法80条1項後段本文）	
定年	70歳 （憲法79条5項，裁判所法50条）	65歳 （憲法80条1項後段ただし書，裁判所法50条）	70歳 （憲法80条1項後段ただし書，裁判所法50条）

ここは，結局数字を記憶しないといけません。そこで，重い判決を出すことで有名な加藤裁判官という裁判官がいたと仮定して（架空の裁判官です），ふりがなをふっているところを取って，「さ～な～加藤ムゴイかんな～」というゴロ合わせで記憶しましょう。

第6節　裁判への国民の参加

　裁判は，国民を裁くものです。かつては，密室で時の権力者が裁きを行い，不公正
な裁判が行われていました。それは，あってはなりません。そこで，憲法には，下記
1の裁判の公開の規定があります。

1　裁判の公開

> **憲法82条**
> 1　裁判の対審及び判決は，公開法廷でこれを行ふ。
> 2　裁判所が，裁判官の全員一致で，公の秩序又は善良の風俗を害する虞があると決した場合
> 　には，対審は，公開しないでこれを行ふことができる。但し，政治犯罪，出版に関する犯
> 　罪又はこの憲法第3章で保障する国民の権利〔人権〕が問題となつてゐる事件の対審は，
> 　常にこれを公開しなければならない。

1.「対審」「判決」とは？
　まず，「対審」「判決」とは，以下の意味です。

　　対審：裁判官の面前で，当事者が口頭で主張を述べること。民事訴訟では口頭弁
　　　　　論手続，刑事訴訟では公判手続が対審に当たります。
　　判決：判決の言渡し

2．公開

	対審		判決
	右記以外の事件	政治犯罪，出版に関する犯罪または人権が問題となっている事件	
原則	公開 （憲法82条1項）		
例外	非公開 （裁判官の全員一致。憲法82条2項本文）*1	*2	*3

*1　対審を非公開にするのは非常に例外的なので，公の秩序または善良の風俗を害するおそれがある（ex. 企業秘密を守る必要がある）と裁判官の全員の一致で決した場合に限られます（憲法82条2項本文）。裁判官の「過半数」の一致ではないので，ご注意ください。

*2　政治犯罪，出版に関する犯罪または人権が問題となっている事件は，対審も常に公開する必要があります（憲法82条2項ただし書）。これらの事件は，不公正な裁判が行われるおそれが特に強いからです。

*3　判決は，常に公開する必要があります（憲法82条1項）。結果さえ公開しないことが許されてしまうと，「闇の中で死刑になる」など，あってはならないことが起きてしまうからです。

3．公開を要する「裁判」とは？

　実は，すべての裁判が憲法82条の公開を要する「裁判」に当たるわけではありません。以下の表の左の裁判が，憲法82条の公開を要する「裁判」に当たります。

　なお，この憲法82条の「裁判」は，裁判所において裁判を受ける権利を保障した憲法32条（P129）の「裁判」と同じです。同じでなければ，憲法32条の裁判所において裁判を受ける権利が，裁判が単に裁判所でなされればよく，非公開の密室裁判でもよいという権利になってしまうからです。憲法82条は，憲法32条の裁判を受ける権利の保障を実効化するため，公開裁判とした規定なのです。

「裁判」に当たる（○）	「裁判」に当たらない（×）
①**訴訟事件**（最大決昭35.7.6） 　「訴訟事件」とは，実体上の権利義務の存否を決する事件です。 ex1. 貸金返還請求訴訟 ex2. 有罪・無罪や量刑を判定する訴訟	①**非訟事件** 　「非訟事件」とは，非公開で審理される事件で，家事事件の多くがこれに当たります。 ex1. 家事事件手続法による遺産分割の審判（前提事項に関する判断も含みます。最大決昭41.3.2） ex2. 家事事件手続法による夫婦同居の審判（最大決昭40.6.30） ②**再審を開始するか否かを定める刑事訴訟法の手続**（最大決昭42.7.5） 　有罪・無罪や量刑を判定する手続ではないからです。 ③**過料を科す手続**（最大決昭41.12.27） 　過料は，行政処分の性質を有するからです。

2　訴訟記録の公開

　訴訟記録は，誰でも閲覧することができます（民訴法91条，刑訴法53条）。── 民事訴訟法・民事執行法・民事保全法のテキスト第1編第7章第1節3 3.（2）　このように，訴訟記録の閲覧ができるのですが，これは憲法82条で保障されているわけではありません（最決平2.2.16）。あくまで立法政策として閲覧が認められています。

第5章 財 政

　国家を動かすには，お金が必要となります。国家は，国民から税金を集め，集めた税金を使って運営していきます。これが「財政」です。この仕組みは，近現代以前から変わりません。かつては，年貢が税金でした。

第1節　財政の基本原則

1 財政国会中心主義（財政民主主義）

> **憲法83条**
> 国の財政を処理する権限は，国会の議決に基いて，これを行使しなければならない。

　国の財政を処理する権限は，国会の議決に基いて，行使しなければなりません（憲法83条）。財政には，国会のコントロール，間接的には国民のコントロールが必要とされているわけです。これを「財政国会中心主義（財政民主主義）」といいます。これが，財政全体の基本原則です。

　かつては，君主が勝手気ままに税金をかけて国民の生活を脅かしていました。そこで，近代になって，課税権が国民の代表である議会の手に移され，あらゆる財政分野について議会が中心的な役割を果たすようになりました。自分たちからどれだけ税金を取るか，取った税金をどう使うかを自分たちで決められるようになったのです。あまり実感がないかもしれませんが，たとえば，2019年の消費税増税を決めたのは国会であり，国会議員を選んだのは私たち国民です。つまり，消費税増税も私たち国民が決めたわけです。

2 租税法律主義

> **憲法84条**
> あらたに租税を課し，又は現行の租税を変更するには，法律又は法律の定める条件によることを必要とする。

1．意義

租税法律主義：課税要件および租税の賦課・徴収は，国会の議決する法律によらなければならないとする原則（憲法84条）

租税法律主義は，「代表なければ課税なし」という近代憲法の思想からきています。たとえば，消費税は，私たち国民が選んだ国会議員で構成される国会で1988年に制定された消費税法に基づいて徴収されています。2019年に税率が8％から10％に上がったのも，国会が消費税法を改正したからです。

租税法律主義は，以下の①②をその内容とします。

①課税要件法定主義：以下の事項が法律で定められなければならない（最大判昭30.3.23）
・納税義務者，課税物件，課税標準，税率などの課税要件
・租税の賦課，徴収の手続
ex. 固定資産税であれば，不動産など（課税物件）の所有者（納税義務者）に，固定資産税評価額（課税標準）に1.4／100（税率）をかけた額が，年1回徴収されます（租税の賦課，徴収の手続）。

②課税要件明確主義：課税要件および租税の賦課，徴収の手続に関する定めは，誰でもその内容を理解できるように明確に定められなければならない

個人的には，「誰でも内容を理解できるほど明確かな……」と思う規定も多いですけどね。

2.「租税」とは？

　消費税や所得税は，当然「租税」に含まれます。しかし，私たち国民は，「税金」という名目以外にも，金銭を国家に支払うことが多々あります。たとえば，司法書士試験を受けるには，受験手数料8,000円を支払う必要があります（司書法6条4項，司書法施行令2条）。

　では，何が「租税」に当たり，何が「租税」に当たらないのでしょうか。

「租税」に当たるかどうかの判断基準

・対価として何かもらえない　→　「租税」に当たる
・対価として何かもらえる　　→　「租税」に当たらない

　国民健康保険の保険料について，保険料の額の決定などを市長に委任していたことが租税法律主義に反しないかが問題となりました。国民健康保険の保険料が「租税」に当たるのであれば，保険料があらかじめ明確に定められていないのではないかと争いになったのです。しかし，「租税」には当たらないとされました（最大判平18.3.1【旭川市国民健康保険条例事件】）。

　国民健康保険の保険料は，医療を受けた際に原則として3割負担で済むなど，対価をもらえるものだからです（上記の「『租税』に当たるかどうかの判断基準」）。

3.「法律」とは？

　憲法84条では，新たに租税を課す，または，現行の租税を変更するには，「法律」または「法律」の定める条件による必要があるとされています。それでは，条例や通達によることはできないのでしょうか。

①条例

　条例によって租税を課す，または，現行の租税を変更することもできます。

　条例は，選挙で選ばれた地方議員で構成される議会が作ったものなので，民主的な基盤があります（P61の「条例はけっこうスゴイ」）。よって，租税法律主義の基となった「代表なければ課税なし」という思想に反しないといえます。

②通達

　「通達」とは，上級行政庁が，法令の解釈や行政の運用方針などについて，下級行政庁に対してなす命令です。

ex. 会社法の改正がされると，通常，法務省が，商業登記の取扱いについて，全国の
　　（地方）法務局に対して通達を発出します。「○○の登記では，○○の添付書面を
　　要求しろ」といった内容の通達です。

　通達は，行政組織の内部の命令なので，本来は国民に対して拘束力を持つものでは
ありません。しかし，これは建前です。通達の内容は「○○の登記では，○○の添付
書面を要求しろ」といったものですので，国民に対する拘束力があります。

　そして，通達によって実質的に課税要件などの変更がされる場合があります。これ
が租税法律主義に反しないか争いになった，以下のような事件があります。

判例　最判昭33.3.28【パチンコ球遊器事件】

■事案

　旧物品税法において当初は課税対象とされていなかったパチンコ球遊器（パチンコ台のこと
です）について，国税庁長官が新たに課税物件として取り扱う旨の通達を発出しました。この
通達に基づき物品税を課されたパチンコ球遊器製造業者Xらは，国と税務署長を相手方とし
て，課税処分の無効確認および納付税額の還付を請求する訴えを提起しました。

■主な争点

・通達で新たに課税物件とすることは，憲法に違反しないか

■判旨

・「パチンコ球遊器が物品税法上の『遊戯具』のうちに含まれないと解することは困難であ」
　る。「本件の課税がたまたま所論通達を機縁として行われたものであつても，……本件課税
　処分は法の根拠に基く処分と解するに妨げがな」い。

　通達による実質的な課税要件などの変更は多く行われており，違憲とすると影響が大きすぎ
るといった事情もあっての判決だと思われます。

3　公金その他の公の財産の支出または利用の制限

> **憲法89条**
> 公金その他の公の財産は，宗教上の組織若しくは団体の使用，便益若しくは維持のため，又は公の支配に属しない慈善，教育若しくは博愛の事業に対し，これを支出し，又はその利用に供してはならない。

1．宗教上の組織・団体（憲法89条前半）

　公金その他の公の財産を宗教上の組織・団体の使用，便益または維持のために支出するまたはその利用に供することが禁止されているのは，政教分離の原則（P69（1））を財政面から裏づけるためです。たとえば，国がキリスト教の教会を作るための建設資金を支出したりしたら，それは国がキリスト教という特定の宗教を優遇していることになるので，マズイですよね。

　P72の【箕面忠魂碑訴訟】（最判平5.2.16）は，この憲法89条前半についての判例でもあるので，再度ご確認ください。

2．公の支配に属しない慈善・教育・博愛の事業（憲法89条後半）
（1）趣旨

　公金その他の公の財産を公の支配に属しない慈善・教育・博愛の事業に対して支出するまたはその利用に供することが禁止されているのはなぜなのか，以下の表のとおり争いがあります。

公費濫用防止説（多数説）　　➡️⬅️　　自主性確保説	
慈善・教育・博愛の美名の下に公の財産が濫用的に支出されるのを防ぐためです。「慈善のため」「教育のため」「博愛のため」だと，支出しやすいですよね。そこで，財政民主主義（P221 1）の観点から，公費の濫用を防止しようとしているのです。	国や地方公共団体が，公の財産の支出を通じて，私的な慈善・教育・博愛の事業に対して不当な支配を及ぼすことを防止するためです。つまり，公権力の干渉を防ぎ，私的事業の自主性を確保しようとしているのです。
→「公の支配」を広く解し，濫用でなければ支出が許されるので，この説だと，合憲判決が出やすくなります。	→「公の支配」を狭く解するので，この説だと，違憲判決が出やすくなります。

（2）私学助成の合憲性

　私立学校には，国から助成金が出ています（私立学校法59条）。"私立"学校ですから，公の支配に属しない教育の事業に公の財産が支出されており，憲法に違反しないかが問題となります。

（a）「公の支配」とは？

　まず，「公の支配」をどのように解するかで，以下の表のとおり争いがあります。

緩和説 （←公費濫用防止説から）　→	←　厳格説 （←自主性確保説から）
「公の支配」を，国または地方公共団体の一定の監督が及んでいることをもって足りると，緩やかに解します。	「公の支配」を，その事業の予算を定め，その執行を監督し，さらに人事に関与するなど，その事業の根本的な方向に重大な影響を及ぼすことのできる権力を有することをいうと，厳格に解します。

（b）憲法に違反しないか？

　私立学校については，文部科学大臣や都道府県知事には，私立学校から業務や会計について報告を受けたり，予算や人事について勧告を行ったりすることができる程度の権限しかありません（私立学校振興助成法12条，2条4項，私立学校法4条）。この程度の権限で，私立学校が「公の支配」に属するといえるのか，以下の表のとおり争いがあります。

合憲説 （←緩和説から）　→	←　違憲説 （←厳格説から）
緩和説は「公の支配」を緩やかに解するので，報告を受けたり予算や人事について勧告を行ったりすることができる程度で，私立学校が「公の支配」に属するといえます。 →私学助成は憲法に違反しません。	厳格説は「公の支配」を厳格に解するので，報告を受けたり予算や人事について勧告を行ったりすることができる程度の微温的（てぬるい）・名目的な監督では，「公の支配」に属するといえるか疑義があります。 →私学助成は憲法に違反しているおそれがあります。

第2節　財政監督の方式

1 予算

> **憲法86条**
> 内閣は，毎会計年度の予算を作成し，国会に提出して，その審議を受け議決を経なければならない。

1．意義
例年3月末頃に「新年度の予算が成立しました。予算額は100兆円を超えました。」といったニュースを聞きますよね。あのハナシです。

2．成立手続
予算は，以下の①②の手続を経て成立します。

①内閣による予算の作成・提出（憲法73条5号，86条）
　　↓
②国会での審議・議決（憲法86条）
国会では，衆議院に先議権・優越が認められています（憲法60条。P167①③）。

3．法的性格
予算は，国会の議決はありますが，それが1年度に限ったものであるという特殊な性質を有します。そのため，予算の法的性格について，以下の表のとおり争いがあります。

	予算行政説	予算法形式説（通説）	予算法律説
意義	予算は，議会の政府に対する承認の意思表示にすぎず，専ら議会と政府との間で効力を有します。	予算は法律と別個の独自の法形式です。予算は，国家機関の行為のみを規律し，1年度の行為を規律する点で，国民の行為を一般的に規律する法令と区別するべきです。	予算は法律そのものです。
この説への批判	財政国会中心主義（財政民主主義。P221 1）と矛盾します。		

4．国会の予算修正権

　予算は，内閣が作成・提出し，国会が審議・議決しますが，内閣が作成・提出した予算案を国会が減額修正または増額修正して議決できるかという問題があります。予算の法的性格をどのように解するかによって，以下の表のとおり見解が分かれます。

	予算行政説	予算法形式説（通説）	予算法律説
減額修正	**無制限に○** 財政国会中心主義（財政民主主義。P221 1 ）があるからです。また，明治憲法には予算の減額修正について国会の予算審議権を制限する規定がありましたが，現行憲法にはないことも理由の１つです。		
増額修正	内閣の予算提案権を侵害しない範囲で○ ＊1	○ ＊2	**無制限に○** 予算は法律なので，どのような議決をするかは，国会の自由です。

＊1　予算行政説の中には，増額修正を認めない説もあります。国会に予算の発議権がないからです。
＊2　予算法形式説の中で，増額修正を予算の同一性を損なわない限りにおいて認める説と，無制限に認める説に分かれます。

5．予算と法律の不一致

　仮に，国会や内閣が国民全員に毎月10万円を給付し続けたいと考えたとします（いわゆるベーシックインカムです）。しかし，以下の①または②のような事態が生じてしまう可能性があります。

①法律が成立したが，予算が成立しない
ex. 国会が国民全員に毎月10万円を給付し続ける法律を制定しましたが，内閣がその法律の実施に必要な予算案を提出しない場合が当たります。

②予算が成立したが，法律が成立しない
ex. 衆議院は与党が過半数かつ2／3未満の議席を有しているが参議院は野党が過半数の議席を有しているため（いわゆるねじれ国会），国民全員に毎月10万円を給付し続けるのに必要な予算案は衆議院の議決が国会の議決とされましたが（憲法60条2項。P167③），国民全員に毎月10万円を給付し続ける法律案は可決されなかった場合が当たります。

　①の場合，法律は成立しましたが，予算がなければ，国民に毎月 10 万円を給付することができません。

　②の場合，予算はありますが，支出の根拠となる法律が存在しないので，国民に毎月 10 万円を給付することができません。

　これらの場合にどのように処理するのか，予算の法的性格をどのように解するかによって，以下の表のとおり見解が分かれます。

	予算行政説	予算法形式説（通説）	予算法律説
①の場合	対応は困難となります。	内閣には，補正予算や予備費（下記2）の支出などによって，制定された法律の実施を図る義務があります。 内閣には，国会が制定した法律を誠実に執行する義務があるからです（憲法73条1号。P190①）。	予算と法律の不一致の問題は，生じません。 予算法律説は，予算も法律であると考えます。よって，法律しか成立していない①の場合，その法律に基づいて支出ができます。また，予算しか成立していない②の場合も，その予算（法）に基づいて支出ができます。
②の場合		国会に法律を制定する義務はありません。内閣は，必要な法律案を国会に提出して，国会に法律を制定してもらうようお願いするしかありません。 国会には，予算の支出の根拠となる法律を制定する義務はなく，法律を制定するかどうかは国会の自由だからです。	

2　予備費

憲法87条
1　予見し難い予算の不足に充てるため，国会の議決に基いて予備費を設け，内閣の責任でこれを支出することができる。
2　すべて予備費の支出については，内閣は，事後に国会の承諾を得なければならない。

1．予備費とは？

　年度の途中で，本予算以外に予算を組んで支出する必要が生じた場合，ある程度の規模の支出であれば補正予算を組みます。たとえば，2020年度は，新型コロナ対策で数十兆円規模の補正予算が組まれました。しかし，緊急で支出が必要になったときに備えて，あらかじめ予備費というものを設けておくことができ，予備費を支出することができます。たとえば，2011年の東日本大震災の初期対応に予備費が使われました。

2．支出までの手続

　予備費を設け，支出するには，以下の手続を経る必要があります。

①国会の議決に基いて予備費を設ける（憲法87条1項）
　　↓
②内閣の責任で予備費を支出する（憲法87条1項）
　　↓
③国会の承諾を得る（憲法87条2項）

　①の国会の事前承認は，予備費を設けることへの承認にすぎないので，具体的経費の使用について事後的な承諾を得る必要があります。

3 決算

> **憲法90条**
> 1　国の収入支出の決算は，すべて毎年会計検査院がこれを検査し，内閣は，次の年度に，その検査報告とともに，これを国会に提出しなければならない。

1．決算とは？

　決算：一会計年度における国の収入・支出の実績を示す確定的計数書
　決算は，予算と異なり，法規範性はありません。

2．検査・議決の手続

　決算については，以下の手続を経る必要があります。

①会計検査院が検査する（憲法90条1項）

　「会計検査院」とは，国の収入・支出が適法になされたかを検査し，正当であったかを判定する機関です。2017年，ある学校法人への国有地の売却について調べた機関として話題になりました。
　　　↓
②国会の審査（憲法90条1項）

　憲法90条1項には，「提出」とありますが，これは国会が決算を審査し，認めるかどうかを議決することであると解されています。必要があれば，決算内容を批判し，予算の執行責任者である内閣の責任を明らかにする必要があるので，国会が認めるかどうかの議決をするのです。

　ただし，会計検査院が違法・不当と判定したり，国会が決算を認めなかったりしても，すでになされた収入・支出の効力に影響はないと解されています。すでに行われたものですので，影響があるとなると社会が大混乱しかねないからです。たとえば，みなさんも2020年に特別定額給付金10万円をもらったと思いますが，仮に不当な支出であったなどとされ，「10万円返して」といわれたら困りますよね。

地方自治

　憲法は，地方公共団体（東京都，大阪市など）とその自治権（地方自治）を認めています。この第6章では，この地方公共団体の地方自治についてみていきます。

第1節　地方自治とは？

> **憲法92条**
> 　地方公共団体の組織及び運営に関する事項は，地方自治の本旨に基いて，法律でこれを定める。

1　趣旨
　地方自治の制度の趣旨は，以下の2点にあります。

①自由主義 ── 地方自治の自由主義的意義
　地方自治の制度は，中央政府の権力を抑制し，中央政府の権力の濫用から少数者や個人を守るためにあります。ざっくりいうと，中央集権ではなく，地方分権ということです。

②民主主義 ── 地方自治の民主主義的意義
　地方自治の制度は，民主主義の学校になります。地方自治が「民主主義の学校」であると言ったのはイギリスの学者ブライスという人です。地方自治は地域の住民の意見を反映させやすいので，国民は，まずは地方自治で民主主義について学ぶことができるということです。

2　地方自治の本旨
　地方公共団体の組織および運営に関する事項は，「地方自治の本旨」に基づく必要があるとされています（憲法92条）。この地方自治の本旨が，地方自治の制度の核心です。では，地方自治の本旨とはなんでしょうか。
　地方自治の本旨とは，以下の①②から成ると解されています。

①団体自治：地方自治が，国から独立した団体に委ねられ，団体自らの意思と責任の
　　　　　　下でなされる自由主義的・地方分権的な要素

　簡単にいうと，地方公共団体は，国の一
統治機構ではなく，国から独立して自治を
行うということです。これを「垂直的権力
分立」といいます。上記[1]①の自由主義の
考え方に基づくものです。

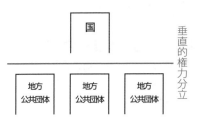

ex. この団体自治の現れとして，「地方公共
　　団体は，その財産を管理し，事務を処理

　し，及び行政を執行する権能を有し，法律の範囲内で条例を制定することができ
　る」という条文（憲法94条）があります。

②住民自治：地方自治が，住民の意思に基づいて行われる民主主義的な要素
　　簡単にいうと，住民が自ら自分たちの地域を治めるということ
です。上記[1]②の民主主義の考え方に基づくものです。

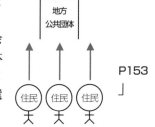

P153

ex. この住民自治の現れとして，「地方公共団体の長，その議会
　　の議員及び法律の定めるその他の吏員は，その地方公共団体
　　の住民が，直接これを選挙する」という条文（憲法 93 条 2
　　項）があります。なお，「直接」とありますとおり，地方選
　　挙については，憲法で直接選挙が保障されています。

3　地方自治の保障の法的性質

　憲法で保障された地方自治がどのような法的性質を有するか，以下の表のとおり争
いがあります。

保障（強） ━━━━━━━━━━━━━━━━━━━━━━━━━━━▶ （弱）

固有権説	制度的保障説（通説）	承認説
個人が人間であれば誰もが当然に有する侵してはならない権利である人権（P3②）を持つのと同じく，地方公共団体も国家に対して固有の基本権を有します。つまり，地方自治を人権と同じように考えるわけです。	地方自治の保障は，地方自治という歴史的・伝統的・理念的に確立された公法上の制度を憲法が保障するものです。地方自治の保障を P70 で説明した制度的保障と考えるのです。国の法律で侵すことができない制度の核心は，「地方自治の本旨」（憲法 92 条），つまり，上記[2]の団体自治と住民自治です。	地方自治の保障は，国が承認する限りにおいて認められます。よって，国は地方自治を廃止する法改正をすることもできます。

233

第2節　地方公共団体

1 憲法上の地方公共団体

　憲法の条文には，「地方公共団体」の文言があります（憲法92条〜95条）。しかし，地方公共団体を定義した条文はありません。そこで，地方公共団体とは何なのかの解釈が必要となります。

1. 特別区

　「特別区」とは，東京都23区（千代田区，新宿区など）のことです。東京は特殊で，特別区というものがあります。これは，横浜市などの政令指定都市の区（行政区）とは異なります。政令指定都市の区は，独立した自治体ではありません。区長選挙はなく，区議会もありません。それに対して，特別区は独立した自治体です。区長選挙や区議会議員選挙があり，区議会もあります。この特別区は，憲法上の地方公共団体といえるのでしょうか。

　いえません（最大判昭38.3.27）。

　憲法上の地方公共団体とは，その地域団体が地域の住民としての共同体意識の上に自主的な地域共同体としての社会的実体を歴史的かつ現実的に備えている団体，つまり，都道府県と市町村のことだからです。「特別区はこれに当たらないの？」と思われると思いますが，特別区は東京都の内部組織という面が強く，現実の社会生活において共同体意識を基礎とした社会的なまとまりのある団体とはいえないんです。

2. 2段階制が保障されているか？

　現在の地方公共団体は，都道府県および市町村という2段階制になっています。しかし，これが憲法上保障されているのか，たとえば，市町村のみの1段階制にすることはできないのか，以下の表のとおり争いがあります。

	憲法上の要請とする説 　　　　　　→	←　立法政策とする説	
結論	2段階制は，地方自治の本旨に基づく憲法上の要請です。この説は，さらに以下の2つに分かれます。		法律を改正して，1段階制（ex. 市町村のみ）とすることも，2段階制のまま都道府県を廃止して道州制（※）とすることもできます。
	都道府県と市町村を置くということまで，憲法上保障されています。	市町村のほかは，都道府県制とするか道州制（※）とするかは立法政策の問題です。	
理由	地方自治が憲法によって保障された歴史的背景を重視すべきだからです。明治憲法下では中央集権でしたが，現行憲法で（戦後に）地方分権に移行しました。	歴史的背景は尊重するべきですが，時代の変化に伴って広域行政（道州制）が必要となる場合もあるからです。	時代の変化により，地方公共団体の位置づけも変わるからです。

※道州制とは？

　道州制：現在の都道府県を廃止して，北海「道」と数個の「州」に分けること

　道州制は，一部の政治家がかなり前から主張しています。現在の都道府県を再編するもので，たとえば，関東であれば，茨城県，栃木県および群馬県を北関東州に，埼玉県，東京都，千葉県および神奈川県を南関東州にする，といった案があります。現在は都府県をまたいで移動するのが当たり前になっているため，道州制にすれば，現在の都府県よりも住民の生活圏や経済圏に合致した行政サービスの提供が可能になるといわれています。たとえば，東京都にある企業に勤めている人は，東京都在住，神奈川県在住など様々ですが，子どもを保育園に預ける条件やベビーシッターを頼んだ際の補助金など，居住している都府県によって異なるのが現状です。

2　条例制定権

> **憲法94条**
>
> 　地方公共団体は，その財産を管理し，事務を処理し，及び行政を執行する権能を有し，法律の範囲内で条例を制定することができる。

1．条例とは？

　条例：地方公共団体がその自治権に基づいて制定する自主立法

　地方公共団体は，自治権を有する団体ですので，法律の範囲内でですが，条例を制定することができます（憲法94条）。

2．条例制定権の根拠

　地方公共団体の条例の制定権の根拠について，以下の表のとおり争いがあります。判例は，自治立法説です。

自治立法説（最大判昭37.5.30）━━▶◀━━	委任立法説
条例は，地方自治の本旨に基づき，地方公共団体が憲法94条によって制定する権能を直接認められた自治立法です。ただし，法律の範囲内において認められます。 法律に抵触していなければ，法律の委任がなくても地方公共団体が条例を制定することができるということです。	条例は，地方公共団体が制定するのに法律の委任が必要な委任立法です。現行法には，地方自治法14条1項（法律）に，地方公共団体が条例を制定することができる旨の規定があります。こういった法律がなければ，地方公共団体は条例を制定することはできません。

3．「法律の範囲内」といえるか

　「法律の範囲内」（憲法94条）といえるか，上乗せ条例と横出し条例が問題となります。

・上乗せ条例：国が法令で定める規制基準よりも厳しい規制を定める条例
・横出し条例：国が法令で規制している事項以外の事項について規制する条例

　この問題について，最高裁判所は以下のように判断基準・考え方を示しました（最大判昭50.9.10【徳島市公安条例事件】）。

判断基準
「条例が国の法令に違反するかどうかは，両者の対象事項と規定文言を対比するのみ
でなく，それぞれの趣旨，目的，内容及び効果を比較し，両者の間に矛盾牴触があ
るかどうかによつてこれを決しなければならない。」
条文の文言だけでなく，条文の内容などもちゃんとみるよということです。

そして，以下のように考えます。

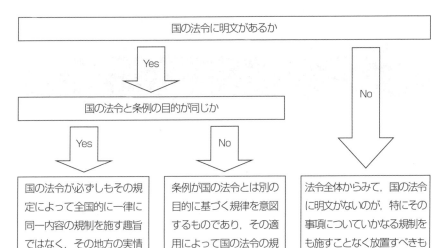

4．罰則

　地方公共団体が条例で罰則（懲役刑など）を設けることについて，地方自治法 14
条3項という"法律"に，以下のような規定があります。

地方自治法 14 条

3　普通地方公共団体は，法令に特別の定めがあるものを除くほか，その条例中に，条例に違
　　反した者に対し，2年以下の懲役若しくは禁錮，100 万円以下の罰金，拘留，科料若し
　　くは没収の刑又は5万円以下の過料を科する旨の規定を設けることができる。

　現行法にはこのような規定があるのですが，条例で罰則を設ける場合に，そもそも法律の委任が必要なのか，委任が必要とした場合にどの程度の委任が必要なのか，以下の表のとおり争いがあります。これは，以下の規定との関係で問題となる論点です。
・憲法31条「何人も，法律の定める手続によらなければ，……刑罰を科せられない」（P117）
・憲法73条6号ただし書「政令には，特にその法律の委任がある場合を除いては，罰則を設けることができない」（P190～191⑥）
　判例は，限定的法律授権説です。

地方公共団体の権限 小 大

	限定的法律授権説 （最大判昭37.5.30）	一般的・包括的 法律授権説	憲法直接授権説
意義	条例で罰則を設けるには，法律の授権が必要です。法律の授権の内容は，相当程度に具体的であり，限定されていれば構いません。	条例で罰則を設けるには，法律の授権が必要です。法律の授権の内容は，一般的・包括的なもので足ります。	条例で罰則を設けるのに，法律の委任を要しません。憲法94条（P236）は，憲法31条の例外です。
地方自治法14条3項の捉え方	地方自治法14条3項の規定の程度をもって，相当程度に具体的であり限定されているといえます。	地方自治法14条3項のような授権規定は必要です。	地方自治法14条3項の規定がなくても，条例で罰則を設けられます。地方自治法14条3項の規定は，罰則の範囲を法律で示したものです。
理由	本来，個別具体的委任が必要なはずです。しかし，条例には民主的な基盤があります（P61の「条例はけっこうスゴイ」）。よって，委任の要件が緩和されるんです。	条例には民主的な基盤があるからです（P61の「条例はけっこうスゴイ」）。	憲法94条の地方公共団体の条例制定権には，罰則を定める権能も含まれています。条例に実効性を持たせるためです。罰則がない条例は，守らない人が多くなります。

天 皇

この第7章では，天皇制についてみていきます。

1 象徴天皇制

1．天皇とは？

　天皇は，日本国および日本国民統合の象徴です（憲法1条）。「象徴」とは，抽象的なものを具体化したものです。たとえば，「鳩は平和の象徴である」といわれますが，これは，平和という抽象的なものを鳩という具体的なもので現しているわけです。日本国と約1億2000万人の日本国民を具体化したのが，天皇なのです。

　P3①で説明しましたとおり，戦前の明治憲法の下では，天皇は主権を有していましたが，戦後は主権が国民に移りました。

2．天皇と裁判権

　天皇を訴追できるか，天皇を相手方として訴えを提起することができるか，という問題があります。

・刑事訴追
　→　天皇は訴追されないと解されています。天皇陛下が刑事事件を起こすことはないと思いますが……。
・民事訴訟
　→　裁判権が及びません（最判平元.11.20）。
　実は，天皇（令和の上皇陛下）を相手方として訴えが提起されたことがありました。昭和天皇が重篤に陥った際に，県が公費で病気快癒を願う県民記帳所を設置しました。これが違法であるとして，千葉県の住民が千葉県に代位して，天皇を相手方として設置費用相当額を支払うよう不当利得の返還を請求する訴えを提起しました。しかし，天皇には，裁判権が及ばないとされました。

　天皇は日本国および日本国民統合の象徴だからです（憲法1条）。約1億2000万人の日本国民を相手方とする訴えの提起はおかしいですよね。

2 天皇の権能

> **憲法3条**
> 　天皇の国事に関するすべての行為には，内閣の助言と承認を必要とし，内閣が，その責任を負ふ。
> **憲法4条**
> 1　天皇は，この憲法の定める国事に関する行為のみを行ひ，国政に関する権能を有しない。

1．政治権限・責任

　天皇には，政治権限も責任もありません（憲法4条1項，3条参照）。天皇は国事行為（P191①～192⑩の行為）を行いますが，国事行為の実質的な決定権者は内閣であり，責任も内閣が負うと解されています（憲法3条，4条1項，7条柱書参照）。

2．天皇が行える行為
（1）国事行為

　天皇は国事行為を行います。天皇が国事行為を行うには，内閣の助言と承認が必要です（憲法3条，7条柱書）。内閣の助言と承認が必要とされるのは，天皇の国事行為を内閣の統制と監督の下におくことで，天皇の権限行使に対する民主的コントロールを確保するためです。また，責任の所在を明らかにするためでもあります。

（2）私的行為

　天皇も，もちろん，私的行為を行えます。
ex. 令和の上皇陛下は，天皇であった時に，生物学の研究をして，ハゼの標本をベトナムに寄贈されたり，本を出版されたりしました。

（3）公的行為

　天皇は，国事行為としては規定されておらず，私的行為ともいえない行為をしています。たとえば，国会の開会式で「おことば」を述べられたり，国民体育大会に出席なさったりします。このような行為を「公的行為」といいます。
　公的行為をどのように捉えるか，公的行為を行うことを認めるかどうかについて，主に以下の表のような考え方があります。

三行為説	二行為説	
（実務）	公的行為を認める説	公的行為を認めない説
天皇がなし得る行為は，以下の３つの行為です。 ①国事行為 ②私的行為 ③公的行為	天皇がなし得る行為は，以下の２つの行為です。 ①国事行為 ②私的行為	
	公的行為は，上記①の国事行為の一部であり，行えます。	公的行為は，上記①②のいずれにも含まれないため，行えません。

3 皇室経済

> **憲法8条**
> 　皇室に財産を譲り渡し，又は皇室が，財産を譲り受け，若しくは賜与することは，国会の議決に基かなければならない。
>
> **憲法88条**
> 　すべて皇室財産は，国に属する。すべて皇室の費用は，予算に計上して国会の議決を経なければならない。

　皇室に財産を譲り渡すこと，皇室が財産を譲り受けること，または，皇室が財産を賜与することは，いずれも，国会の議決に基づく必要があります（憲法8条）。「賜与」とは，身分の高い者が目下の者に金品を与えることをいいます。また，すべて皇室財産は，国に属します（憲法88条前段）。そして，すべて皇室の費用は，予算に計上して国会の議決を経なければなりません（憲法88条後段）。なお，「皇室」とは，天皇と皇族のことです。「皇族」には天皇は含まれないため，「天皇と皇族」となります。

　明治憲法下では，皇室財政は皇室の自律に任せられていました。しかし，それだと，皇室が力を持ってしまいます。そこで，戦後，ＧＨＱがそれを解体させ，すべて国有財産にしました。皇室に再び大きな財産が集中したり，皇室が特定の者と結びついたりしないよう，現行憲法では，皇室経済を国会のコントロール下に置いているのです。

第8章　　　平和憲法

この第8章では，平和憲法についてみていきます。有名な憲法9条のハナシです。

憲法9条

1　日本国民は，正義と秩序を基調とする国際平和を誠実に希求し，国権の発動たる戦争と，武力による威嚇又は武力の行使は，国際紛争を解決する手段としては，永久にこれを放棄する。

2　前項の目的を達するため，陸海空軍その他の戦力は，これを保持しない。国の交戦権は，これを認めない。

憲法9条は，1項が戦争放棄，2項前段が戦力不保持を定めています。小学生にこの憲法9条を読ませたら，「自衛隊は戦力だからダメなんじゃないの？」と答えると思います。自衛隊が憲法に違反するという学説もありますが，憲法に違反しないとする学説もあります。それは，①1項の「戦争」の意味，②2項前段の「目的」の意味，③2項前段が放棄する戦力の意味の3点の捉え方で決まります。

この3点の捉え方について，主に以下の表の3つの学説があります。

	1項全面放棄説	1項限定放棄説	
		2項全面放棄説（通説）	2項限定放棄説
①1項の「戦争」の意味	自衛戦争も含めたすべての戦争	侵略戦争 「国際紛争」は，英訳すると「international disputes」ですが，これは，侵略戦争を指すのが国際法上の一般的な使い方だからです。	
②2項前段の「目的」の意味		1項全体の指導精神	侵略戦争の放棄
③2項前段が放棄する戦力の意味		すべての戦力	侵略戦争のための戦力
自衛隊は憲法に違反しないか	憲法に違反する すべての戦力を放棄するからです。		憲法に違反しない ただし，自衛のための最小限度の戦力である必要があります。

憲法改正

最後にこの第9章で，憲法改正についてみていきます。

1 改正の手続

> **憲法96条**
> 1 この憲法の改正は，各議院の総議員の3分の2以上の賛成で，国会が，これを発議し，国民に提案してその承認を経なければならない。この承認には，特別の国民投票又は国会の定める選挙の際行はれる投票において，その過半数の賛成を必要とする。
> 2 憲法改正について前項の承認を経たときは，天皇は，国民の名で，この憲法と一体を成すものとして，直ちにこれを公布する。

憲法を改正するには，以下の手続を経る必要があります。

> **1．国会で，衆議院・参議院それぞれ総議員の2/3以上の賛成で発議する（憲法96条1項前段）**
>
> 出席議員ではなく，「総議員」の2/3以上です。このように，要件が非常に厳しいので，これまで1度も発議されたことはありません。

> **2．国民投票などで投票者の過半数の賛成を得る（憲法96条1項後段，国民投票法98条2項）**
>
> 「投票者の」という点は憲法96条1項後段では規定されていませんが，「国民投票法」（正式名称は「日本国憲法の改正手続に関する法律」）という法律で規定されています（国民投票法98条2項）。「有権者の過半数」であったら，憲法改正がかなり難しくなってしまいます。選挙の投票率は50%前後ですから。

> **3．天皇は，国民の名で，現行の憲法と一体を成すものとして公布する（憲法96条2項，7条1号）**

2 改正の限界

　上記1の手続を経れば，どのような改正でもできるのでしょうか。あるいは，何かしらの限界があるのでしょうか。この問題について，以下の表のとおり争いがあります。

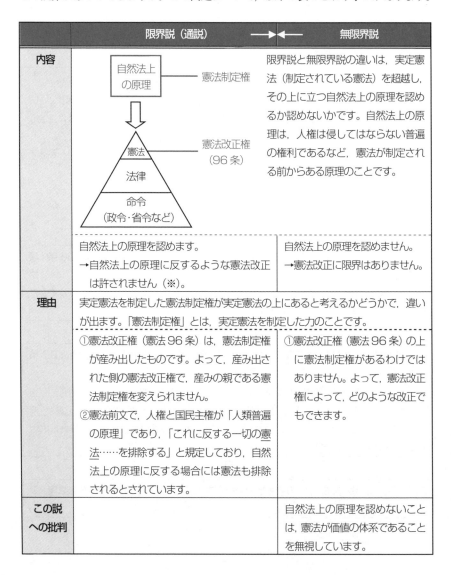

	限界説（通説）　　　　→　←　　　　無限界説	
内容	自然法上の原理　──　憲法制定権 憲法／法律／命令（政令・省令など）のピラミッド　憲法改正権（96条）	限界説と無限界説の違いは，実定憲法（制定されている憲法）を超越し，その上に立つ自然法上の原理を認めるか認めないかです。自然法上の原理は，人権は侵してはならない普遍の権利であるなど，憲法が制定される前からある原理のことです。
	自然法上の原理を認めます。 →自然法上の原理に反するような憲法改正は許されません（※）。	自然法上の原理を認めません。 →憲法改正に限界はありません。
理由	実定憲法を制定した憲法制定権が実定憲法の上にあると考えるかどうかで，違いが出ます。「憲法制定権」とは，実定憲法を制定した力のことです。	
	①憲法改正権（憲法96条）は，憲法制定権が産み出したものです。よって，産み出された側の憲法改正権で，産みの親である憲法制定権を変えられません。 ②憲法前文で，人権と国民主権が「人類普遍の原理」であり，「これに反する一切の憲法……を排除する」と規定しており，自然法上の原理に反する場合には憲法も排除されるとされています。	①憲法改正権（憲法96条）の上に憲法制定権があるわけではありません。よって，憲法改正権によって，どのような改正でもできます。
この説への批判		自然法上の原理を認めないことは，憲法が価値の体系であることを無視しています。

※改正できない規範

　限界説は，以下の①〜④の規定は，憲法の根本的な規範であるため改正できないとします。

①国民主権
②基本的人権の保障

　人権の内容によって，改正できるかできないか争いがあります。また，1つ1つの人権に補正を施すことはできると解されています。

③平和主義

　戦力不保持（憲法9条2項前段）の規定を改正できるかですが，できると解されています。軍隊を保有したからといって，直ちに平和主義の否定につながらないからです。軍隊を保有していても戦争をしない国は，いくらでもありますよね。

④憲法96条の改正規定

　これら①〜④の規定が改正された場合，限界説からは，それは法を超えた政治的事件であるということになります。

事 項 索 引

た

条 文 索 引

判 例 索 引

高 裁

地 裁

― 著者 ― 松本 雅典（まつもと まさのり）

　司法書士試験講師。All About 司法書士試験ガイド。法律学習未経験ながら，5か月で平成22年度司法書士試験に合格。5か月の学習期間での合格は，現在確認されている中で最短。それまでの司法書士受験界の常識であった方法論と異なる独自の方法論を採ったことにより合格した。

　現在は，その独自の方法論を指導するため，辰已法律研究所にて，講師として後進の指導にあたる（1年合格コース「リアリスティック一発合格松本基礎講座」を担当）。合格まで平均4年かかる現状を超短期（4〜7か月）で合格することを当たり前に変えるため，指導にあたっている。

　なお，司法書士試験に合格したのと同年に，宅建試験・行政書士試験も受験し，ともに一発合格。その翌年に，簡裁訴訟代理等能力認定。

【著書】

『【第3版】司法書士5ヶ月合格法』（自由国民社）

『予備校講師が独学者のために書いた司法書士5ヶ月合格法』（すばる舎）

『試験勉強の「壁」を超える50の言葉』（自由国民社）

『【第3版】司法書士試験リアリスティック1 民法Ⅰ［総則］』（辰已法律研究所）

『【第3版】司法書士試験リアリスティック2 民法Ⅱ［物権］』（辰已法律研究所）

『【第3版】司法書士試験リアリスティック3 民法Ⅲ［債権・親族・相続］』（辰已法律研究所）

『【第3版】司法書士試験リアリスティック4 不動産登記法Ⅰ』（辰已法律研究所）

『【第3版】司法書士試験リアリスティック5 不動産登記法Ⅱ』（辰已法律研究所）

『【第2版】司法書士試験リアリスティック6 会社法・商法・商業登記法Ⅰ』（辰已法律研究所）

『【第2版】司法書士試験リアリスティック7 会社法・商法・商業登記法Ⅱ』（辰已法律研究所）

『司法書士試験リアリスティック8 民事訴訟法・民事執行法・民事保全法』（辰已法律研究所）

『司法書士試験リアリスティック9 供託法・司法書士法』（辰已法律研究所）

『司法書士試験リアリスティック10 刑法』（辰已法律研究所）

『司法書士試験リアリスティック11 憲法』（辰已法律研究所）

『【第2版】司法書士リアリスティック不動産登記法記述式』（日本実業出版社）

『【第2版】司法書士リアリスティック商業登記法記述式』（日本実業出版社）

【監修書】
　『司法書士<時間節約>問題集　電車で書式〈不動産登記 90 問〉』(日本実業出版社)
　『司法書士<時間節約>問題集　電車で書式〈商業登記 90 問〉』(日本実業出版社)
【ブログ】
司法書士試験リアリスティック合格ブログ
https://sihousyosisikenn.jp/
【Twitter】
松本　雅典（司法書士試験講師）@matumoto_masa
https://twitter.com/matumoto_masa
【ネットメディア】
All About で連載中
https://allabout.co.jp/gm/gt/2754/
【YouTube チャンネル】
松本雅典・司法書士試験講師
https://www.youtube.com/channel/UC5VzGCorztw_bIl3xnySI2A

辰已法律研究所（たつみほうりつけんきゅうじょ）

https://www.tatsumi.co.jp

　司法書士試験対策をはじめとする各種法律資格を目指す方のための本格的な総合予備校。実務家というだけではなく講師経験豊かな司法書士，弁護士を講師として招聘する一方，入門講座ではWebを利用した復習システムを取り入れる等，常に「FOR THE 受験生」を念頭に講座を展開している。

司法書士試験　リアリスティック⑪　憲法

令和3年12月20日　　　　　　　初　版　第1刷発行

著　者　松本　雅典

発行者　後藤　守男

発行所　辰已法律研究所

〒169-0075

東京都新宿区高田馬場4-3-6

　TEL. 03-3360-3371 （代表）

印刷・製本　壮光舎印刷 （株）

ISBN978-4-86466-541-4

2023年合格を目指してなるべく早く勉強を始める

■ 2022年向け Start

リアリスティック一発合格 松本基礎講座 (全129回)

民法 28回 ※根抵当権については不動産登記法で取り扱います。	不動産登記法 21回	会社法（商法）商業登記法 31回	民事訴訟法民事執行法民事保全法 12回	刑法 7回	
			供託法 司法書士法 5回	憲法 6回	
		不動産登記法（記述式）7回	商業登記法（記述式）7回		

■ 2023
リアリ

民法
※根抵当権
で取り扱

2023年司法書士試験での合格を目指してこれから勉強を始める方々の中には、様々な学習環境の方がいらっしゃることと思います。

お勤めや家事で忙しく、平日の勉強時間をなかなか確保できないため、週末などの限られた時間で勉強をしようと思っている方、勉強時間は比較的とれそうだが、2023年の試験に確実に合格をするため、計画的で余裕をもった学習をしたいと考えている方など、各人の置かれている環境によって今後の学習プランは異なってきます。

ここでは、いくつかのパターンに分けて学習プランを提示してみます。

プラン1 2023年向け講座が開講する2022年5月までに全科目の講義を一通り視聴する

勉強時間が比較的とれそうだという方は、2023年向け講座が開講する2022年5月までに全科目の講義を一通り視聴してください。この場合の学習スケジュールは、P.2で示した2022年にチャレンジする場合と基本的に同じ日程となります。ただし大きく異なるのは、この場合、2022年7月までに合格レベル達している必要はないので、過去問による復習や細かな事項の暗記などを気にすることなく、講義の視聴および講義で進んだページのテキストの読み直し1回をしてください。講義の視聴時、テキストへの書き込みは行ってください。

松本基礎講座に限らず、一般的な基礎講座は4月〜5月に開講します。開講までに一通りの視聴が終わっていれば、開講以後は2周目の学習ということになり、理解が非常にスムーズとなるので、他の受験生に対して大きなアドバンテージを得ることができます。5月の開講以後は講座の日程に沿って2023年合格を目指してください。

なお、2022年向け講座のWEB配信は2023年向け開講後も視聴可能ですので、5月に新年度の民法が開講した後でも、引き続き民法以外の科目を並行学習することができます。これも本コースの大きなメリットといえる点です。

プラン2 2023年向け講座が開講する2022年5月までに主要4科目の講義を一通り視聴する

週末などの休みの日に少し長めに時間をとって頑張りたいという方は、2023年向け講座が開講する2022年5月までに主要4科目の講義を一通り視聴してください。

主要4科目とは、民法、会社法（商法）、不動産登記法、商業登記法をいい、司法書士試験の出題範囲の多くを占める科目です。択一式全70問のうち、民法20問、会社法（商法）9問、不動産登記法16問、商業登記法8問が出題され、これら4科目で配点の75%以上となります。また、記述式もこれら4科目の知識を問われる問題ですので、主要4科目を一通り学習すれば、司法書士試験出題範囲の大部分を学んだことになります。

この場合も左記プラン1と同様、過去問による復習や細かな事項の暗記などを気にすることなく、講義の視聴および講義で進んだページのテキストの読み直し1回をしてください。講義の視聴時、テキストへの書き込みは行ってください。それだけでも、他の受験生に対して大きなアドバンテージを得ることができます。5月の開講以後は講座の日程に沿って2023年合格を目指してください。

なお、2022年向け講座のWEB配信は2023年向け開講後も視聴可能ですので、5月に新年度の民法が開講した後でも、引き続き民法以外の科目を並行学習することができます。これも本コースの大きなメリットといえる点です。

勉強時間があまりとれないため、全科目を長期間かけて勉強しようと考えている方の場合

お勤めや家事で忙しく、平日の勉強時間をなかなか確保できないため、週末などの限られた時間で長い期間をかけて勉強しようと考えている方には、通信部DVDまたはWEB＋DVDによる受講をお勧めします。DVDであれば期限を気にせず講義を視聴することができます。

2023年までに改正法が施行される科目については、2023年向けの講義で改正対応ができますので心配はいりません。

スケジュール・受講料等の詳細は
右記より資料をご請求ください。https://r-tatsumi.com/pamphlet/

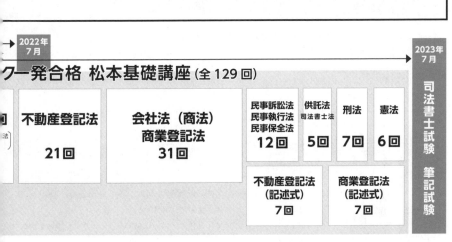

2022年7月 → **2023年7月　司法書士試験　筆記試験**

ク一発合格 松本基礎講座 (全129回)

| 不動産登記法 21回 | 会社法（商法）商業登記法 31回 | 民事訴訟法 民事執行法 民事保全法 12回 | 供託法 司法書士法 5回 | 刑法 7回 | 憲法 6回 |

不動産登記法（記述式）7回　　商業登記法（記述式）7回

◼学習のモデルスケジュール（2022年4月末まで。5月以降は新年度の講座日程に沿って学習してください）

プラン1

| 科目 | 講義回数 | 講義時間数(h) | 2021/11/25に始めた場合 | | 2021/12/25に始めた場合 | | 2022/1/25に始めた場合 | |
			初回インプット割当日数	インプット期間の目安	初回インプット割当日数	インプット期間の目安	初回インプット割当日数	インプット期間の目安
民法	28回	84時間	35日	11/25～12/29	29日	12/25～1/22	22日	1/25～2/15
不動産登記法	21回	63時間	27日	12/30～1/25	22日	1/23～2/13	16日	2/16～3/3
会社法・商業登記法	31回	93時間	39日	1/26～3/5	32日	2/14～3/17	24日	3/4～3/27
民事訴訟法・民事執行法・民事保全法	12回	36時間	22日	3/6～3/27	17日	3/18～4/3	13日	3/28～4/9
不動産登記法（記述式）	7回	21時間	民事訴訟法～司法書士法と並行		民事訴訟法～司法書士法と並行		民事訴訟法～司法書士法と並行	
共託法・司法書士法	5回	15時間	9日	3/28～4/5	7日	4/4～4/10	5日	4/10～4/14
刑法	7回	21時間	14日	4/6～4/19	11日	4/11～4/21	9日	4/15～4/23
商業登記法（記述式）	7回	21時間	刑法・憲法と並行		刑法・憲法と並行		刑法・憲法と並行	
憲法	6回	18時間	11日	4/20～4/30	9日	4/22～4/30	7日	4/24～4/30
合計	124回	372時間	157日		127日		96日	

＊「講義回数」は導入講義4回、オリエンテーション講義1回を除いたものです。

プラン2

| 科目 | 講義回数 | 講義時間数(h) | 2021/11/25に始めた場合 | | 2021/12/25に始めた場合 | | 2022/1/25に始めた場合 | |
			初回インプット割当日数	インプット期間の目安	初回インプット割当日数	インプット期間の目安	初回インプット割当日数	インプット期間の目安
民法	28回	84時間	55日	11/25～1/18	45日	12/25～2/7	34日	1/25～2/27
不動産登記法	21回	63時間	41日	1/19～2/28	33日	2/8～3/12	25日	2/28～3/24
会社法・商業登記法	31回	93時間	61日	3/1～4/30	49日	3/13～4/30	37日	3/25～4/30
合計	80回	240時間	157日		127日		96日	

◼プラン2による体系

■2022年5月 → **2023年7月　司法書士試験　筆記試験**

| 民法 28回 | 不動産登記法 21回 | 会社法（商法）商業登記法 31回 | 民法 28回 | 不動産登記法 21回 | 会社法（商法）商業登記法 31回 | 民事訴訟法 民事執行法 民事保全法 12回 供託法 司法書士法 5回 | 刑法 7回 憲法 6回 |

不動産登記法（記述式）7回　　商業登記法（記述式）7回

主要4科目を2回しで大きなアドバンテージ！

スケジュール・受講料等の詳細は右記より資料をご請求ください。 https://r-tatsumi.com/pamphlet/

TEXT

本講座では、松本雅典著『司法書士試験リアリスティック』を講座テキストとして使用します（民法、不動産登記法、会社法・商法・商業登記法、民事訴訟法・民事執行法・民事保全法、供託法・司法書士法、刑法は刊行済み。憲法は2021年内に刊行予定）。

テキストの記載内容は、本試験過去問を徹底的に分析した結果をもとに吟味されており、無駄な記載を省きつつも、本試験での出題領域を十分にカバーするものとなっています。

松本雅典著　司法書士試験リアリスティック

外販テキストとして広く普及している書籍を講座テキストとして使用します。

「司法書士試験リアリスティック」は各自でご用意下さい。

本講座を全科目一括（またはそれを含むパック）でご購入いただいた方には「司法書士試験リアリスティック」民法Ⅰ、民法Ⅱ、民法Ⅲ、不動産登記法Ⅰ、不動産登記法Ⅱ、会社法・商法・商業登記法Ⅰ、会社法・商法・商業登記法Ⅱ、民事訴訟法・民事執行法・民事保全法、供託法・司法書士法、憲法、刑法の全11冊をプレゼントいたします。

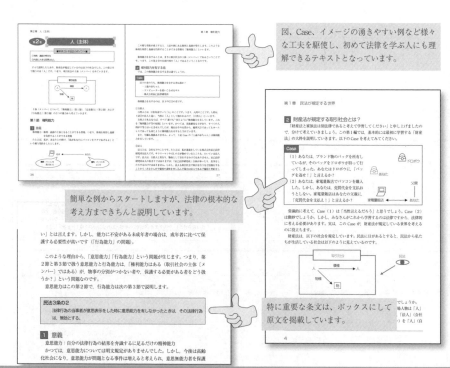

図、Case、イメージの湧きやすい例など様々な工夫を駆使し、初めて法律を学ぶ人にも理解できるテキストとなっています。

簡単な例からスタートしますが、法律の根本的な考え方まできちんと説明しています。

特に重要な条文は、ボックスにして原文を掲載しています。

スケジュール・受講料等の詳細は
右記より資料をご請求ください。https://r-tatsumi.com/pamphlet/

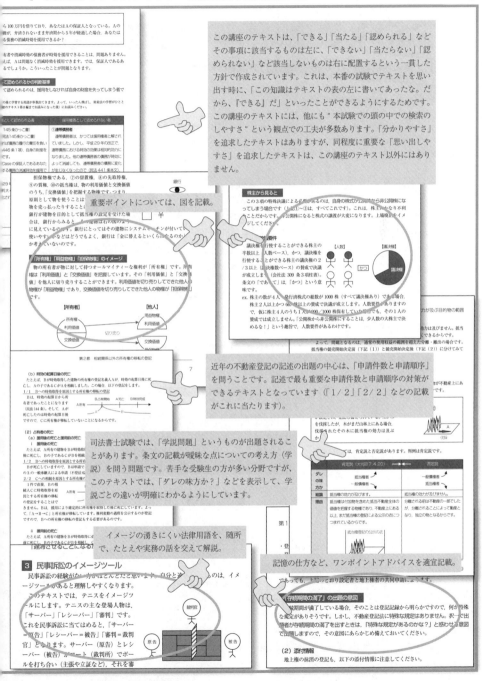

講義スタイル

本講座出身の合格者が「この形式の講義以外は受けられなくなるほど」と絶賛する講義スタイル！

本講座は従来から一貫した講義スタイルで多くの合格者を生み出してきました。

毎回講義の冒頭は松本講師が受講生に向かって話すところから始まりますが、講義は基本的に、テキストを書画カメラで写し、講師と一緒にテキストに書き込みをするスタイルで行われます。

４色（赤：結論、青：趣旨・理由、緑：複数の知識を記憶できる共通する視点など、黒：試験には出ない具体例や実務の話）のボールペンを使い分け、どこをどう記憶すればよいのかを視覚化しながら説明していきます。

どの箇所を線でつなぐか、図はどこに書き込むかといったことも一目瞭然になります。

教室での講義の様子

板書は効率が悪い。

口頭の説明だけでは

後で思い出せない。

だから、この講義スタイル！

実際の講義を例えばWEBスクールの画面で見るとこうなります。

（LIVE受講生は教室内のモニターで見られます）

「どこに線を引けばいいの？」

「どこを説明しているの？」

などということは起こりません。

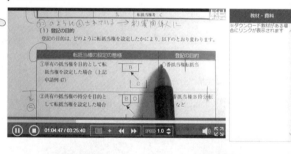

書き込みが完成するとテキストのページはこうなります。

書き込んだ時の記憶が残っているので、復習がし易い！

試験の時に思い出し易い！

このスタイルだから講義終了時点でのテキストは全受講生共通！

（講義の受け方によって差が出ない）

スケジュール・受講料等の詳細は

右記より資料をご請求ください。https://r-tatsumi.com/pamphlet/

補助資料

学 説 問 題 対 策

択一過去問本

　法律（特に民法・憲法）は曖昧な規定が多いため、判例や学者によって考え方が異なる点があり、本試験では、それも出題されます。

　この「学説問題」というものは、最低限の知識は必要ですが、とても知識では対応できない問題が必ず出題されます。この「学説問題」には知識だけに頼らない解き方があります。

　よって、講義の復習として解いて頂いた『司法書士試験択一過去問本』の中から、（学説問題がある時は）講義の冒頭で解説します。

　辰巳法律研究所オリジナル過去問集『司法書士試験択一過去問本』は、本講座受講生の皆様に科目ごとに配付いたします。

26穴ファイル対応だから整理しやすい！

辰巳オリジナル択一過去問集
「**択一過去問本**」を受講者全員にもれなく配付

※受講科目ごとに配付します。

記 述 式 対 策

松本雅典著
リアリスティック不動産登記法 記述式
リアリスティック商業登記法 記述式

類書とは異なり、講師レベルではなく、合格者レベルを目指すことにより、目標到達地点を明確にするとともに、そこから確実に合格者になる方法を提示しています。不動産登記法、商業登記法（記述式）の講義でそれぞれ使用します。「リアリスティック不動産登記法 記述式」「リアリスティック商業登記法 記述式」は、各自でご用意ください。

全科目一括でお申込みの方には「リアリスティック不動産登記法 記述式」「リアリスティック商業登記法 記述式」をプレゼントいたします。

音 声 学 習 用 教 材

全科目一括申込者
限定特典

Shadowing（シャドウイング）とは…

　英会話の学習法として頻繁に利用されているもので、通常はネイティブの人が話す英語を収録した媒体を聴きながら、それに影（shadow）のように後から追いかけて発音することをいいます。文章を見ずに、耳から聴き取った音をそのまま自らの口で再現するのが本来のやり方です。

　再現するためには、当然、聴き取る能力が要求されますし、同じスピードで喋れる能力も要求されます。このような能力を少しずつ高めることにより、英語力を高めるのが英語学習におけるシャドウイングの目的です。

　松本式学習法においては、このシャドウイングの手法を、司法書士試験において重要な申請書と条文の学習に利用します。

【申請書シャドウイング】

　本講座では、シャドウイングの手法を記述式対策（申請書）に利用します。喋ることは書くことよりも短時間で行えるので、当然、勉強時間の節約になります。

　しかも、この方法を利用することには、英語学習の場合にはない重要な意義がひとつあります。それは、日本語では発音と平仮名が一致するので、ほとんどの場合、喋れれば書けるということです（英語では「ウェンズデイ」と喋れても、「wednesday」と書けるとは限りません）。申請書の中には漢字も含まれますが、あまり難しい漢字はありませんし、難しい漢字については書きとりの練習をすれば足りるのです。

【条文シャドウイング】

　法律学習において、法律の条文は最も大事なもののひとつです。条文自体を書かされるような試験ではありませんが、条文が「しっかり頭に入っていること」は、本試験において非常な威力を発揮します。

　本講座では、条文についても上記のシャドウイングの手法を利用して学習効率を高めます。シャドウイングに使用する条文は、松本講師自身がセレクトした重要条文です。

■シャドウイング用音声データの配付方法
辰巳法律研究所のホームページからダウンロードしていただけます。別途料金はかかりません（通信料は各自ご負担ください）。配信に関する詳細は受講開始時にご案内します。

■ファイル形式：MP3

スケジュール・受講料等の詳細は
右記より資料をご請求ください。https://r-tatsumi.com/pamphlet/

受講料 (税込)

追っかけチャレンジ プラスコース		講座コード	受講料	
			辰已価格	代理店価格
通学部		C1165H	¥666,000	
通信部	WEB	C1165E	¥666,000	
	DVD	C1165R	¥711,300	¥675,735
	WEB+DVD	C1165W	¥741,450	

★本講座の申込方法…詳細は専用パンフレットをご確認ください。

辰已　大学　提携　〒　BANK　デリバリー　教育　E　WEB
窓口　生協　書店　　　　　　　ローン　ローン　スクール

※各種割引については大学生協・提携書店ではお取り扱いしておりません。

▲教育ローン・Eローンは購入合計金額3万円以上でご利用いただけます。

注意事項

【通学部定員制について】

通学部は定員制となっております。定員に達した場合、以後のお申込みをお断りする場合がございます。予めご了承願います。

【代理店のお取扱いについて】

通学部および通信部WEB受講は、生協等の代理店でのお申込みはできません。本校窓口にお問合せいただくか、辰已WEBスクール(辰已HP上)でお申込みください。

【通信部対応環境について】

DVDはDVD-R対応機種でのみご利用いただけます。ご自身のプレーヤーをご確認のうえお申し込みください。WEBスクールはWEB視聴環境をご確認のうえお申し込みください。

【教育訓練給付金について】

本コースは一般教育訓練給付制度の指定講座ではありませんので、ご注意ください。

■追っかけチャレンジプラスコース受講料の内訳 (通学部・通信部共通)

追っかけチャレンジプラスコース受講料

| 2023年対策 リアリスティック一発合格 松本基礎講座全科目一括受講料 |

継続受講割引により通常価格より50% off (他の割引は一切併用不可)

2022年度司法書士試験に合格した場合にはこの部分の支払額を全額返金※ (2023年向けの受講を開始していても構いません)

※受講料のお支払いにローンをご利用の場合には所定の手数料をご負担いただきます。

| 2022年対策 リアリスティック一発合格 松本基礎講座全科目一括受講料 |

通常価格 (専用パンフレット記載の割引制度の適用可)

割引制度の適用、合格時の返金制度の適用等、すべて上記の内訳により計算いたします (返金制度の適用に関しましては、実際の支払額をもとに計算を行います)。

なお、2022年向け講座を解約された場合、2023年向け講座についての継続受講割引は適用されないものとして計算をいたします。

スケジュール・受講料等の詳細は
右記より資料をご請求ください。 https://r-tatsumi.com/pamphlet/

松本講師独自の方法論は、初学者だけではなく受験経験者からも大きな支持！

2023年受験対策
リアリスティック一発合格　松本基礎講座

■第11期生
2022年春
開講。

松本雅典 専任講師

| 対象者 | ●基礎からやり直したい方
●松本講師独自の方法論を学びたい方
●今までの勉強法で結果が出ていない方 |

🎯 受験経験者にも支持される基礎講座

本講座担当の松本雅典講師は、法律学習未経験の状態からたった5ヶ月間の勉強期間で司法書士試験に合格しました。本講座はその短期合格方法論を余すことなくご提供します。「共通する視点」「検索先の一元化」「テキストでアウトプット」など、どれも司法書士試験で点を獲ることに特化した方法論です。

初学者を対象とした基礎講座ですが、受験経験者にも支持されています。その理由は、上記方法論に基づく講義が初学者、受験経験者の区別なく効果的なものだからにほかなりません。毎年、受験経験者で本講座を受講し合格した方から「目から鱗の講義だった」「最初から受講しておけばよかった」との声を多数頂いています。

🎯 複数の知識を「共通する視点」で切り、効率的に記憶

司法書士試験は、資格試験の中でも、記憶しなければならない知識が多い試験です。一つ一つ理解していくというのが基本ですが、それだけでは短期合格は厳しいのが実際のところです。そこで、ある項目を学習する時に「共通する視点」を使います。たとえば、民法で「地役権」というものを学習します。この地役権については、20〜30個程度の知識を記憶しなければなりません。しかし、以下の2つの「共通する視点」を使えば、15〜20個は一気に記憶することができます。

① 地役権とは、土地（要役地）のための権利であり、土地（要役地）にくっついている権利である。
② 地役権の規定は、要役地の所有者に有利なように規定されている
このように"複数の知識を共通する視点で切る"ということができるように、松本講師の講義では多数の「共通する視点」を提供します。

🎯 テキストに「検索先の一元化」を実現する講義

「情報の一元化」と対比される概念で、「検索先の一元化」という考え方があります。「検索先の一元化」とは、ある知識が問題で問われた時に決まった箇所を思い出すということです。本番の試験に持ち込めるのは、文房具と"自分の脳"だけです。ですから、本試験である知識が問われた時に、頭の中でどこを検索するかを決めておくのです。

テキスト、ノート、レジュメ、まとめ本…など教材が多数あると、検索先が複数になり思い出すことができません。本講座では、松本講師自らが執筆または全面監修したテキストに書き込みをしていき、検索先を一元化します。分厚いレジュメばかりが増えるといったことはありません。

★講座の詳細は12月中旬刊行予定のパンフレット、HPをご覧ください。

●総合試験対策●

司法書士試験　リアリスティックシリーズ完成！

（民法Ⅰ・Ⅱ・Ⅲ／不動産登記法Ⅰ・Ⅱ／会社法・商法・商業登記法Ⅰ・Ⅱ／
民事訴訟法・民事執行法・民事保全法／供託法・司法書士法／刑法／憲法）

辰巳の人気講師、「5ヶ月合格法」の松本雅典による司法書士試験の新教科書「リアリスティック」シリーズが完結です！

①多すぎず、少なすぎない情報量。
②体系だった学習ができるように、見出し・小見出しのつけ方にかなり気を配りました。
③「不正確な表現とならないよう、わかりやすい表現をする」これに可能な限り挑戦しました。
④説明順序は、基本的に「結論」→「理由」の順としています。
⑤講師が毎年講義をする中で調べ、ストックした相当数の理由付けを記載。
⑥「共通する視点」「Realistic rule」「判断基準」など、"複数の知識を思い出すための思い出し方"を記載。
⑦図表を適宜掲載。
⑧充実の索引～事項索引、条文索引、判例索引を搭載。

リアリスティック専用サイトからもご購入できます
https://www.tatsumi-realistic.com/text/buy/

辰巳のオンライン書籍販売 📖BOOK

出版社版元にしか出来ない特別セールを次々と実施中！

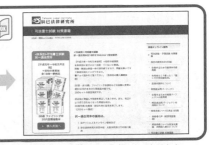

上記QRコードから辰巳On-Line
書籍専用ページへ
https://tatsumi.co.jp/web-store/book/

●辰巳刊行書籍は、辰巳オンライン販売の他、辰巳事務局窓口・提携書店・大学生協でもお取扱いしております。